KB098303

미디어 담론 연구

이론, 사례, 적용

미디어 담론 연구

이론, 사례, 적용

류웅재 지음

미디어 담론 연구:
이론, 사례, 적용

2021년 4월 20일 1판 1쇄 박음
2021년 4월 30일 1판 1쇄 펴냄

지은이 | 류웅재
펴낸이 | 한기철

편집 | 우정은, 이은혜
디자인 | 심예진
마케팅 | 조광재, 신현미

펴낸곳 | 한나래출판사
등록 | 1991. 2. 25. 제22-80호
주소 | 서울시 마포구 토정로 222 한국출판콘텐츠센터 309호
전화 | 02) 738-5637 · 팩스 | 02) 363-5637 · e-mail | hannarae91@naver.com
www.hannarae.net

ⓒ 2021 류웅재
ISBN 978-89-5566-250-4 93330

* 이 책의 출판권은 저자와의 저작권 계약에 의해 한나래출판사가 가지고 있습니다. 저작권법에 의해 보호를 받는 저작물이므로 어떤 형태나 어떤 방법으로도 무단 전재와 무단 복제를 금합니다.

'담론(discourse)'이란 단어가 한국사회에서 널리 쓰이게 된 지도 꽤 오랜 시간이 지난 것으로 기억한다. 특히 1980년대 말 베를린 장벽의 붕괴로 상징되는 동서 냉전(the cold war)체제의 종말 이후에 등장한 이른바 포스트(post) 현상의 생성과 부침, 변화 과정에서 담론은 기존의 정치경제학과 비판 이론, 종속 이론, 문화제국주의, 계급, 계층, 이데올로기 같은 거시 이론이 큰 구조나 체계의 문제에 집중한 나머지, 유효적절하게 포착하거나 설명하기 어려운 일상과 주체, 통치와 실천의 문제를 보다 효과적으로 다루는 대안적 자원으로 등장했다. 담론이란 단어의 생경함과 관련해 이 용법이 올바른지에 대한 학문적 논쟁도 있었고, 이를 언설, 언술, 담화 등으로 대체하거나 혼용해야 한다는 주장도 있었다. 그러나 30여 년이 지난 오늘날, 담론 개념은 그저 난해한 학술 용어나 강단의 학자들이 젠체하는 '구별 짓기'의 수단을 넘어 미디어를 비롯한 일상 언어로 안정적으로 착근한 듯하다. 이는 역설적으로 이 개념이 지닌 일정한 인식론적이며 실천적인 유용성을 보여준다.

담론은 기술적인 측면에서도 단일한 의미를 갖고 있지 않다. 간단하게 말해 '담론'은 일련의 유의미한 내용을 전달하기 위해 논리적이며 일관된 형식과 체계에 따라 구성된 문장이거나 텍스트 또는 화자들 사이의 대화를 의미한다. 하지만 언어학적으로 단순히 부분의 합 이상의 의미 구조를 구성하기 위해 언어 요소들이 결합하는 방식을 뜻하기도 한다. 이런 식의 의미 변조는 미디어와 문화 연구에서 중요시되는 담론 개념 안에서도 나타난다. 즉, 담론은 사회적 맥락 안에서 의미를 생산하고 조직하는 수단이다(Edgar & Sedgwick,

2008, p. 130).[1] 특히 담론 개념은 이성 중심의 합리주의적 세계관이 강조되던 과거, 공론장(public sphere)에서의 대화와 협상, 발화자 간 상호작용을 통한 합의나 일치, 일련의 보편적 법칙이나 행위가 따라야 할 준칙 등을 함의하는 이성(logos) 중심의 '대화(dialogue)'와 달리, 그것에 이르는 과정, 나아가 대화 당사자들 간의 차이와 차연(différance), 이견과 불일치에 대한 은유를 내포하고 있다.

이는 오늘날 급속한 기술 진보와 사회 변화, 생태와 환경, 젠더와 세대, 지역과 다문화 사회 등에 대한 사회적 관심과 강조에서 드러나듯 주체들 간의 차이와 다양성을 중시하면서도, 시급하고 긴요한 정치 사회적 의제를 둘러싼 사회적 공론 및 이를 통한 연대와 실천으로 나아가기 위해 필연적으로 경유해야 하거나 회피하기 어려운 개념으로 자리매김하였다. 학술적으로도 담론 이론과 이를 활용한 방법론은 인문사회과학의 질적 전통의 연구에서 매우 중요한 위치를 차지하고 있다. 일례로 담론 분석은 텍스트 분석, 참여 관찰, 심층 인터뷰, 민속지학, 서사 분석, 구술사, 수용자 및 생산자 연구 등과 더불어 인류학, 사회학, 커뮤니케이션학, 문화연구 등에서 유용하게 활용되고 많은 수의 연구자들이 이러한 방법론을 활용해 논문을 쓰고 매년 학위를 취득한다.

그간 담론 분석을 포함한 질적연구방법론에 관한 저작들이 상당히 축적

---

1 Edgar, A. & Sedgwick, P. (2008). *Cultural theory: the key concepts* (2nd ed.). 박명진 외 역 (2012). 《문화이론사전》. 한나래출판사.

되어 있음에도 불구하고, '미디어에 관한' 또는 '미디어를 통한' 미디어 담론을 심층적이면서도 포괄적으로 다룬 교재나 학술서는 상대적으로 희소하거나 답보 상태에 있었다. 전자는 주로 언어학적이거나 수사학적 전통에서 텍스트 분석 방법과 유사하거나 이를 응용한 담론 분석이나 비판적 담론 분석(critical discourse analysis)에 방점을 두고 있는 저작들이 대부분이었다. 후자의 경우, 신문과 방송을 포함한 언론과 미디어 보도에 관한 담론의 직접적이며 실제적 측면에 치중한 면이 강했다고 볼 수 있다. 일례로 미디어 보도와 관련된 다양한 의미 생성, 전개 및 투쟁 등의 과정을 밝히고, 미디어 보도에 대한 수용자들의 능동성과 적극적 해석 과정을 통해 새로운 의미를 생성하는 담론적 과정을 다루거나 전쟁과 테러에 대한 언론의 보도 방식이나 그 안에 숨겨진 의미구조를 중심으로 미디어와 담론과의 관계를 다룬 저작들 또는 미디어와 젠더, 계급, 문화, 인종, 정치, 경제 등과의 상관관계를 간결하게 소개한 저작들(Bell & Garrett, 1998, p. 15; 백선기, 2005, 2015)[2]을 들 수 있다.

오늘날 미디어가 세상을 매개하는 중요한 도구라는 것은 주지의 사실이다. 물론 문화는 미디어를 포함하는 광의의 개념이고 한 사회의 문화적 전통이 영화나 텔레비전 같은 매개된 미디어(mediated media)의 형식과 내용을 결정하곤 한다. 동시에 현대사회의 다양한 문화는 미디어를 통해 창조, 전파, 매

2 Bell, A. & Garrett, P. (1998). *Approaches to media discourse*. 백선기 역 (2004). 《미디어 담론》. 커뮤니케이션북스.
백선기 (2005). 《전쟁보도와 미디어 담론》. 커뮤니케이션북스.
백선기 (2015). 《미디어 담론》. 커뮤니케이션북스.

개되거나 일정한 형태로 틀 지워지는 경우가 다반사이다. 이 지점이 곧 미디어를 통해 세상을 바라보면서, 문화를 생각하는 행위 못지않게 우리 삶의 방식인 문화를 통해 미디어를 고민해보는 문화적 실천이 중요한 이유라 할 수 있다. 그러므로 현대사회에서 문화가 매개하는 것들에 대한 지적 호기심은 궁극적으로 문화를 매개하는 미디어에 대한 관심에서 자유롭기 어렵다(강승묵, 2011, pp. 104-105).[3] 또한 오늘날 미디어의 영향력으로부터 자유로운 사람과 집단은 일부 이례적인 경우를 제외하곤 찾아볼 수 없다. 과거 가족이나 지역 공동체 또는 노동조합이나 교회가 담당하던 지식과 정보 획득, 소통과 인간관계의 역할을 미디어가 대체한 현대사회에서 사회구성원들의 자신과 타자에 대한 이해, 세계 인식, 현실 구성 또는 정체성 정치의 장(場)으로서 미디어와 미디어 담론, 그리고 이것이 생성하는 사회적 힘과 영향력을 올바르게 이해하는 것은 중요하다.

이 책은 이러한 가정과 기존 저작들의 성취를 계승하면서도 인문 사회과학적 전통에서 인간과 사회, 그리고 문화를 둘러싼 중층적 힘이 교직하며 만들어내는 복잡다기한 현상과 의미를 적절하게 이해하고 설명하는 데에 요구되는 미디어 담론 연구의 주요 개념과 인식론적 토대를 보다 심층적이며 긴 호흡으로 다루고자 하였다. 한 예로 이 책은 신문과 방송, 영화 등의 미디어를 통해 생성, 전파, 매개되는 담론 및 이의 사회적 기능과 효과, 이면의 숨은 힘과

---

3 강승묵 (2011). 2장. 문화 그리고 미디어문화. in 류웅재 외 (2011). 《작은 문화콘텐츠 만들기: 문화, 지역, 삶을 매개하는 작은 문화콘텐츠 이야기》. 한울아카데미.

의미구조 등을 다루고 있다. 뿐만 아니라 전통적이며 협의의 대중매체 개념을 넘어 새롭고 다양한 형태의 미디어가 생성하는 정치경제적·사회문화적 담론 및 이와 관련된 이론적·실제적·응용적 측면이 생성하는 정상성과 이데올로기에 대한 저항과 해석, 접합과 재구성의 복합적 양상을 검토한다. 이 과정에서 언어와 커뮤니케이션이 개인과 집단, 사회와 맺는 유기적이면서 불가분의 관계에 관해 총체적·연계적으로 이해하기 위한 이론적 틀과 개념적 자원, 그리고 이를 독자가 자신만의 시선과 언어로 분석하고 해석해낼 수 있는 지식과 사례, 활용 및 응용과 관련된 방법론에 관해서도 소개하고 있다.

이 책은 무엇보다 기존 사회과학의 주류적 패러다임으로 여겨지는 실증주의적 방법론과 이것이 가정하는 몇 가지 전제들, 예를 들어 구체적 현상이나 현실이 객관적으로 존재하거나 이를 설명하는 가설과 변인들은 확인과 통제가 가능하며, 이들 상호 간의 관계는 정확하게 측정될 수 있다는 가정, 통계적 결과의 보편타당성이나 일반화가 가능하다는 가정, 나아가 일련의 대전제와 이론으로부터 출발하여 개별과 구체를 '연역적으로' 혹은 신뢰성 있게 측정할 수 있다는 믿음을 비판적·성찰적으로 논의할 것이다. 왜냐하면 과학은 고정불변의 절대적 진리라기보다, 거의 언제나 '예외 없이' 당대의 사회적 산물이거나 문화의 반영이기 때문이다. 과학은 다양하면서도 중요한 정치적·사회적·역사적 이유에서 객관적 진리 혹은 그렇게 명명된 어떤 것을 획득하기 위해 활용되는 특정한 유형의 담론(a pattern of discourse)일 뿐이다. 그리고 이 객관적 진리란 현실에서 복잡다기하게 벌어지는 현상을 적절하게 설명하고 이해하기 위한 당대의 '유용한, 그리고 한시적인' 최상의 아이디어(idea), 그 이상도 그 이하도 아닌 이유에서다.

나아가 일련의 계량적·형식적·조작적 방법론을 통해 이해하거나 설명하기 어려운 복잡다단한 인간의 내면과 욕망이 집단적으로 경험되고 추체험(追體驗, 다른 사람의 체험을 자기의 체험처럼 느낌)되는 과정에서 기원이나 형체를 명료하게 판별하기 어려운 관습, 전통, 문화의 외피를 둘러쓰고 폭넓게 공유된 임시적·우연적·가변적인 사회적 상상이나 담론 구성체, 집단 무의식, 권력관계, 지배와 피지배, 그리고 이들의 변화 가능성에 관한 일련의 질적·경험적·해석적·추론적 시각과 접근을 다룰 것이다. 일례로 사회적 변인들은 복잡하고 예측 불가능하게 얽혀 있고 정확하게 측정하기 어렵다는 전제하에, 과도한 단순화나 일반화를 통한 예측과 통제 대신 이러한 변인의 관계와 현상, 상호작용을 깊이 있게 이해하고, 이를 기반으로 실재하는 문제를 언어적으로 인식, 교정, 발화, 소통해나갈 수 있는 가능성과 방법론에 대해 논의할 것이다.

구체적으로 이 책을 통해 텍스트 분석, 담론 분석, 비판적 담론 분석, 심층 인터뷰, 참여 관찰, 문화기술지, 메타 비평 등 담론 연구를 포함한 다양한 질적연구와 방법론의 이론과 실제, 절차와 적용 및 응용 방법을 소개하고 독자가 미래의 연구자로서 자신의 연구 주제에 참고하거나 활용해보는 기회를 가질 수 있을 것이다. 또한 향후 연구 주제 선정과 구성, 자료 수집, 활용 및 분석 등 논문 작성과 관련된 학문적 지식은 물론, 커뮤니케이션 관련 실무에서 요구되는 이론적·전문적 지식과 해석적 능력의 배양에도 도움을 줄 수 있을 것이다. 일반 독자들은 미디어를 통해 매개되는 다기한 정치적·경제적·사회적 담론 및 그 기저에 흐르는 사회적 욕망과 상상을 올바르게 이해하고, 이를 토대로 일상의 말과 실천을 통한 현실 참여, 그리고 시민이자 사회 구성원으로서의 비판 의식을 함양하는 데에 도움을 얻을 수 있을 것이다.

지난 몇 해 동안 학부와 대학원에서 담론 분석을 포함한 질적연구방법론을 강의하면서 이론과 실제, 개념과 사례가 조화를 이루며 특히 한국사회를 정교하면서도 맥락화해 분석한 쓸 만한 텍스트를 찾기가 쉽지 않았다. 그러한 이유에서 수업에서 학생들과 함께 읽고 토론할 수 있는 괜찮은 교재가 있으면 좋겠다는 생각이 이 책을 집필하게 된 계기이다. 다만 이 책은 담론 연구에 관한 ABC를 체계적이고 일목요연하게 제시하는 데에 강조점을 두지는 않았다. 이 책은 언어학적 전통에서의 담론 이론과 담론 분석의 실제적 요소를 부분적으로 다루고 있지만, 이에 대한 포괄적이고 기능적인 개론서나 백과사전적 성격을 지향하지는 않는다. 그 대신, 일견 상이하면서도 상호 연결되거나 연동하는 일련의 장들을 통해 인문사회과학의 간학제적 시각에서 다양한 미디어 담론이 생성해내는 정치적·경제적·사회적·문화적 담론 구성체(자)[4] 및 그것들이 야기하는 권력과 사회적 효과 또는 이른바 시대정신과 정상성 및 이들의 생성과 소멸, 변화와 전이, 재구성과 대안 등에 관한 필자의 지난 10여 년간의 모색과 전망을 유연하면서도 비판적인 시각으로 담아내고자 하였다.

4　담론 구성체란 개념은 미셸 푸코(Michel Foucault)의 《지식의 고고학(Archaeology of Knowledge)》 (1969)에서 상세히 설명되어 있는데, 단순화하자면 이는 일련의 담론과 그것이 생성하는 대상, 주체의 위치, 개념과 전략들의 산물로 이해할 수 있다. 19세기 정신병리학의 사례를 들어 정신병이라 지칭할 수 있는 다양한 현상과 범주들이 의사와 건강 관련 전문가들의 역할을 규정하고, 정상과 비정상의 개념을 생산하며 병(인)이라 여겨지는 대상에 대한 치료와 치유의 전략을 제공하는 것을 들 수 있다. 이러한 모든 국면에서 강제와 권력 관계가 담론적 형태로 생성 및 작동하고 있기에 푸코는 지식을 언제나 권력의 한 형태로 보았다(Macey, D. (2000). *Critical Theory.* p. 101. Penguin Books).

이 책은 총 8장으로 구성되어 있다. 1장은 〈언론과 사회〉 2010년 18권 4호에 실린 필자의 "담론 분석과 정치경제학의 조우 가능성에 대한 탐색적 연구: 커뮤니케이션 질적연구방법론의 몇 가지 논점을 중심으로"를 재구성한 것이다. 2장은 〈커뮤니케이션이론〉 2013년 9권 3호에 실린 홍성현·류웅재의 "무한경쟁 시대의 글로벌 인재 되기: 글로벌 인재 담론에 대한 비판적 담론 분석"을 일부 사례를 더해 재구성한 것이다. 3장은 〈사회과학연구논총〉 2019년 35권 1호에 실린 황현이·류웅재의 "기업 사회공헌의 소외계층 담론: 삼성 단편영화 〈별리섬〉의 시선과 문화 정치적 함의"의 내용을 토대로 수정 및 재구성한 것이다. 4장은 〈문화/과학〉 2015년 83호에 게재된 필자의 "쿡방의 정치경제학: 주체의 자기통치의 관점에서"를 재구성한 것이다. 5장은 〈한국언론학보〉 2017년 61권 3호에 게재된 필자의 "위험한 불확실성의 시대, 쓰레기가 되는 삶들: 울리히 벡(Ulich Beck)과 지그문트 바우만(Zygmunt Bauman)을 경유해 '지금 이곳'의 주체를 돌아보기"란 글을 재구성한 것이다. 6장은 〈커뮤니케이션이론〉 2014년 10권 1호에 게재된 필자의 "대학의 연구문화 낯설게 하기, 그리고 성찰적 대안의 모색"을 재구성한 것이며, 7장은 〈한국방송학보〉 2015년 29권 4호에 게재된 필자의 "물질문화로서 아웃도어에 관한 연구: 아날로그적 물질문화에 관한 소고"란 글을 재구성한 것이다. 8장은 〈문화와정치〉 2020년 7권 3호에 실린 "공유경제의 담론정치"란 글을 토대로 일부 사례를 덧붙인 것이다.

이 책이 출간되기까지 도움을 주신 모든 분들에게 지면을 빌려 감사의 말씀을 전한다. 무엇보다 가볍게 읽히지 않는 전문서의 출간을 흔쾌히 허락해주신 한나래출판사에 감사드린다. 한나래출판사는 오래전부터 미디어와 대중문화를 비롯한 사회과학의 진중하고 무게 있는 주제를 일정한 완성도를 갖추고 다수 기획 및 출간해온 출판사기에 늘 이곳에서 의미 있는 내 지적 여정을 세상과 조우하게 하고 싶었다. 특히 미디어 담론 연구의 학술적·사회적 가치를 높이 평가해주시고 출간에 도움을 주신 조광재 상무님, 부족한 원고를 세심하게 다듬어주신 편집부 여러분께 감사드린다. 2장과 3장의 공저자이자 출간에 유용하고 힘이 되는 조언을 해준 KBS의 홍성현 선생, 세이브더칠드런의 황현이 선생, 그리고 책의 초고를 읽고 교정에 정성을 보태준 한양대학교 대학원 제자 노영은에게도 감사의 말을 전한다. 누구보다 이 책을 읽어줄 독자들에게 감사와 연대, 공감의 마음을 전한다.

2021년 4월
류웅재

차례

1장

담론 분석과 정치경제학의 조우 가능성

담론 연구의 이론적 쟁점

1. 문제 제기

미디어·커뮤니케이션 연구의 맥락(context)에서 담론 분석(discourse analysis)은 주로 문자언어로 구성된 문학적 텍스트의 독해나 영상언어로 구성된 영상과 미디어 이미지에 대한 내용 분석에 주된 관심사를 두어왔다. 이는 텍스트가 지닌 텍스트성을 정교하고 세밀하게 분석하는 것으로, 즉 발화되거나 문자화된 텍스트가 함의하는 의미론적 요소들을 언어학적 관점에서 다루는 담론 분석의 주요한 기능 중 하나이다. 그러나 담론 분석을 전통적인 내용 분석(content analysis)이나 텍스트 분석(textual analysis)과 뚜렷하게 차별화하는 지점은 담론 분석이 지향하고 있는 '텍스트의 적극적인 뛰어넘기(go beyond the text)'에 있다. 이러한 시각에서 담론 분석의 대상은 문학이나 영화, 드라마의 텍스트에만 국한되는 것이 아니라 특정 텍스트를 가능하게 하는 동인으로 한 사회의 구조적 요인이나 다양한 문화적 실천 및 문화적 텍스트까지도 포괄한다고 볼 수 있다.

지난 20여 년간 사회과학 전반의 방법론적 패러다임에 큰 변화를 가져왔던 담론 분석은 이렇게 텍스트 밖의 구조적 요인과 특정 담론을 구체적 맥락내에서 언어적(discursive) 혹은 수사학적(rhetorical)으로 구성하게 하는 외부적 힘, 루이 알튀세르(Louis Althusser)식으로 중층결정(over-determination)[1] 하는 요인들에 관심을 가진다. 그러므로 담론 분석은 텍스트를 특정한 맥락 내에서 두껍게 읽거나 장시간에 걸쳐 텍스트의 기원과 변화 양상을 계보학적으로 기술하는 것일 뿐 아니라, 텍스트와는 일견 무관해 보이는 텍스트 바깥의 사회구조적 요인에 대한 분석에도 상당 부분을 할애하기도 한다. 이러한 맥락에서 커뮤니케이션과 미디어 문화연구에서 텍스트나 수용자의 미시적 범주를 넘어 거시적이고 구조적 층위에 대한 분석에 관심을 두는 정치경제학적 분석은, 방법론적이며 이론적인 나아가 이념적인 지향점을 담론 분석과 일정 정도 공유한다.

그럼에도 불구하고 담론 이론과 분석, 그리고 미디어 정치경제학을 차용하는 연구자의 상당수는 여전히 이 두 분야를 무관할 뿐 아니라, 오히려 이질적이거나 상호배타적인 영역으로 인식하는 경향을 드러내고는 한다. 또한 그간 미디어 문화연구와 국제커뮤니케이션, 비판커뮤니케이션과 미디어 사회학 등 언론학의 다양한 학제적 전통과 분과학문의 주요 방법론 중 하나로 활용되어왔던 담론 분석은 최근 포스트 열기의 쇠퇴와 더불어 그 중요성에 대한 회의나 비판에 직면하기도 한다. 실제로 이러한 개별 분과영역에서 미디어 사회문화사나 생산자 연구 등 새로운 방법론적 전통이 담론 분석의 한계를 부분적 혹은 전면적으로 보완해야 한다는 논의가 활발하게 개진되고 있고, 이러한 문맥에서 언론학 연구방법론으로서 담론 분석의 유용성 혹은 가치에 대한 근

---

[1] 알튀세르의 중층결정 개념은 일련의 복잡다기한 사회적 힘이 만나 충돌하거나 수렴하면서 궁극적으로 혁명이나 정치적 격변과 같은 하나의 과잉 결정된 사건으로 '변증법적으로' 생성된다는 것이다. 알튀세르는 이 개념의 범주를 지그문트 프로이트(Sigmund Freud)로부터 가져왔는데, 프로이트에 있어서 중층결정이란 꿈, 징후 등과 같은 무의식의 형성물들이 복합적 요소들에 의해 결정되어 있다는 것을 의미한다(이종영, 2003. 4. 4).

본적 문제가 제기되기도 한다. 가령 이는 융합과 통섭이 화두인 시대에 학문의 개별 분과적 경계를 허물어야 할 문화연구가 언론학 내의 문화연구자들에 의해 미디어 문화연구로 축소되었다는 비판(강승묵, 2009, pp. 200–201)과 유사한 어조로, 담론 분석을 포함한 담론 일반에 대한 논의가 언론학 연구의 다양하고 창발적인 분기(奮起)와 확대재생산의 가능성을 단순히 언어적인 것으로 환원하거나 축소한다는 우려와 맞닿아 있다.

이는 연구자의 경험을 통해서도 확증할 수 있는 것으로 담론 분석에 정치경제학적 구조 분석을 접합한 논문을 언론학 주요 저널에 투고했을 때 몇몇 심사자들이 총체적 구조 분석에 연결된 담론 분석에 대해 부정적으로 논평했던 바에서도 단적으로 드러난다. 이를테면 담론을 특정 정치인이 연설이나 인터뷰 등을 통해 발화했던 언설이나 신문기사의 구체적 내용에만 국한시켜 이해하여, 이러한 구체적인 담론들이나 시대적 패러다임을 가능하게 하는 구조적 역사적 분석을 시도한 논문에 대해서 '담론 없는 담론 분석'이라고 평가한 경우가 있었다. 그러나 이는 담론 분석의 방법론적이며 정치적인 지향점에 대한 의도적 무관심이나 간과에 기인하는 인식론적 오류 중 하나이다. 물론 상기한 바처럼 담론 분석은 거의 언제나 기본적으로 발화되거나 표현된 언어를 토대로 하는 것이다. 그러나 여기에만 국한되어서는 기존의 텍스트 분석과 담론 분석을 구별하는 이유나 근거를 상실할 것이다.

담론 분석에 대한 위와 같은 오해는 그동안 담론 분석이 통시적인 차원에서 시간과 공간을 매개로 이들과 더불어 변화되는 사회적·문화적 담론의 재현을 추적하거나, 말의 내용이나 흐름만을 다루고 있다는 오해에 기인하는 것이다. 물론 담론 분석은 기존의 내용 분석이나 세밀한 텍스트 분석과 유사하게 궁극적으로 활자화된 텍스트를 매개로 하여 사회적 쟁점이 되는 논쟁, 정치인의 대중연설(public speech) 혹은 저널리즘과 각종 영상 미디어가 전하는 영상 언어와 상징에 대한 정교한 '언어적' 분석과 해석에 관심을 가진다는 데에 그 누구도 이의를 제기할 수 없을 것이다. 동시에 담론 분석은 개별적 언어 분석의 지평을 넓혀 구체적인 언어가 발화되고 유통되며 수용되는, 또 이들을 특정한 양상으로 조건 짓거나 틀 짓는 '부동의 동자'로서의 넓은 사회적 맥락이나 구조의 문제에 주된 관심을 갖는다.

그러므로 담론 분석은 대부분의 경우, 개별 텍스트에서 출발하거나 구체적인 발화행위와 상징을 분석하는 데에 상당 부분 초점을 맞추지만, 동시에 이들을 적극적이고 의도적으로 '뛰어넘기' 하는 총체적 분석에 더 큰 관심을 둔다. 즉, 특정 언어를 세밀하고 구체적으로 분석할 경우에도 반드시 특정 담론이 유포되는 공간으로서 사회와 역사, 의미 구성, 담론 전략(discursive strategy) 등 구조적 맥락에 대한 분석을 수반한다. 이는 미셸 푸코(Michel Foucault)의 담론관에 일정 부분 조응하는 것으로, 푸코는 특히 담론 영역과 비담론 영역의 뚜렷한 구분을 폐기하거나 오히려 이러한 구분 자체를 문제시하며, 인간 행위나 사회현상의 모든 요소가 담론의 구성요소가 될 수 있다고 본다. 즉, 담론의 의미란 담론이 만들어지는 사회적·제도적 위치에 의해 고정되고 비로소 명확한 의미가 된다고 본다(Foucault, 1972; Tonkiss, 1998; 류웅재, 2009b, p. 351).

이 책은 이러한 이유에서 담론 분석에 관한 최근 일부의 오해를 바로잡고자 한다. 그리고 아직은 학술적으로 만개하거나 논의가 활성화되었다고 보기는 어렵지만, 담론 분석이 비언어적 요소, 특히 구조와 맥락과 사회적 총체성 등을 포괄하는 산업적 분석이나 미디어 정치경제학과 맺는 유기적 관계 및 유사한 문제의식을 밝힘으로써 향후 미디어와 커뮤니케이션, 문화연구, 사회학 등 관련 분야의 논의 확장을 위한 화두를 제시하고자 하는 의도를 갖는다. 그러므로 여기에서 담론 분석의 다기한 유형과 종류에 대해 포괄적으로 논의하고 이들이 각각 어떤 효과를 내는지에 대해 세세하고 정밀하게 논의하는 것은

이 책의 의도와 범위를 벗어나는 것이다.[2]

　다만 여기에서는 푸코의 담론 이론에 주안점을 두어 전술한 방법론적 전통이 포착하는 담론과 담론 아닌 것들이 맺는 관계, 이를테면 언어가 구조나 물질 혹은 정치경제학과 맺는 교호적 관계에 논의의 범위를 국한하여 미디어와 커뮤니케이션 연구의 질적방법론에 활용 가능한 방법에 대해 메타 비평적 차원에서 논의하고자 한다. 이를 통해 담론 분석과 관련된 불필요한 오해를 해소하고 방법론적 유용성을 밝힘으로써 미디어와 커뮤니케이션 연구의 방법론적 논의를 심화하는 계기로 삼고자 한다.

　나아가 이 책은 담론 이론과 담론 분석의 전통을 좀 더 명확하게 정리하고 이것이 기존에 알려진 바와 달리 정치경제학적 전통과 창조적으로 접합할 수 있는 부분에 대해 논구하여, 미디어 문화연구 및 커뮤니케이션 연구의 방법론적 전통에 대한 논의를 확장하고자 한다. 이를 위해 푸코의 담론 이론 중 통

---

2 담론 분석의 이론적 흐름과 유형을 체계적으로 정리하고 실제 사례 분석과 접합하는 데 어느 정도의 성공을 거둔 작업들이 있다. 본서 또한 상당 부분 그러한 작업들의 이론적·방법론적 성과에 빚지고 있다. 다만 본서의 의도는 구체적 사례 분석이나 담론 이론의 현실적 적용에 있기보다는, 푸코식의 비판적 담론 분석과 정치경제학이 교호할 수 있는 상당한 가능성에도 불구하고 아직 이러한 작업이 현저하게 부족하다는 문제의식에서 출발하여 이에 대해 향후 커뮤니케이션 및 미디어 연구에서 창조적이며 활발한 논의의 장을 촉발하는 화두를 던지는 데에 있다.

치성(governmentality)[3] 개념과 연결되는 비판적 담론 분석과 미디어 정치경제학의 이론적·방법론적 함의에 대해 중점적으로 다루고, 이들을 공유하는 동시에 창발적으로 소통할 수 있는 가능성에 대해 몇몇 사례를 들어 실증적으로 논의하고자 한다.

---

3 푸코는 통치를 통솔로, 보다 엄밀하게 우리의 '행동방식에 대한 통솔(the conduct of the conduct)'로, 또한 '자기를 통치하기'를 포함해 '다른 이들을 통치하기'에 이르는 광의의 영역들에 대한 용어로 정의했다. 이러한 의미에서 통치는 어떤 사람이나 사람들의 행동을 조성하고 이끌어내며, 그들의 행동방식에 영향을 끼치고자 하는 일종의 활동으로, '무언가를 하는 방법(way of doing things)' 또는 기술로 묘사된다. 이 개념은 '자아의 주체화(subjectification of the self)' 또는 '자아의 기술(technology of the self)'이라는 관점에서 오늘날 신자유주의 시대의 개인의 자유와 자율성에 대해 비판적으로 검토할 수 있는 시각과 관점, 개념적 유용성을 제공한다(Burchell, 1996; Foucault, 1994; Lemke, 2002; 김승수, 2013).

Burchell, G. (1996) Liberal government and techniques of the self. In Barry, A., Osborne, T. & Rose, N. (Eds.), *Foucault and Political Reason*. pp. 19–36. London, UCL Press.

Foucault, M. (1994). *Governmentality*. 정일준 역 (1994). 《미셸 푸코의 권력 이론》. pp. 25–48. 새물결.

Lemke, T. (2002). Foucault, Governmentality, and Critique. *Rethinking Marxism*, 14(3), pp. 49–64.

김승수 (2013. 12. 27). "통치성(Governmentality)이란 무엇인가?". Cairos: 비평루트. https://cairos.tistory.com/229

2. 비판적 담론 분석의 쟁점과 사례

페르디낭 드 소쉬르(Ferdinand de Saussure, 1857-1913)로 대표되는 구조주의적 언어학에 있어서 언어의 자의적(arbitrary) 성격에 대한 가정은 언어의 힘, 특히 기호가치를 지탱하는 근본적 전제이다. 이는 다양한 기호들 사이의 관계에서 만들어지는 차이에 근거하지만, 동시에 언어가 지시하는 대상과의 관계에 의해서도 이루어진다. 지시대상은 그것이 유형이든 무형이든 언어 밖에 존재하는 것이기 때문에 언어는 언어를 통해서만 정의될 수 없다. 가령 말(言)과 말(馬)의 기호적 가치는 성조 등의 음성적 특성을 제외한다면 지시대상과의 관계에 의해서 주로 구분된다. 즉, 기호가치를 성립시키는 힘으로서 기호들 간의 구별만큼이나 기호는 실제 지시대상 간의 관계에 의존한다. 이것이 언어를 언어학적으로만 다룰 수 없는 근본적인 이유이기도 하다. 종종 텍스트 분석이 보여주는 언어 내부로의 몰입은 언어의 체계나 기호가치를 강조하는 중립적 언어관이 반영된 결과이기도 하다. 그런데 이러한 수단으로서의 언어관에 대해 언어의 물질성과 이데올로기적 성격이라는 측면이 강하게 대립되어야 한다(박해광, 2007, p.86, p.109).

전술한 바와 같이 담론 분석은 언제나 구체적이고 현존하는 텍스트를 중심으로 특정 텍스트의 드러나거나(manifest) 혹은 숨겨진(latent) 의미를 파악하고, 나아가 그 텍스트에 내재된 단서를 중심으로 보다 거시적이고 일반적인 논의로 확장해나간다는 차원에서 충실한 텍스트 분석을 기본으로 한다. 말로 표현된 것이든 또는 글로 표현된 것이든 좋은 담론 분석은 예외 없이 텍스트에 대한 소상하고 충실한 분석에 기반하는 것이며, 그렇지 않다면 이는 엄밀한 의미에서 담론 분석이라 볼 수 없다. 즉, 담론 분석은 언어적 형태, 구체적으로 의미론적 형태의 발화(utterance)를 기반으로 하며, 특정 언어체계와 상징에 대한 농밀한 묘사와 발화 내의 세부적 기능, 역할, 효과 등에 대한 요소에 관심을 갖는다.

동시에 담론 분석은 이러한 의미론적 형태나 발화에만 국한되는 것이 아니라 특정한 발화와 의미가 생성되는 사회적 맥락에 더 큰 관심을 갖는다. 테운 판데이크(Teun A. van Dijk)가 적절하게 지적했듯이 담론 분석은 공적인 면의 담론 혹은 음운론과 언어론적 측면의 언어만을 분석하는 것이 아니라, 언어 사용자가 사회문화적 맥락 안에서 커뮤니케이션을 하면서 얻어지는 사회적 행위에 집중한다(van Dijk, 1997, pp.13-14). 노먼 페어클러프(Norman Fairclough)의 비판적 담론 분석(critical discourse analysis, CDA) 역시 언어를 사회적이고 물적인 다양한 제도와의 관계망과 접합 과정 속에서 파악하며, 언어가 행사하는 능동성과 수행성, 그리고 언어가 형성하거나 매개하는 구체적 제도성과 물질 간의 접합 과정에 주목한다(이기형, 2006, pp.115-116).

이처럼 언어의 사회적 사용에 대한 담론 분석은 곧 담론이 발화되는 상황에 대한 분석을 전제로 하며, 이는 단순히 메시지뿐 아니라 메시지가 교환되는 상황과 맥락, 발화와 수신의 주체 등을 포괄한다. 여기서 발화 상황의 메시지가 발화 당사자를 매개해주는 것이라면, 맥락은 양자를 묶어주는 사회적 상황이며, 언어적 소통 관계는 언어의 교환 상황이지만 동시에 맥락의 공유 상황이기도 하다. 담론 분석에서 공유되는 맥락과 교환되는 메시지는 종종 갈등을 일으키며, 실제로 분석 대상으로 남는 것은 언어적 결과물인 경우가 대부분인데 그 이유는 맥락이 메시지 뒤에 숨겨져 있기 때문이다. 이로 인해 담론 분석은 텍스트에 대한 이해를 맥락에 대한 이해와 항상 결합시켜야 하는 것이다(박해광, 2007, pp.89-90). 나아가 담론 분석은 말해진 것과 말해지지 못한 것과의 관계 속에서 형성된 특정한 배치와 이의 함의에 대해서도 분석한다. 그러므로 담론 분석은 종종 텍스트를 적극적이고 의도적으로 '뛰어넘기' 하는 사회의 총체적 분석에 더 큰 관심을 둔다.

담론 분석의 기본원리이자 구체적인 활용 방안으로 판데이크는 다음과 같은 요소들을 제시한다. 우선 담론 분석은 자연적인 상태에서 일어난 텍스트와 말을 대상으로 한다. 그러므로 편집되거나 삭제되지 않은 자연스러운 상태의 실제 세계에서 일어난 맥락을 중요시하고 이러한 맥락을 구성하는 분야에 따라 연구된다. 이는 상황 및 의사소통의 행위자와 그들의 발화 행위 및 사회적 역할, 목표, 이에 관련되는 사회적 지식, 규범과 가치, 제도적인 혹은 조직적인 구조 등을 포함한다. 즉, 자연 상태로 발화된 담론은 사회문화적 맥락 내에서 발생한 사회적 관습의 한 형태이며, 이는 언어 사용자가 고립된 개인이 아니라 그룹, 기관, 사회 혹은 문화의 구성원으로서 커뮤니케이션 활동에 관여하고 있음을 보여준다. 또한 담론의 완성은 선형적이며 순차적인 것으로, 담론의 단위가 담론 이전에 먼저 존재했던 것들과의 연관성을 통해 설명된다고 본다. 즉, 후에 발생한 요소는 그전에 발생한 요소들과의 관계에서 특별한 기능을 가질 수 있으며, 이러한 차원에서 담론 분석은 담론의 층위(layer)와 수준에 관심을 가지고 그 둘 사이의 상호관계성에 주목한다(van Dijk, 1997, p. 29; Baker & Galasinski, 2009, pp. 98-99에서 재인용).

여기에서 텍스트는 발화자와 수신자 사이의 언어적 의사소통의 도구로 이해될 수 있다. 발화자와 수신자는 역사적으로 제약된 존재이다. 외적 의사소통의 조건인 시간, 장소, 상황, 그리고 내적 조건인 발화자 및 수신자에게 생물학적·심리학적·사회학적으로 부여된 사실들이 텍스트의 작성과 지각 행위에 근본적으로 영향을 끼친다. 이를 통해 텍스트는 역사적 단위가 되고, 동시에 정적인 것이 아니라 과정적인 역동성을 갖게 된다. 따라서 텍스트를 개별화하여 독립된 대상으로 파악하는 것은 인식론적으로 옳지 않고 텍스트의 역사적 조건과 부대 상황이 동시에 고려되어야 한다(박성철, 2004, p. 455).

담론 분석에 있어 주목할 점은 상호 텍스트성(intertextual)에 관한 것이다.

페어클러프는 텍스트 간의 상호 텍스트성이란, 다른 텍스트가 가지고 있는 것에서 얻는 특성이라고 지칭하는데, 예를 들어 다른 텍스트와 동일시, 반대, 반향 등을 통한 명백한 분리 내지는 동화 등을 의미한다고 주장한다. 즉, 텍스트의 상호 텍스트성이란, 텍스트의 모든 의미는 다른 의미와의 작용을 통한 의미의 축적과 생산의 결과물이라는 것이다. 한 텍스트에서 다른 텍스트를 차용하는 것은 의미와 관계적 특성의 표현이다. 이러한 상호 텍스트성의 전제는 텍스트의 역사성을 명백하게 드러내주고, 텍스트가 문화적으로 다르게 위치한 텍스트들이 결합되어 새로운 구조로 만들어진 산물임을 보여준다(Fairclough, 1992, p. 84; Baker & Galasinski, 2009, pp. 107-108에서 재인용).

이러한 논의의 연장선상에서 비판적 담론 분석은 특히 언어적 형식을 취하는, 또는 부분적으로 언어적 형식을 띠는 사회적 상호작용의 실제적이고 광범위한 사례들(instance)을 분석한다. 즉, 이는 전술한 것처럼 담론을 말과 글의 사용인 동시에 사회적 실천의 한 형식으로 본다. 이렇게 담론을 사회적 실천으로 보는 것은 특수한 담론적 사건과 그 사건을 틀 짓는 상황이나 제도들, 사회구조들 사이의 변증법적 관계를 의미하는 것으로 담론이 상황이나 제도, 사회구조 등에 의해 형성되지만 그 역도 성립함을 보여준다. 즉, 담론은 사회적으로 구성될 뿐 아니라 사회를 구성하기도 한다. 곧 담론은 상황, 지식의 대상, 인간 및 집단 간의 상호관계와 정체성을 구성한다.

여기에서 구성적(constitutive)이란 말은 두 가지 의미를 지니는데, 하나는 담론이 사회를 현 상태로 유지하고 재생산한다는 뜻이며 또 다른 하나는 담론이 사회를 변혁하는 데에 기여한다는 의미이다.

이처럼 담론이 사회적으로 영향력을 지니는 이유에서 담론은 권력에 관한 주요한 이슈들을 제기한다. 담론의 실천은 특정 맥락에서 사물들(things)을 재현하고 사람들을 위치하게 함으로써 사회계급 간, 여성과 남성 간, 인종적·문화적 다수와 소수 간에, 불평등한 권력관계를 생산하고 재생산하는 데에 기여하며, 이로 인해 담론적 실천은 강력한 이데올로기적 효과를 지닌다고 볼 수 있다. 예를 들어 담론은 인종주의적·성차별적일 수 있으며, 사회적 삶의 특정한 측면을 구성원들로 하여금 당연한 상식으로 받아들이도록 하거나 주체를 특정한 양식으로 호명하기도 한다. 언어를 사용하는 특정한 방식들의 허구적·이데올로기적 성격과 그 방식들을 뒷받침하는 권력관계들은 대개 이것들의 실체를 은폐하거나 우리에게 이들을 자명하게 보여주지 않는다. 비판적 담론 분석의 목적은 담론의 이러한 모호한 성격을 명료하게 하거나 가시화하는 것이다.

또한 비판적 담론 분석은 공평무사하고 객관적인 사회과학을 지향하기보다 사회적 실천에 관심을 가지고 현실에 적극적으로 개입하려고 한다. 따라서 비판적 담론 분석을 차용하는 많은 연구자들이 인종주의에 반대하고, 여성주의나 평화운동 등에 정치적 적극적으로 참여하고 있다. 그렇다고 해서 비판적 담론 분석이 사회과학의 규범적 객관성이나 정책 형성 및 의사결정의 국면에서 예외이거나 무관심하다는 뜻은 아니며, 오히려 사회과학이 본질적으로 정치와 정책 형성에 결부되어 있다는 의미이다. 비판적 담론 분석을 다른 접근과 구분하는 지점은 이것이 피지배·피억압 집단들의 편에 서서 지배집단과 대립하여 현실에 개입하고, 정치적 변화를 기획하고 지지한다는 것이다. 이는 곧 비판적 담론 분석의 동기이기도 하다. 이러한 점은 비판적 담론 분석이 다른 방법론적 접근들과 마찬가지로 신중하고, 엄격하며, 체계적인 분석을 추구함을 보여준다(Fairclough & Wodak, 1997, pp. 258-284; http://blog.jinbo.net/simppo 에서 재인용).

특히 상기한 페어클러프와 판데이크에 의해 주도적으로 논의된 비판적 담론 분석이란 사회적·문화적 과정과 구조의 언어적 특징을 보여주는 대상으로서 언어적 차원에서만 분석하는 것을 거부하고, 담론·권력·지배·사회적 불평등과 담론 분석의 위치를 사회적 관계 속에서 연구하는 것이라 볼 수 있다. 따라서 사회적 관계와 실천을 강조하는 비판적 담론 분석은 담론 텍스트와 담론적 실천, 그리고 사회적 실천을 통합하는 묘사·해석·설명의 체계적인 연관을 주된 목표로 삼고 있으며 이러한 이유에서 일관되게 텍스트뿐 아니라 맥락을 강조하고 있다(박해광, 2007, pp. 104-106). 궁극적으로 비판적 담론 분석은 언어가 현실을 반영한다고 보는 동시에 언어가 사회적 현실을 어떻게 조직하고 (재)구성하는지에 더 큰 관심을 갖는다. 이는 담론이 텍스트가 직접적으로 전달하는 의미보다 의미가 의도하고 구성하고자 하는 담론 전략에 초점을 맞추는 데에 기인한다. 이로 인해 비판적 담론 분석은 텍스트에 담겨 있는 언어와 의미의 해독에 일차적으로 관심을 두지만, 언제나 이를 뛰어넘어 사회와 문화, 역사와 구조에 대한 분석을 지향한다.

하나의 사례로 오늘날 신자유주의란 개념이 활용되는 양상은 전술한 비판적 담론 분석을 이해할 때 유용하게 활용될 수 있다. 즉, 신자유주의란 개념은 단순히 자본가 계급의 경제적 이익을 충족시키기 위한 특정 정책만을 의미하는 것으로 사용되고 있지 않으며, 경제적 관계를 넘어 우리의 의식과 일상, 인간 행위와 사회 영역을 포괄적으로 통제하고 효율적으로 시장화·상품화하여 자본주의를 유연적으로 축적하게 함으로써 자본주의 내로 편입시킨다. 이는 일찍이 마르크스가 적절하게 지적했듯이 자본주의 사회에서 인간의 상품화, 원자화 및 소외가 단지 경제적 생산관계에 그치지 않고, 자본주의적 생산 과정은 개인들의 삶의 재생산이 이뤄지는 사회적 관계 전체를 생산하고 재생산하며 통제함을 보여주는 사례이기도 하다. 그러므로 정권과 정책의 변화는 언제나 담론과 문화지형을 활용하여 이들의 변화와 맞물려 진행되며, 이러한 이유에서 정책적인 구상과 기획은 정확히 계산 가능한 목적과 수단이란 도식에 맞춰지는 것이 아니라 보다 포괄적이며 구조적인 사회변동의 기획하에 이루어지는 것이다(신진욱·이영민, 2009, p. 277).

신자유주의 역시 이러한 맥락에서 다수의 정치적 동의를 구축하고 상식과 세계관을 재구성하기 위한 헤게모니(hegemony) 담론 전략을 통해 구현된다. 이는 특히 개인주의, 자유주의, 소비주의, 반(反)관료주의, 보수주의, 성장주의, 민족주의 등 다양한 문화적 요소들을 흡입하여 이데올로기화함으로써 대중의 상식을 재구조화한다(Harvey, 2005). 이처럼 대중의 동의를 구하는 헤게모니 담론 전략은 억압적 국가기구를 동원하는 정치적 권위주의와 상호배타적인 관계에 놓여 있지 않다. 오히려 이러한 헤게모니 담론 전략은 보다 포괄적인 헤게모니 전략의 일부이며, 이데올로기는 경제적 지배, 정책적 강제, 물리적 폭력과 결합되어 작용한다(Jessop, et. al, 1988; 신진욱·이영민, 2009, pp. 278-281에서 재인용).

가령 이명박 정부의 시장포퓰리즘 담론 역시 결코 적하 효과 또는 낙수 효과와 같은 경제적 논리만으로 지탱되는 것이 아니며 민(民), 자유, 자율, 권리 다양성, 효율성, 창의성 등 보다 폭넓게 수용되는 자유주의의 가치들과 유기적으로 연계되고 이 과정에서 민주주의와 시장을 혼용하고 자유화를 시장자유화로 환원하는 담론[4]을 지속적으로 확대재생산함으로써 포퓰리즘적 성격을

---

4 신자유주의를 심화하는 전형적인 헤게모니 담론 전략의 또 다른 예는 보수 언론에서 자주 회자되던 사회안전망(safety net)에 관한 것이다. 이는 유럽식 복지국가와 사회보장이라는 개념을 대체하는 언어적 자원으로, 쉽게 말해 사회안전망에 대한 투자를 확대해 시장주의적 경쟁원칙을 깨지 않는 선에서 복지정책을 실시하자는 논리이다. 일견 복지에 대한 구조적 복안을 표명하는 것처럼 보이지만, 복지국가나 '사회보장'이라는 종래의 개념을 철폐하고 시장제일주의에 내재해 있는 정글의 법칙을 인준하는 대신 내세운 개념으로 볼 수 있다(이택광 (2010. 8. 6). "황제의 식사에 숨은 뜻". 〈경향신문〉). 가령 가난한 사람들에게 돈을 주면 게을러져서 종국에 아무것도 하지 않으려 한다는 인간 본성에 관한 과도한 단순화에 기인하는 이 논리는 매우 위험한 이분법적 논리이다. '고기를 주는 대신 고기 잡는 법을 가르쳐야 한다'는 논리로 환원할 수 있는 이 논리는 고기와 고기 잡는 법, 나아가 개인과 시스템 혹은 실천이나 행위와 구조를 극도로 단순화하여 상호배타적이고 이항대립적으로 바라보기에 위험하다. 왜냐하면 고기 잡는 법을 배우기도 전에 굶어 죽거나 고기 잡는 법을 배울 의욕조차 갖지 못할 정도로 상황이 좋지 못한 사람도 있으며, 또 고기 잡는 법을 잘 배울 수 있는 물적·구조적 토대(적절한 육체적·지적 능력)를 갖추게 하는 일도 매우 중요하기 때문이다. 이럴 경우 성급하게 고기 잡는 법을 가르치려 들기 전에 상황에 따라 고기를 주어 생을 지속할 수 있는 원기를 회복하게 하는 일도 닭과 계란처럼 선후관계를 따지기 어렵고 상호 간에 유기적인 일로, 반드시 필요하다.

획득하게 된 것이다. 특히 미디어와 문화콘텐츠 산업은 물론 문화 예술 정책의 영역에서 신자유주의 이데올로기는 방통융합, 신문·방송의 겸영 허용, 교차 소유, 상호 진입과 소유, 겸영 제한 철폐, M&A를 포함한 각종 규제 완화, 시너지 효과, 효율성, 수익성, 고용창출, 국제경쟁력, 창구 효과, 새로운 기간산업, 국부창출, 전통문화의 산업화, 명품 도시 등 전통적 제조업에서 활용되던 상품 언어들이 국가경제 성장과 고용창출 등에 가져올 긍정적 효과를 부각시키는 포퓰리즘적 헤게모니 담론 전략[5]으로 재구성되어 실제 정책의 반공공적 성격을 은닉한다. 이와 동시에, 정책적 정당성뿐 아니라 사회구성원의 의식과 일상, 몸과 습속을 구성하는 정상성 혹은 통치성을 획득하게 되었다고 볼 수 있다(김승수, 2009, p. 116; 신진욱·이영민, 2009, pp. 289–290).

---

5 이명박 정부가 제시한 담론 중 '녹색성장'이나 '공정사회'도 이러한 포퓰리스트적 담론 전략의 일환으로 이해될 수 있다. 하지만 궁극적으로 푸코가 의미하는 안정적인 정상성이나 통치성을 획득하지 못한, 즉 기표와 기의가 불일치하는 담론의 사례이다. 녹색과 성장이라는 일견 서로 이율배반적으로 보이는 기표들이 어떻게 관계를 설정하며 함께 나아갈 수 있는지에 대한 구체적인 비전과 미래상이 모호하게 제시되거나, '공정사회'가 단지 언어적으로만 가볍게 규정되는 것이 아니라 행위자들의 실천과 경험적·물적 조건 그리고 무엇보다도 화자와 청자의 관계에 의해 정해지는 것이라는 점에서 그러하다. 즉, 이러한 가치를 가볍게 여기거나 손쉽게 위반하는 화자들이 역설적으로 그 가치를 소리 높여 발화할 때, 청자는 분노나 좌절 등의 부정적 감정 이전에 기존의 상식과 인식 구조에 균열이 일어나거나 일종의 정신적 공황 상태를 경험(정희진 (2010. 8. 23). "MB의 기호의 제국". 〈한겨레〉)하게 될 수 있다. 기표와 기의가 불일치함으로 인해 다양한 해석과 주장에 열려 있어 역동적이고 창발적으로 새로운 가능성을 함께 모색해나가는 열린 소통의 체계가 아니라, 특정 기호가 지시하는 내용이나 기호에 상응하는 현실이 없다는 차원에서 MB 정부의 담론 정치는 사회적 경합을 일으키지 않을 뿐 아니라, 소통의 상대로 하여금 깊은 공황과 침묵의 심연을 체험하게 한다.

3. 푸코의 담론 이론과 양가성

흔히 후기구조주의자로 분류되는 푸코는 언어가 어떻게 사용되고, 다른 사회적·문화적 행위들과 어떻게 관련되는지 인식론적 관심을 보여준다. 즉, 푸코는 언어의 사용과 일반적인 문화 행위는 대화 또는 다른 문화적 텍스트나 행위와의 잠재적 갈등 속에서 일어나며, 이는 '대화적'인 것이라고 보았다. 이러한 의미에서 담론(discourse)은 권력(power)과 분리할 수 없는 것이다. 담론은 기존의 제도들이 정의(definition)나 배제(exclusion)의 과정을 통해 권력을 휘두르는 수단이 된다.

여기에서 푸코가 말하고자 하는 바는 특정 담론이나 담론 구조들이 어떤 주어진 소재에 대해 말할 내용을 미리 정해준다는 것이다. 담론 구조는 특정 담론에서 무엇이 쓰여지거나 생각되고, 또 행해질 수 있는가를 조절하는 불문율의 덩어리이다. 학문적으로 니체의 영향을 받은 것으로 알려진 푸코는 지식이 권력의 무기로 사용된다는 니체의 관점을 취하고 있다. 푸코의 목적은 우리가 진리를 만듦으로써, 즉 진리의 행위가 곧바로 논리정연하고 타당해 보이는 영역을 확립되게 함으로써, 어떻게 자신과 다른 사람들을 지배하는지를 밝히는 것이다. 그는 권력이 어떻게 담론을 통해 작용하는지를 보여주고 담론이 항상 권력에 뿌리내리고 있다는 것을 보여준다. 즉, 권력은 지식을 생산하며, 권력과 지식은 직접적으로 서로를 함축하고 있다. 또한 권력관계를 전제하지 않거나 형성시키지 않는 지식은 존재하지 않는다(Storey, J., 1999, pp. 135-136)고 본다.

이렇게 다양한 담론들이 특정 지식에 관한 어떤 것이 아니라 그러한 지식 자체를 구성한다는 입장은 모든 지식이 비언어적 형태로 담론의 바깥에 존재하지 않는다는 말이 아니라, 이러한 지식과 이를 구성하는 권력관계가 담론적이라는 사실을 보여준다. 이러한 푸코의 입장은 그의 후기 저작 중 하나인 《권력과 지식(Power/Knowledge)》에 잘 드러나 있는데, 여기서는 이 외에도 통치성(governmentality)과 진실 레짐(truth regime)이란 개념들이 등장한다(Foucault, 1980). 푸코는 '아는 것이 힘이다(Knowledge is Power)'라고 한 프란시스 베이컨(Francis Bacon)의 명제를 뒤집어 '힘이 곧 아는 것이다(Power is Knowledge)'라고 주장함으로써 지식이 권력을 생산해내기도 하지만 권력이 지식과 진리를 생산해내는 과정에 주목한다.

예를 들어, 하나의 권력은 자신의 권위와 정당성을 확보하기 위해 진리라는 명목하에 권력을 정당화시키는데, 푸코는 이러한 지식과 권력의 관계를 진실 레짐이라고 명명한다. 더 나아가 이렇게 진리라는 이름으로 생산된 권력이 자신의 틀에 맞는 규율을 만들어낼 때, 그 규율에 맞지 않는 모든 것은 거짓이나 비정상적인 것이 되고 만다. 이러한 진실 레짐에서 개인이 정상성에 부합하는 방향으로 주체나 자아를 만들어내려는 자기 통치 혹은 통치성의 기술은 이론적 상이함에도 불구하고, 담론의 사회적 실천이나 권력과 이데올로기의 문제와 연관되어 이해될 수 있다는 견지에서 안토니오 그람시(Antonio Gramsci)의 헤게모니나 알튀세르의 이데올로기 개념과 상통하는 면이 있다. 즉, 담론은 그 자체로서 하나의 사회적 실천이기 때문에 텍스트 내부에만 주목하려는 경향은 결국 권력이자 이데올로기로서의 담론의 본성을 놓치는 결과를 낳는다. 이러한 논의는 우리에게 전술한 문화와 실천, 담론 등과 토대와 구조의 상관관계에 대해 생각해볼 수 있는 기회를 열어준다(류웅재, 2009a, pp. 54-56).

좀 더 구체적으로 살펴보면 푸코의 통치성이란 개념은 지식과 권력, 정상성과 구조, 담론과 자기통치 등 다양한 측면을 포괄한다. 이 통치성 개념은 단순하게 말하면 인간이 스스로를 어떻게 통제할 것이며 어떻게 남을 통제할 것인지, 그리고 누가 우리를 통치할 것을 결정하거나 인정하는지 등에 대한 문제를 다루고 있다. 푸코는 근대 국가권력을 국가행정, 기술, 그리고 우리를 둘러싼 지식과 담론들의 출현이라는 역사를 통해 고찰하는데, 여기에서 중요한 것은 국가를 단지 사법적 관점에서가 아니라 통치기제라는 측면에서 보았다는 점이다. 즉, 국민을 둘러싼 통치의 문제는 국가운영의 합리성 증대라는 차원뿐만 아니라, 국민의 건강과 복지, 그리고 발전과 행복, 궁극적으로는 국민 개개인의 삶의 문제를 다루려 한다는 점에서 중요하다. 따라서 국가는 개인을 위로부터 일방적으로 대면하는 것이 아니라, 사회적인 것에 대해 새로운 형태의 권력을 행사함으로써 주체를 형성하고, 틀 지우고, 통치하는 개인화의 토대를 구성한다. 그러므로 이 통치성 개념은 역설적으로 지식과 권력의 관계에서 비판하고 저항하며 투쟁할 수 있는 행위자로서 개인의 존재가 지나치게 축소된 데에 대한 반성에서 출발해 생각하고 행위하고 실천하는 주체적 개인의 역할을 복원하기 위한 의도를 내장한다(Foucault, 1978; 윤평중, 2003, p. 177).

푸코는 '테크닉'이라는 개념을 통해 담론을 어떤 사물이나 현상을 표상하고 이해하는 도구만으로 보는 것이 아니라, 인간의 실천을 가능하게 하면서 그것을 '틀 짓는' 수단으로 본다는 차원에서 그의 논의는 전술한 비판적 담론 이론과 유사하다. 여기에서 '자기의 테크닉(techniques of the self)'은 자기 자신을 변화시켜 어떤 이상적인 존재의 상태에 이르기 위해 자신의 몸, 영혼, 생각, 행위 등에 가하는 일련의 작업을 위한 테크닉을 의미한다. 즉, 담론이 내포하는 특정한 관념이나 이데올로기, 의미 체계가 개인의 행위를 틀 짓는다는 관념은 구조주의적 사유에서 볼 때 특별하지 않다. 하지만 후기 푸코는, 담론이 구체적으로 어떤 행위가 실행될 때 도구나 조건으로 작용하는 측면에 초점을 둔다는 점에서 다르다고 볼 수 있다. 또한 푸코가 새롭게 부각시키려 한 주체성의 차원은 곧 주체가 스스로에 대해 맺는 '자기와의 관계'이다. 이는 말하고, 생각하고, 행위하는 방식, 즉 존재의 양식은 자기를 이해하고 통제하는 성찰적 실천을 통해 형성된다는 인식을 전제로 하며, 자기의 테크닉은 바로 이러한 성찰적 실천을 위한 특정한 논리와 절차를 지칭한다(Foucault, 1987, 1988; 이범준, 2010, pp. 3-4).

이러한 자기의 테크닉 혹은 자기를 계발하는 주체의 논의는 푸코의 '생정치(bio politics)' 개념과 맞닿아 있기도 하며, 최근에는 급진적 정치철학의 형태로 자크 랑시에르(Jacques Ranciere)나 알랭 바디우(Alain Badiou) 같은 포스트 알튀세르주의(post-Althusserian) 사상가들의 사유 속에서 발견되기도 한다. 여기에서 통치성이라고 하는 푸코의 분석 틀에서 특히 주목할 만한 점은 자본주의적 주체화의 계보학적 분석(genealogical analysis)이며, 푸코의 '권력'과도 유사한 이 개념을 통해 자본주의의 역사적 지배 혹은 자본주의의 변화와 주체성의 변형 사이에 놓인 관계를 효과적으로 추적할 수도 있다. 여기에서 자본주의 체제의 변화란, 이를 구성하는 사회적·경제적 삶에 관한 표상을 재구성하며 현실을 새롭게 문제화하는 것이다. 가령 성장, 발전, 생산성, 능률, 효율 등의 개념은 전혀 자명하지 않고, 오히려 통치를 용이하게 하기 위해 비규정·비정형화된 경제 현실을 일관되며 논리적인 기제인 담론 대상으로 변형하는 과정에서 새로운 규범과 의미를 획득한다. 나아가 사회적·경제적 삶을 새롭게 문제화하는 것은 그에 적합한 주체란 무엇인가에 관한 담론을 생산하는 것이기도 하다.

즉, 자본주의체제에서 새로운 담론은 특정 주체가 따라야 할 전범이나 이상적인 기준을 정해주고, 그 기준에 상응하는 다양한 지식과 행동규범, 전술을 형성한다. 노동자에서 인적자원으로, 국민에서 능동적 시민으로, 학생에서 자기 주도적 학습자로 각각 사회적 삶의 주체를 가리키는 용어들이 바뀔 때, 이름만 갈아치우거나 이러한 삶을 객체화하는 방식만을 변화시키는 데에 머물지 않는다. 이는 사회적 삶의 내용과 성격을 새롭게 규정할 뿐 아니라 어떤 방식으로 일하고 배우며 살아가는 삶이 적합하고 올바른 것인가에 관한 지식, 규범, 상식, 기준을 만들어낸다. 그리고 언제나 이를 효율적으로 추동하기 위한 다양한 테크놀로지 혹은 자기의 테크닉을 동원한다(〈교수신문〉. 2009. 12. 15). 물론, 한 사회 내 개인을 긍정적인 의미의 사회적 존재로 승화시키는 통치성의 변증법적 역학관계는 의식과 사회, 행위와 구조, 주체와 권력의 관계를 이분법적으로 보기보다는, 관계와 호명의 과정 속에서 인간이 스스로를 통치하고 주체화한다는 차원에서 '제도로서의 국가'에 대한 새로운 시각을 보여준다. 푸코는 자유주의적 국가의 등장과 특성에 대한 분석에서 국가를 결코 간과하지 않을 뿐 아니라, 권력이 언제나 부정적이라고 보지도 않는다. 오히려 국가권력은 사회적 개인의 형성을 위해 불가분의 관계에 있는 것으로 본다.

푸코에게 있어 국가는 개별화하는 동시에 전체화하고 개인의 자아를 형성하고 통제하는 권력의 한 형식으로서, 현대사회에서 중요한 의미를 지닌다. 이는 국가가 일방적이고 억압적으로 개인을 통제하는 가운데 주체를 형성하는 것이 아니라는 차원에서 그람시의 헤게모니 개념과 유사성을 발견할 수도 있지만, 상기한 바처럼 그보다는 더욱 적극적으로 행위자의 역할을 강조하는 측면이 있다. 이러한 통치성 개념은 국가가 행위나 의사결정을 할 때 단순히 경제적이며 기술적인 요소 외에도 한 사회의 전통과 가치, 관습 등을 포함하는 맥락, 즉 문화에 조응한다는 논의로 확장될 수 있다. 즉, 사회적으로 주체를 형성하고 틀 짓는 개인화, 통치의 내면화와 정당성의 확보를 위해 통치 권력으로서 국가가 문화적 가치들에 의해 형성되고 영향받으며, 이것이 다시 현실 정치와 사회에 반영된다고 볼 수 있다(Foucault, 1978; Barker, 1998; 윤평중, 2003, pp. 177-179; 류웅재, 2009b, p.350에서 재인용).

그렇다고 푸코가 국가를 권력의 본질적이며 유일한 원천으로 보거나 특정한 양상으로 형성되어 고착된 보편적인 실체라 본 것은 아니다. 오히려 국가는 끊임없이 진화하고 변화하는 다양한 통치성의 효과로 보는 편이 타당하고, 이러한 의미에서 국가는 고정된 실체라기보다는 과정으로서의 영속적인 국가화(perpetual statizations)만을 논의할 수 있을 것이다. 이러한 맥락에서 통치성 혹은 통치의 기술은 대상과 인구, 주요한 일련의 지식, 정치경제학, 기술적인 수단, 안전을 위한 장치 등 복합적인 힘을 사용하지만, 이러한 힘의 사용을 구체화하고 맥락화하기 위해 제도, 과정, 분석, 반영 등과 이들의 조화, 그리고 이를 가능하게 하는 섬세하고 면밀한 계산과 전술을 필요로 한다(Jessop, 2007, p.37).

이러한 이유에서 푸코의 통치성은 경제정책은 물론 미디어와 문화의 영역 등을 변화시키려는 국가정책이나 제도가 어떻게 구체적인 효과를 발휘하게 되는지 이해하는 데에 유용한 개념으로 볼 수 있다. 이는 국가가 개인을 억압적으로 지배하는 통치 권력이 아니라, 사회구성원이 스스로 통치하는 주체로서 제도나 진실 레짐을 지지하고 참여하는 가운데 만들어가는 역동적인 과정을 설명해줄 수 있기 때문이다. 그러므로 통치성은 제도와 기구, 구성원의 사고형태나 지식체계가 상호 연관되어 특정한 방향으로 정체성과 행위를 유발하는 권력의 효과를 잘 보여준다(강명구·김낙호·김학재·이성민, 2007, p.64). 국가의 통치성을 구성하는 담론 정치와 이에 대한 분석이 중요한 이유는 바로 담론이 체계화된 언술(statement)로 논리와 설득력을 가진 객관적인 지식체계이기 때문이다. 이러한 이유에서 담론은 바로 자신이 사용하는 언술에 의해 담론의 대상, 즉 의식과 사회 혹은 지식과 실천을 창조한다(류웅재, 2009b, p.351).

4. 정치경제학에 대한 몇 가지 오해

잘 알려진 바와 같이 정치경제학은 자원의 생산, 분배 및 소비를 상호 구성하는 사회관계나 사회적 총체성(social totality), 특히 실재하는 권력관계들에 대한 비판적이고 포괄적인 접근(holistic approach)으로 정의될 수 있을 것이다. 보다 구체적으로 정치경제학은 어떤 사물이나 현상을 지배하는 힘 또는 요인이 무엇인지 이해하고자 할 때 상호 간의 모순적 개념을 찾아 분석한다는 특징을 갖는다. 예를 들어 자본주의 정치경제학은 사적 소유와 사회적 생산의 모순에 대해 관심을 기울인다. 이러한 이유에서 정치경제학은 사회변동과 역사적 변화를 이해하는 데에 주요한 관심을 두고 자본주의의 역동성을 밝혀내는 데에 초점을 맞춘다(Mosco, 1998; 문상현, 2009, p. 80).

미디어·커뮤니케이션 정치경제학 역시 기본적으로는 미디어가 사적 소유와 사회적 생산의 모순이라는 맥락에서 출발해 특정 계급이나 사적 이익에 봉사하면서 이들을 위한 자본축적과 계급의 재생산에 필요한 내용을 생산한다는 점과, 이것이 대중에 의해 수용될 때 발현되는 필연적인 충돌이나 간극에 대해 관심을 갖는다. 미디어 산업은 시장 논리에 따라 이윤 증식과 계급질서의 재생산에 필요한 내용을 만들어내지만, 애초의 의도에 반해 수용자, 즉 노동자와 시민의 이익과 배치되는 경우가 많다. 정치경제학적 접근은 이러한 모순이 어떻게 발전하고 충돌하며 해소되는지에 대해 천착한다. 일반적으로 미디어 정치경제학은 자본주의에서 생산·소비되는 정보나 문화를 권력의 불평등, 세력, 이익이라는 차원에서 평가하고, 부자와 권력자의 이익에 봉사하는 방식을 비판하고 대안을 찾거나, 미디어 산업이 광고나 대중문화 등을 통해 어떻게 독점자본의 이윤을 실현하는지에 주목한다(Smythe, 1977; Meehan, 1999; Hesmondahalgh, 2007; 김승수, 2009, pp. 117-119).

나아가 미디어 정치경제학은 미디어와 커뮤니케이션, 문화산업의 구조 및 정책적 요인들과 이들이 자본주의 시스템하에서 특정한 대중문화 및 미디어 텍스트의 생산과 유통, 소비에 작동하는 방식, 일련의 맥락화된 정치적 결정과 경제적 동기, 엘리트의 이해관계, 그리고 한 사회의 역사성과 지배적 담론들이 특정한 매체와 문화콘텐츠를 통해 발현되는 양상에 대해 관심을 갖는다(Smythe, 1977; Mosco, 1998; Meehan & Riordan, 2002; Wasko, 1994). 이러한 이유에서 미디어 정치경제학은 상기한 현상의 국가적·지역적 발현에 국한되지 않고, 미디어와 정보의 독과점을 통한 자본주의의 전 지구적 확산은 물론, 신자유주의적 패러다임이 어떻게 보편적인 담론의 힘으로 확대재생산되는가에 대한 분석으로 연결된다.

그런데 여기서 주의해야 할 점은 일반적으로 미디어 문화연구가 주로 미디어가 생산해내는 메시지의 소비와 이데올로기적 역할에 관심을 기울이는 데에 반해, 미디어 정치경제학은 커뮤니케이션 제도의 소유와 통제 등에 관해서만 다루는 것이라는 상호배타적(mutually exclusive)인 이론적·방법론적 틀로서 이해되어온 점이다. 가령 문화연구에 있어 텍스트의 공시적 혹은 기호학적 분석이 주로 미디어가 생산해내는 메시지의 소비와 해독, 이데올로기적 역할과 그에 따른 수용자의 저항과 순응, 실천과 정체성 형성 등을 주된 분석의 대상으로 삼아왔다면, 미디어 정치경제학은 커뮤니케이션 주체와 기구의 생산과 소유, 유통과 통제 혹은 그 질서하에서 개별적 미디어의 생산, 유통 및 수용 과정, 그리고 커뮤니케이션과 자본주의 재생산 간의 관계에 대한 분석을 통해 권력관계, 계급체제와 사회구조적 불평등의 문제를 다루는 데에 주력(Wasko, 2005, p. 27; 문상현, 2009, pp. 80-81)해왔다는 논의들이 그러한 연장선상에 있다.

그러나 이는 양자의 주류적 접근과 초기의 경향성을 고정불변의 것으로 받아들이는 각 진영 내 일부 연구자들의 오해에서 연유하는 자기 방어적이고 협애한 해석이며, 이로 인해 실제로 오랜 시간 가시적인 성과 없이 소모적인 논쟁을 야기해온 일면도 있다. 일례로 문화연구의 정치경제학적(political economic) 혹은 구조주의적(structuralist) 입장과 문화주의(culturalist) 혹은 텍스트주의(textualism) 간의 긴장과 갈등으로 일반화하여 요약할 수 있는 일련의 논쟁들은 우선 1970년대 말 영국 버밍엄대학교 현대문화연구소(Birmingham Center for Contemporary Cultural Studies)의 리차드 존슨(Richard Johnson)과 에드워드 파머 톰슨(Edward Palmer Thompson) 사이의 논쟁에서도 잘 드러난다. 당시 존슨은 경험을 선호하는 톰슨을 비판했고, 톰슨은 존슨을 구조주의를 옹호하는 맹목적인 알튀세르주의자로 명명했다. 이와 같은 당시의 이론적 정황을 스튜어트 홀(Stuart Hall)은 문화연구의 '두 가지 패러다임'이라고 지칭했는데, 이는 주지주의에 상반되는 개념인 주의주의적 문화주의와 구조주의적 결정론(determinism) 간의 대립을 말하는 것이었다(류웅재, 2008b, p. 13).

또한 1990년대 중반, 지금은 CSMC(Critical Studies in Media Communication)로 개명된 크리티컬 스터디스 인 매스 커뮤니케이션(Critical Studies in Mass Communication)에서 치열하게 전개된, 영국의 니컬러스 간햄(Nicholas Garnham)과 그레이엄 머독(Graham Murdock)이 미국의 문화연구자인 로렌스 그로스버그(Lawrence Grossberg) 등과 벌인 논쟁은 미디어 정치경제학과 문화의 소비와 해독을 통한 문화적 실천을 강조한 문화연구 간의 이론적 간극을 명백하게 드러낸 것으로 알려져 있다. 특히 논쟁이 다소 적대적이고 감정적으로 흐른 면이 있고, 논쟁에 참여한 저자들이 기존의 주장을 동어반복적으로 되풀이함으로써 양 진영의 소통을 도모하고자 한 애초의 의도가 달성되지 않았다는 점에서 이는 전반적으로 생산적이지 못한 것으로 평가되었다. 그럼에도 불구하고 이 논쟁은 자본주의체제하에서의 문화 생산과 소비, 커뮤니케이션과 이데올로기의 의미와 기능 등을 둘러싼 양 진영의 상이한 시각을 드러내주는 계기가 되었을 뿐 아니라, 이후 두 진영의 통합을 도모하는 시도가 나올 때마다 소통을 지속시키고 논의의 준거가 되는 단초를 마련했다는 점에서 그 의의를 평가할 수 있을 것이다(문상현, 2009, p. 96).

예를 들어 이 장의 후반부에 다룰 미디어 문화연구의 주요한 연구 주제이자 방법론적 관심으로 부상하고 있는 생산자 연구, 그리고 미디어의 생산과 유통뿐 아니라 그 수용 과정 및 커뮤니케이션과 자본주의의 영속화 혹은 계급의 재생산 간의 관계에 대한 분석을 통해 권력과 욕망의 문제를 정면으로 다루는 정치경제학의 다양한 분파와 조류(가령 페미니스트 정치경제학)는 일견 이율배반적으로 비치지만, 그럼에도 불구하고 양 진영이 교통하고 분기하는 가운데 창조적으로 접합할 수 있는 가능성을 보여주고 있다. 정치경제학과 문화연구를 접합하고자 시도하는 입장의 연구자들은 일부 문화연구자들이 제기하는 미디어 정치경제학이 경제결정론이나 인식론적 환원론에 함몰되어 사회적 실천의 모순적 특성과 문화적 실천의 복잡성, 의미 생성과 해석 과정을 외면하거나 이 요인들을 적극적으로 고려하는 데에 인색하다는 비판에 대해서도 적극적으로 해명하려고 한다. 오히려 이들은 특정한 국면에서 이루어지는 다기한 문화적 실천의 역동성을 적확하게 이해하고 보다 현실 적용력을 담보한 실천을 도모하기 위해 반드시 거쳐야 하는 통과의례로서의 생산양식과 재생산의 조건들을 강조한다는 점에서, 궁극적으로 문화적 실천의 자율성과 소비의 문제까지 통찰하고 설명하기 위한 상호구성적(mutual constitution) 성격을 강조한다(Meehan, 1999; Mosco, 1998; 문상현, 2009, pp. 97-98에서 재인용).

미디어 정치경제학의 시각에서 미디어와 대중문화의 생산과 유통, 소비를 제약하거나 구조화하는 소유와 통제, 권력의 요소들에 관심을 갖는 연구자들은, 복합적인 상호관계를 효과적으로 분석하기 위해 단순히 누가 어떤 문화적 매체와 수단의 소유권을 가지거나 누구를 어떤 방식으로 통제하느냐의 문제를 넘어 필연적으로 텍스트와 수용자들의 문제로 연구 대상을 확장해가고 있다. 궁극적으로 미디어의 정치경제학적 입장은 간혹 일부 문화주의적 입장의 연구자들이 제기하는 것처럼 기계적이거나 단순하지 않고, 하나의 본질적 요소로 모든 사회적 복합성을 귀결시키지 않는다는 차원에서 환원론적이거나 결정론적이지도 않으며, 실제로 통합적이고 신중하며 무엇보다도 다양한 방법론적 전술을 구사하는 방향으로 선회하고 있다(Garnham, 1995a; Garnham, 1995b; Meehan et. al., 1994; Mosco, 1998; Wasko, 2005). 이는 오히려 특정한 성향의 문화연구의 텍스트 분석처럼, 다기한 복합적 사회관계를 단일한 요소, 즉 계급 혹은 성(性)의 변인, 텍스트의 이데올로기나 언어의 분석으로 제한하는 것과는 대조를 이룬다.

그러므로 미디어와 커뮤니케이션, 나아가 문화의 정치경제학적 입장에서 텍스트나 담론은 그것으로 자기 충족적인 하나의 사회적 힘으로 현실을 구성하는 독립적이고 유일한 힘이 아니라, 다양하고 이질적인 사회적·정치적 요소가 투쟁하는 가운데 유기적으로 혹은 모순적으로 관계하며 하나의 문화를 중층결정하는 여러 힘들 가운데 하나일 뿐이다. 이 때문에 담론의 분석은 언제나 행해진 말과 그 의미에 대한 분석뿐 아니라, 그 특정한 말이 형성된 복합적인 사회적 관계와 맥락, 역사성, 그리고 그 특정한 언어가 살아 움직임과 동시에 억압되거나 어떤 이유로 미처 발화되지 못한 언어들에 대한 분석을 포괄해야 한다. 능동적 수용자론(active audience theory)이 주장하는 '차이와 정체성의 정치'가 자칫 구조의 문제를 도외시한 채 일견 다양하고 자유로운 듯 보이는 수용자의 선별력과 권리를 극대화하여 의미 실천과 팬덤(fandom), 포스트모던한 욕망과 라이프스타일(lifestyle)마저도 결국엔 잘 포장되고 틈새시장을 효과적으로 공략하는 데에 성공한 상품의 소비에 다름 아닌, 자본주의의 유연적 축적과 강화 혹은 신자유주의적 시장 세분화나 세련된 마케팅 기법의 또 다른 모습임을 간과한 것일 수 있는 연유에서이다.

그간 문화연구의 복잡한 지형에서 문화주의와 정치경제학은 상호배타적인 것으로 이해되고 또 첨예하게 갈등해온 일면이 있지만, 기실 이 두 패러다임의 적절한 조화는 어느 국가나 지역의 문화와 문화의 장, 그리고 미디어 정경을 깊이와 넓이를 더해 긴 호흡으로 이해하기 위한 선결조건이다. 그간 일종의 구별 짓기와 지적인 저항 혹은 헤게모니 투쟁을 위해 문화연구의 주류 패러다임이 '정치경제학'이란 용어가 주는 어의를 구식의 경제결정론이나 목적론적 역사관으로 폄훼하며 애써 외면해온 것은 사실이다. 그러나 진지한 문화연구자 어느 누구도 계급이나 구조의 문제, 거시적이며 정치적 투쟁에 대한 이야기들을 지나치게 '거대'하거나 '공허'하다고 여기지 않았다는 증거는 도처에서 발견되며, 이제 한국의 문화연구도 성찰적이고 전향적으로 이 문제들에 대해 진지하게 고민해야 할 때이다(류웅재, 2008b, pp. 18-19).

무엇보다 중요한 점은 문화연구와 정치경제학의 특징 중 하나인 비판적 문제의식과 사회적 실천에 대한 강조는 양자 간의 창조적 접합 가능성에 대해 낙관적 조망을 투사한다는 것이다. 양 진영이 도덕적이고 규범적인 이슈들에 대한 관심뿐 아니라 자신과 세계를 만들고 변화시키는 자유롭고 창의적인 인간의 활동으로서의 실천에 대한 관심을 공유한다는 점을 그 예로 들 수 있다. 또한 연구(자)와 사회적 개입 간의 이분법적 구분을 지양하며 학문적 연구를 통해 실질적인 사회 변화를 추구한다는 점에서, 향후 문화연구와 정치경제학이 각론의 차이에서 대립하거나 국지적으로 차이를 견지하는 것에 반해 본질적으로 유사한 문제의식을 나눈다는 사실을 부인하기는 어렵다(Meehan et. al., 1994; Mosco, 1998; 문상현, 2009, p. 81).

5. 담론 분석과 정치경제학의 조우 가능성

전술한 바와 같이 푸코의 담론 이론에서 나타나듯이 언어작용이나 행위가 구조와 맺는 관계는 매우 밀접한 것이다. 즉, 말, 행위, 그리고 구조의 문제는 상호배타적이거나 적대적인 것이 아니라, 언제나 긴밀하게 연관되어 있으며 유기적으로 상호작용한다. 푸코는 《권력과 지식》에서 '권력' 혹은 힘[6]이란, 겉으로 드러나거나 눈에 잘 보이지는 않지만, 우리가 사회적으로 우세한 견해나 믿음에 이의를 제기하지 않고 큰 저항 없이 수용하도록 하는 것이라고 정의했다. 여기에서 푸코는 물질적 조건들을 통제하는 사회의 구조적인 힘, 이데올로기, 상식처럼 사회적으로 우세한 견해에 자발적으로 따르게 만드는 담론적인 힘이 늘 동전의 앞뒤 면처럼 연관되어 있음을 지적한다.

이 구조적 힘과 담론적 힘의 관계는 사회의 구조적 변화가 우리 생각이나 믿음의 변화를 가져오고 또 그 역이 성립하듯이 서로를 보완하며 강화시키는 상보적 역할을 한다. 곧 담론적 힘이란 사회의 각종 기관 및 주체들의 정책과

---

6 푸코의 권력(power) 개념은 지식 및 주체에 대한 설명과 더불어 그의 철학을 요약하는 키워드 역할을 한다고 볼 수 있다. 흔히 푸코의 권력 개념을 좀 더 응축적으로 설명한 에피스테메(episteme), 흔히 참된 앎으로 이해되는 《과학혁명의 구조(The Structure of Scientific Revolutions)》에서 토마스 쿤(Thomas Kuhn)의 패러다임(paradigm) 개념과 비교되기도 한다. 푸코의 이러한 권력 개념은 한 사회 내에서 우리의 인식이나 실천 혹은 행위를 가능하게 하고 궁극적으로 문화를 형성하는 은밀한 힘과 질서로, 다양한 담론적 실천과 삶의 정치를 매개하고 결합하는 관계들의 총화이다. 이러한 힘과 질서는 필연적으로 사회의 지배적인 지식과 가치, 그리고 다양한 학문의 체계를 생산하고 유지하는 역할을 한다.

정치적 행위를 정당화하고 구성원들로부터 합의를 얻어내 목표를 달성하는 데에 없어서는 안 될 일종의 자기 방어적 기제이다. 이 때문에 한 담론이 다른 담론에 의해 도전받고 대체되는 지점에서, 애초의 담론을 차용했던 기관이나 주체 또한 그 정치적 정당성과 영향력을 급격하게 상실하게 된다. 마찬가지로 물질적 힘과 지원, 토대를 갖추지 못한 담론의 힘은 모래 위에 쌓은 성처럼 불안하고 위태로운 것이다. 그러므로 담론적 힘은 언제나 예외 없이 구조적 힘의 존재와 조건에 조응하며 이와의 관계 속에서 심화되거나 강화되며 또 확대재생산되는 속성을 지닌다. 나아가 인간의 마음이나 담론이 표출되는 공간인 구조 혹은 문화는 동시에 진공(vacuum) 속에서 격리되어 고군분투하는 것이 아니라, 언제나 사회적 총체성이라는 구체적인 맥락 내에서 기능하는 현실세계의 일부이기도 하다. 이는 현실과 더불어 돌아가면서 현실을 만들어내고 또 거꾸로 현실에 의하여 결정되기도 한다. 인간의 의식과 마음의 문제는 언제나 이 전체, 즉 구조와 사회 속에서 설명될 수 있는 것이며, 어떻게 이 양자를 바른 균형 속에 놓이게 할 수 있는가를 늘 염두에 두어야 한다(류웅재, 2008a, pp. 95-97).

이러한 차원에서 담론 분석은 문화와 미디어 연구를 포함한 비판적 사회과학에 있어 정치경제학적 방법론과 일정한 유사성을 공유하는 것으로 이해될 수 있다. 최근의 사회과학에 있어 정치경제학은 우선 이론적인 차원에서는 자본주의 사회하에서의 소유와 소유관계의 통제, 힘과 권력의 관계, 계급과 생존의 문제, 그리고 거기에서 파생되는 구조적인 불평등의 문제들에 관심을 가지고 자본주의 사회의 모순을 개선하기 위한 적절한 저항과 개입의 전략을 모색하고 있다. 이러한 인식론적 시각으로 인해 정치경제학은 정치와 경제에 대한 결절적인 분석을 넘어, 거의 언제나 역사와 사회·문화와 지배적인 담론에 관한 총체적이고 종합적인 분석을 시도하는 방법론적 전략을 구사한다.

그런데 비판적 담론 분석과 푸코의 담론 이론에서 '담론'은 자신의 주요 기능인 말과 글을 매개로 한 언어 사용 혹은 상징작용인 동시에 사회적 실천의

한 형식이며, 담론이 상황이나 제도나 사회구조 등에 의해 형성되기도 하지만 역으로 담론이 사회적으로 구성될 뿐 아니라 사회를 구성하기도 한다. 즉, 담론이 상황·지식의 대상과 인간·집단 간의 상호관계와 정체성을 구성하는 것이다. 이러한 점은 상기한 정치경제학의 사회적 총체성이나 중층결정 개념과 인식론적이며 방법론적 층위에서 교통하는 지점이다. 즉, 미디어와 미디어 텍스트의 생산과 유통, 소비를 제약하거나 구조화하는 소유와 통제, 권력의 배분과 기타 요소들에 대한 관심은 미디어의 복합적인 상호관계를 효과적으로 분석하기 위한 틀이나 장치를 제공하는 종합적인 접근이다. 이는 언제나 텍스트의 의미 작용과 수용자의 해독 및 일상의 변화 등 실천에 대한 관심을 포괄하는 것이다.

스튜어트 홀은 소니 워크맨(Sony Walkman)이라는 매체와 대중문화 현상을 분석했는데, 다섯 가지의 문화적 과정과 상호작용을 통해서 소니 워크맨과 대중문화가 서로 다양한 요인으로 유기적 관계를 맺고 중층결정되는 양상을 보여주었다. 즉, 생산과 소비, 규제와 유통 등의 정치경제학적 요인들이 문화 현상과 텍스트의 재현은 물론 수용자의 정체성 형성과 어떻게 관계를 설정하는지, 이러한 문화적·사회적 텍스트가 적확하게 이해되기 위해서 반드시 통과해야 하는 과정을 분석한 것이다. 궁극적으로 이러한 과정과 요소들은 홀 자신이 '문화회로(circuit of culture)'라 명명한 일종의 사회문화적 관계망 속에서 분석되어야 한다(Gay, 1999, pp. 3-4)는 것이 문화연구의 통섭적 성격, 나아가 일견 이질적으로 보이는 담론 분석과 정치경제학이 창조적으로 접합할 수 있는 지점이다.

문화연구와 정치경제학이 서로 창조적으로 접합될 수 있는 가능성은 미디어 텍스트를 포함한 모든 사회문화적 혹은 미학적 텍스트가 저자의 순수한 개인적 주관이나 창의성의 발현이거나 (무)의식의 흐름이 아닌 것과 마찬가지로, 단순히 생산(제작)자의 의도가 일관되게 반영된 것이거나 그 반대로 전적으로 일련의 구조적 산물임을 주장하는 데에 있지 않다. 이들 미디어 생산자의 의도조차 비록 이것이 유별난 천재성이나 독특한 개인적 경험에 기인하는 것일지라도, 결국에는 홀의 문화 회로를 구성하는 다양한 사회적 요인들에 의해 중층결정된다는 것이 양자의 차이를 넘어 이들의 공유 지점을 관통하는 논의의 핵심일 것이다. 나아가 이러한 사회적 결정요소 혹은 사회적 총체성에 대한 맥락의 이해와 접근에서는 미디어 제작 과정이나 제작자의 의도, 수용자의 해독, 개인 및 집합적 저항과 운동, 정체성의 변용과 사회적 기억의 재구성 등을 관계적이고 유기적으로 다루어야 한다는 것이 담론 분석과 정치경제학이 함의하는 이론적·분석적 공통분모이다.

그런데 여기에서 담론 혹은 담론적 실천은 주체성과 구조를 반영할 뿐 아니라 적극적으로 구성하기도 한다는 푸코식 담론 이론(Foucauldian discourse theory)의 전제를 따른다. 담론 이론은 서구사상사를 오랫동안 지배해온 전통적인 실재론과 관념론의 의미론을 넘어, 의미는 한 체계 내에 존재하는 요소들 간의 관계, 즉 담론적 질서에 의해 형성되어지며 사물과 단어 간의 상응관계 또는 사물이 지닌 내적 속성의 결과는 아니라고 본다. 즉, 담론은 기표들의 무한한 환유적 전위로 이루어진 의미 작용의 연쇄로서, 이 속에서 의미는 확정적이지 않고 끊임없이 미끄러진다. 비교적 안정된 의미의 획득은 의미 작용의 연쇄를 특정의 상태에서 봉합하는 정치적 행위에 의해 이루어진다. 이 때문에 의미의 형성은 권력투쟁의 장이다(최종렬, 2003, p. 210).

이는 '텍스트의 외부에는 아무것도 없다'는 자크 데리다(Jacques Derrida)의 주장에 대한 일면적 수용을 통해 그간 텍스트주의적 혹은 포스트모던적 문화연구는 간-맥락적(inter-contextual) 의미보다는 간-텍스트적(inter-textual) 의미를 분석하는 데에 주력했다. 예를 들어 텔레비전을 비롯한 매체 연구와 대중음악에 대한 연구를 통해, 그로스버그는 소비자들이 매체와 대중음악에 의해 조작된다기보다 특정 메시지나 콘텐츠 혹은 내재된 가치를 그 나름대로의 방식으로 능동적으로 전유한다는 문화적 민중주의(cultural populism)를 주창했다. 이는 동시에 현대 자본주의하의 대중매체와 대중문화의 상품적 성격을 상대적으로 간과하고 텍스트가 지닌 중의적 혹은 다의적 성격을 과장함으로 인해 매체와 문화의 정치경제학과 이들에 대한 구조적·제도적 분석을 주변으로 밀어냈다(Grossberg, 1983-1984, 1984, 1989; 최종렬, 2003, p. 212에서 재인용).

이러한 텍스트주의나 문화주의는 또한 담론 이론에서 정치성을 약화시키고 의미의 비결정성만을 강조함으로 인해, 수용자가 문화산업의 의도와 무관하게 자신의 욕망과 이해관계에 따라 기의로서 문화산업의 부정적 메시지를 주체적·능동적으로 탈약호화할 수 있다고 본다. 여기에서 이데올로기나 헤게모니의 획득과 조작 혹은 통제를 위해 문화주의에서 강조하는 상징을 매개로 한 의미 실천과 이의 역할에 대한 과도한 강조는 구조주의나 소쉬르적 기호학파의 언어에 대한 부분적이고 제한된 이론적 이해에 의존하고 있다. 이러한 시각은 몇 가지 심각한 문제를 야기하는데, 우선 미디어 텍스트에 대한 과도한 강조는 의미 작용이나 의미 실천을 가능하게 하는 생산자의 의도는 물론 이외에도 매우 결정적이며 실질적인 물적 구성요소나 자원, 환경, 제약 등에 대한 무관심을 초래한다. 그런데 이러한 상징 작용의 생산과 유통, 해독의 과정에 있어서 생산자의 의도나 결정 등은 어김없이 상기한 물적 조건들에 의해 매개되고 영향을 받는 것이다.

또한 이러한 시각은 결과적으로 문화산업과 미디어가 제공하는 지엽적인 쾌락과 소비에 주의를 집중함으로 인해 미디어와 문화가 생산·분배·소비·교환·유통되며 의미를 획득하고 정체성을 형성하는 정치경제적·사회문화적 맥락에 대한 관심을 약화시킨다. 반면, 문화와 미디어의 정치경제학적 입장은 문화현상을 후기자본주의 혹은 포스트포디즘적 발전 과정이라는 보다 큰 사회경제적 맥락 속에 위치 지움으로써, 문화를 탐구함에 있어 이러한 총체적이며 중층적인 시각이 여전히 중요하다는 점을 강조한다. 가령 데이비드 하비(David Harvey)는 그의 《포스트모더니티의 조건(The Condition of Postmodernit)》에서 기표들의 무한한 환유를 가능하게 하는 물질적 힘이 사실은 자본의 회전 수의 가속화로 인한 시간과 공간의 압축(time-space compression)임을 밝혔다(Harvey, 1989). 이는 사회와 문화의 텍스트화를 다룸에 있어 자본의 과잉 축적의 문제를 해결하는 방식을 탐구하는 것이 중요하다는 점을 깨우쳐 문화의 생산보다는 소비에 과도하게 주의를 기울이는 텍스트주의적 문화연구의 편향성에 경종을 울린 것이라 볼 수 있다(최종렬, 2003, pp. 211-212).

그러므로 기존의 배타적이고 경직된 분과학문만으로는 복잡다기한 사회 문화와 매체현상을 섬세하게 탐구하는 데에 한계가 있음을 절감하고 자본주의적 사회관계 내에서 개인의 해독, 정체성 형성, 문화투쟁과 정치운동 등을 제도 및 총체적 맥락 분석과 접합하려고 하는 시도는 정치경제학과 담론 분석에서 제기되거나 적극적으로 공유되는 것이다. 물론 이것만으로 문화주의 혹은 문화정치와 정치경제학 사이에 일련의 동질성이나 연대가 안정적으로 형성되었다고 주장하기는 어려울 것이다. 왜냐하면 글로벌화한 기술진보와 후기자본주의체제하에서 물적 생산체계가 점점 탈영토화하고 탈중심화되는 것과 유사한 양상으로, 문화산업이 제공하고 점증하는 생산소비자인 생비자(生費者, prosumer)들이 일조하는 문화와 그 의미의 생산, 소비, 유통, 분배, 수용과 정체성의 형성 역시 비슷한 경향을 보여주고 있기 때문이다. 그러나 바로 이 점이 물적이거나 사회적인 모든 것이 기호화되거나 텍스트화되었다는 주장이나, 소비에서 새로운 의미와 정체성의 생성은 물론 구조적 변화의 가능성까지 담보할 수 있다는 과도한 낙관주의를 선뜻 수용하기 어려운 이유이다.

오히려 이러한 맥락에서 전 지구화하는 자본주의의 새롭고 유연한 축적체제를 탐구하는 비판적 정치경제학이 최근 다시 학계의 관심을 끌고 있다. 여기서 정치경제학은 우선 자본축적의 변형을 계보학적으로 추적하거나 대규모의 제도적 변화를 다루어 영원한 현재로 공간화된 시간성을 극복하고 역사성을 회복할 수 있는 인식론적 지도를 제공한다. 또한 자본의 잉여가치를 추구하는 것과 생산을 확대하려는 강박증으로 자본을 바라봄으로써 자본주의에 내재한 위기와 변동을 탐구하며, 그것이 사회성에 어떤 변화를 일으키는지를 탐구한다. 그런데 문화현상의 분석에 있어 이러한 비판적 정치경제학의 요소들을 가벼이 여길 때 문화산업이 제공하는 기호의 현실적 효과나 쾌락을 강조하는 문화주의 혹은 텍스트주의에 함몰되거나, 상품화·물화·소외처럼 자본주의의 부정적 영향만을 강조하는 비관주의에 빠질 우려도 상존한다(Harvey, 1989, 1999; 최종렬, 2003, pp. 222-223에서 재인용).

상기한 바와 같이, 구조주의와 기호학적 언어 모델의 범주에 속하고 언어와 소통의 문제 행위성을 연계시키는 비교적 좁은 범주의 언어학적 전통에서 부상한 사회기호학, 사회언어학, 화용론, 스피치액트 이론, 대화 분석 등의 접근방식에 반해, 비판적 담론 분석(CDA), 후기 마르크스주의, 민속지학, 수용자론 등 학제적 접근을 지향하며 언어와 권력 및 언어의 역할을 제도적·물리적인 층위들과 유기적으로 접합해 접근하는 이론과 방법론들이 최근 문화이론과 문화연구의 전통 속에서 부상하고 있다. 이러한 접근은 언어를 흔히 비담론적 층위라고 규정되는 사회적이고 물적인 다양한 제도와의 관계망과 접합 과정 속에서 파악하며, 언어가 행사하는 능동성과 수행성, 그리고 언어가 형성하거나 매개하는 구체적 제도성과 물질 간의 접합 과정에 주목한다(이기형, 2006, pp. 115-116).

특히 문화연구 내부에서 비판적 정신을 계승하는 가운데 이를 이론적·방법론적으로 더욱 정련하고자 하는 노력의 일환으로 최근 몇몇 미디어 문화 연구자들에 의해 활발하게 시도되는 생산자 연구는 기본적으로 비판적 담론 분석이나 정치경제학이 함의하는 세계관, 즉 구체적 맥락에서 특정한 양상으로 소비를 가능하게 하는 생산(자)적 조건과 사회적 총체성, 나아가 현상 이면의 구조에 대한 관심과 분석을 지향한다(박지훈·류경화, 2010; 이기형, 2009; 이오현, 2005). 이러한 시도는 이성과 계몽 중심의 근대적 시민권에 젠더나 정체성, 감성 등을 접합하고자 하는 '문화적 시민권' 개념이나 '문화적 공론장' 개념 혹은 근대적 시민과 탈근대적 소비자를 결합 혹은 경합시키는 '시민·소비자' 개념 등과 유사하게, 문화연구적 문제의식에 공영방송의 미래적 전망 등 정치경제학적 생산 개념(또는 그 반대)을 접합하려는 '생산문화(culture of production)'나 생산 장소의 개념과 연계(조항제, 2008, p.37)되어 커뮤니케이션의 이론적·방법론적 차원에서 공히 새로운 패러다임으로 자리매김할 가능성을 내포한다.

다만 이러한 작업이 지향하는 문제의식의 설득력이나 논리 전개의 정합성, 일관성 혹은 학문적 치열함이 보여주는 완성도와는 무관하게 현시점에서 이러한 작업이 함의하는 본원적인 한계에 대해서도 생각해볼 여지는 있다. 우선 현재 언론학 내의 비판 커뮤니케이션이나 미디어 문화연구적 전통 내에서 이러한 작업들이 위치하거나 함의하고 있는 정향성 혹은 포지셔닝에 관한 것이다. 이러한 작업들은 근 10여 년 이상 상기한 전통 내에서 주류적 연구로 간주되어오던 미시적 수용자 연구나 텍스트 분석으로부터 의도적인 거리 두기를 시도하고 있다. 이 때문에 이들이 활용하는 이론이나 문헌, 방법론은 기존의 텍스트 분석이나 수용자 연구와는 차별화되는 생산조건에 대해 상당 부분 애착을 가지고 양자를 적극적으로 결합하려 한다는 점에서 참신하다고 볼 수 있다. 그러나 이러한 의도적이며 인위적인 전회가 단순히 다르다는 차이의 층위를 넘어 미디어를 매개로 한 비판적 언론학 연구에 어떤 근원적인 변화를 가져왔느냐는 물음에는 흔쾌히 '그렇다'라고 대답하기에 상당한 의구심이 드는 것도 사실이다.

가령 내용 분석과 심층 인터뷰를 활용한 생산자 연구를 통해 특정 미디어 텍스트나 생산 과정이 기존 문화연구나 정치경제학과 차별되는 새로운 시각과 통찰을 제공했는가 하는 의문이 남는다. 오히려 이러한 문제 제기와 논리의 전개, 설명의 방식은 사례와 데이터를 달리하며 이전의 논문들에서 무수하게 반복되어오던 동어반복적 성격을 보여준다. 과연 내용 분석이나 특정 콘텐츠 제작자 몇 명과의 심층 인터뷰를 통해 밝혀내려고 했던 바가 제작 여건의 열악함과 시청률과 제작비와 관련된 환경으로 인해 과거 서구의 미디어가 그러했던 것과 유사한 양상의 전도된 오리엔탈리즘을 보여주는 것(박지훈·류경화, 2010)이 인식론적·실천적으로 어떤 의미가 있으며, 자명하고 잘 알려진 논지를 밝혀내기 위해 구체적 프로그램을 분석하는 것이 어떤 통찰이나 분석의 참신함 혹은 깊이가 있고, 나아가 우리가 발을 붙이고 살고 있는 세계의 불가해한 관행과 시스템에 작은 균열이라도 낼 수 있는 것인지에 대한 근원적인 회의이다. 이는 미시적 수용자 연구에서 유사한 방식과 조망의 생산자 연구로 기차만 바꿔 탄 형국으로, 이론과 방법론의 차원에서 어떤 새롭고 진보적인 대안이나 쇄신의 가능성을 보여주지는 못하고 있다는 의구심이기도 하다.

또한 이러한 생산자 연구의 대부분에서 보여주는 이항대립(binary opposition)적 시각은 생산자 연구가 이 책에서 다루는 담론 분석이나 정치경제학의 상호학제적 연구의 관계성 혹은 통섭성을 충분히 반영한다고 보기 어려운 지점에 관한 것이다. 가령 그 이전의 소비와 능동적 해독에 초점을 맞춘 수용자 연구나 텍스트 분석의 한계를 극복하기 위한 반성과 문제의식에서 특정 프로그램이나 다양한 미디어 텍스트의 생산 과정에 분석의 주된 관심을 두는 생산자 연구는, 구체적 제작 조건이나 제작자들의 의식 혹은 행위와 실천 등을 생생하게 묘사하는 데에 장점을 지닌다.

동시에 이는 특정집단이 자신의 정치 경제적 이익을 위해 어떤 의미를 생산하고 유통시키는지, 국가를 비롯한 다양한 기구와 제도가 통치성이나 정상성을 확보하고 유지하기 위해 활용하는 담론 전략은 무엇인지 등에 대해 프로그램 제작자와의 심층 인터뷰를 통한 생산 조건이나 프로그램의 텍스트적 분석 등에 머물러 그 외의 구조적 맥락, 거시적 층위의 정치 경제적 변동이나 텍스트 외부의 요인과 상호작용하는 비판적 담론 분석의 장점들이 역설적으로 소홀히 다루어지는 면이 있다. 그러므로 기존의 수용자나 텍스트 위주의 문화 연구가 내장한 한계와 오류를 미디어 생산자 연구가 손쉽게 해결해줄 수 있다는 다소 이항대립적인 낙관주의로부터 긴장과 거리감을 유지하는 가운데, 구체적 맥락 내에서 어떻게 양자를 접합하여 최적의 분석을 위한 방법론으로 사용할 것인가에 대해 고민하고 향후 논의를 지속할 필요가 있다.

즉, 생산을 결정하거나 제약하는 조건에 천착하다 보니, 생산자의 발화나 현장의 민속지학적 요소에 과도하게 의존하여 그러한 구체적 조건이나 의식 혹은 실천을 규정하는 부동의 동자로서 보다 큰 사회구조적 요인에 대한 학제적 분석이 결여되어 있다. 가령 구조나 제도적인 요인들의 중요성을 인정하면서도 이를 거시적 (경제, 문화) 정책이나 통계자료와 동일시하는 것은, 일상과 노동 현장에서 개인의 실천과 저항 혹은 순응의 문제를 구조와의 연관성 없이 개인적인 것으로 축소하는 위험을 내장한다. 그러므로 연구자가 보기에 생산자 연구라는 새로운 시도는 기존의 수용자 연구나 텍스트 분석에 대한 환기와 성찰로서는 의미가 있지만, 그에 대한 대안으로는 그 주된 관심과 언어적·개념적 자원, 분석의 방법론 등이 내장하고 있는 한계 역시 비교적 자명하다.

오히려 미디어 생산자 연구라는 테두리 안에 채 만개하지 않은 새로움이나 변화 가능성을 제한적으로 가두거나 수용자 전통이나 주류 커뮤니케이션 연구의 전통이 범했던 오류를 유사한 양상으로 답습할 것이 아니라, 보다 적극적이고 창조적으로 미디어 정치경제학과의 교통과 접합의 노력을 늘려가야 할 것이다. 일례로 생산자 연구와 수용자 연구, 거시와 미시, 구조와 개인, 제도와 행위자(혹은 실천), 자본과 노동 등을 상호배타적이거나 갈등하는 두 개의 힘으로 다루기보다 이 힘들이 작용 또는 반작용하며 새로운 대안을 모색하는 변증법적인 과정에 대해서 보다 세밀하고 적극적으로 다룰 수 있을 것이다.

6. 나가며

지금까지 담론 분석이 단순한 언어학적 전회가 보이는 텍스트의 내적 정합성과 논리적 일관성 혹은 텍스트의 배면에 숨겨져 있는 이데올로기에 대한 분석이나, 그와 유사한 논조로 정치경제학이 특정 이해관계를 가진 집단의 소유와 생산, 유통과 통제 등을 통해 지배를 영속화하거나 이를 위한 법과 제도의 시행이나 변화만을 다룬 것이 아님을 밝히고자 했다. 더불어 이렇게 담론 분석과 정치경제학이 각각 함의하는 학제적이며 통섭적인, 무엇보다 비판적이며 실천적 성격을 방기하는 것은 그간 양 진영의 배타적인 학제적 전통에 기인하는 전형적인 오해이거나 의도적 외면임을 밝히고자 했다.

이것은 푸코식의 비판적 담론 분석에서는 텍스트와 담론을 매개로 하여 텍스트와 담론 바깥의 것에 대한 관심을 환기하고 이를 토대로 사회와 문화, 심지어 인간의 내밀한 의식의 흐름이나 정체성의 기원과 형성 과정을 적확하게 읽고 전향적으로 변화시키려는 실천적 의지로 이해될 수 있을 것이다. 또한 정치경제학적 접근에서는 기존의 오해에 반해 언어와 담론에 대한 분석까지 포괄하는 사회와 문화의 총체적인 분석과 미디어 현상을 특정한 방식으로 가능하게 하는 여러 가지 힘과 요인들이 중층결정되는 양상에 대한 분석으로 요약될 수 있다.

물론 이러한 시도를 가능하게 하는 구체적이고 기술적인 방법론에 대해 논의하는 것은 암시한 바와 같이 이 책의 조망과 의도를 벗어나는 것이다. 다만 미디어와 문화현상을 포괄적이고 빈틈없이 분석하려는 인식론적·방법론적 관점과 윤리적인 차원에서 사회적 실천과 변화에 대한 지속적인 관심은 그간 양 진영이 공히 지향해오던 비판적 정신에 기인하며, 향후 후속 연구들에서 양자의 창발적 접합이 완결성을 담지하며 시도되길 희망한다.

2장

미디어와 정치 담론

글로벌 인재 담론에 대한 비판적 담론 분석

1. 문제 제기

1990년대 말 외환위기 이후 한국사회를 포함한 전 지구적인 경제질서로 그 위세를 더해가고 있는 신자유주의는 시장만능주의적 효율성과 경쟁논리 아래, 과거에는 경험할 수 없었던 강도로 극심한 생존경쟁을 강요하고 있다. 일례로 일상화된 해고의 위협과 비정규직의 대량 양산을 야기한 노동유연화정책으로 노동 조건은 심각하게 악화되고, 임노동에 의해 생계를 유지하는 대다수 사회 구성원들의 사회경제적 불안정성이 심화되고 있다. 특히 외환위기 이후 가시화된 부실한 사회안전망과 개인의 위기에 대한 국가의 무관심 혹은 무능력, 개인의 책임으로 모든 것이 귀결되는 개인주의적 이데올로기의 심화는 일상화한 경쟁과 이로 인한 불안에 시달릴 수밖에 없는 '사회 없는 개인'을 낳고 있다. 결국 사회가 유연화와 파편화라는 단어로 압축되는 신자유주의 경제질서로 재편되는 과정은 사회학자 지그문트 바우만(Zygmunt Bauman)이 역설한 '액체 근대(Liquid Modernity)' 속에서 정처 없이 부유하는 무수한 개인들을 낳는다 (Bauman, 2009). 이처럼 구조적으로 강제되는 경제적 불안정성과 미래의 불확실성에 대한 사회적·제도적 대안이 부재한 가운데, 개인이 느끼는 불안 혹은 생존을 위한 공포는 필연적으로 개인을 미시적인 탈출구 및 보상 동기로 내몰게 된다. 지난 몇 해 동안 한국사회를 휩쓴 자기계발서의 인기와 재테크 열풍, 표준화된 스펙 쌓기 경쟁과 세련된 영어 구사 능력에 대한 강박, 직장인의 경쟁력 제고 차원에서 부상한 평생교육과 대학원 진학 열풍, 그리고 경쟁 구도에서 승리한 개인을 서사하는 각종 오디션 프로그램의 인기 등등은 모두 이러한 맥락과 조응하는 사회문화 현상의 하나로 해석할 수 있으며, 이미 여러 연구자들에 의해 학문적 분석의 대상이 되었다(박휴용, 2006; 서동진, 2009; 김수정, 2008, 2010; 박소진, 2009; 문강형준, 2010).

신자유주의 경제질서로 재편되는 과정 속에서 주목해야 할 또 다른 지점은 바로 지구화(globalization)이다. 물론 무엇을 지구화로 볼 것인지에 관해서는 다양한 논쟁이 존재하지만, 광의의 개념으로 이는 사회적 관계가 주권과 국경의 벽을 넘어서 전 세계적으로 심화되는 과정으로 정의될 수 있다(Giddens, 1990). 또한 지구화는 복지국가의 향방, 자본주의의 다양성, 사회 양극화, 국민국가(nation state)의 운명, 국제기구의 기능, 국제체제의 변화, 국가 혹은 지역 간 종속과 불평등, 신자유주의의 전개, 지구적 사민주의, 신제국주의 등 수많은 문제들과 관계(송백석, 2009)하고 있다. 이 때문에 신자유주의 또는 글로벌 경쟁체제의 맥락에서 사회구조와 인간 주체화의 상관관계에 최근 연구자들이 많은 관심을 보이고 있다(박혜경, 2010). 노동의 영역에서도 지구화는 중요한 함의를 갖는데, 일례로 글로벌 시장경제체제 내에서 노동의 유연화는 자본이 주도하는 노동(력)의 전 지구적 재배치와 유연한 이동이라는 차원에서 이해된다. 그러므로 국가 혹은 글로벌 경제체제 내에서 다양한 미시권력을 통한 신자유주의적 주체 형성의 문제는 글로벌 시장경제체제라는 큰 맥락하에서 유기적이면서도 총체적으로 이해되어야 한다.

이 책은 이러한 관점에서 현재 한국사회에서 생성 및 유포되고 있는 글로벌 인재 담론에 주목하고자 한다. 이른바 '글로벌 경쟁력'이라는 언술을 통해 개별 기업은 물론 산업 일반으로 침투한 경제적 층위에서의 신자유주의적 지구화는 이제 '글로벌 인재'라는 미시 담론의 형태로 사회의 전 영역을 넘어 개인 단위로 스며들고 있다. 그러므로 이 장에서는 한국사회에서의 신자유주의적 지구화 담론의 생성과 전개에 있어 국가의 통치성과 이의 작용에 대해 일차적으로 주목한다. 즉, 국가적·공적 영역에서의 세계화 담론이 미시적·사적 자기계발 담론과 접합되는 양상을 분석하고자 한다. 이를 위해 이 장에서는 신자유주의적 지구화를 추동하는 세계화 담론이 국가와 자본에 의해 어떻게 구성되어왔고, 미디어에 의해 어떻게 매개되었으며, 또 사회에서 글로벌 인재 담론이 어떻게 형성되고 변천해왔는지 그 다층적 양상에 주목한다. 즉, 경제적·사회문화적 질서를 구성하는 공적 담론의 형성 과정과 이들이 사회적으로 확산 및 작동하는 양상을 실증하려고 한다. 이는 글로벌화라는 맥락 속에서 국가와 자본, 주체와 노동이 어떤 문화정치적 지형에서 조우하는가 하는 문제에 대한 질의와 탐구로서 가치가 있다. 나아가 신자유주의적 지구화의 결과로 나타나는 사회문화적 문제에 대안적 담론의 가능성을 모색하려는 실천적 의미도 있다.

2. 이론적 배경

1) 신자유주의적 주체와 자기계발 담론

신자유주의란, 1970년대 초반 서구사회에서 석유 파동이 발생한 이후, 장기불황을 극복하는 과정에서 복지국가의 재정위기 등이 불거짐에 따라 보수우파 진영이 채택한 이데올로기적·경제정책적 사조를 총체적으로 일컫는 용어이다(김준현, 2012). 신자유주의는 1970년대 서구사회가 세계적 스태그플레이션을 겪으며 심각한 자본축적 위기에 직면하자 이에 대한 반작용으로 영국과 미국 등 중심부 국가를 중심으로 등장했는데, 이는 자본의 수익을 확대할 기회에 제약을 가하는 일체의 규제를 해체하는 시도로 나타났다(김석수, 2001). 그러므로 탈규제화된 자본가 시스템 또는 자유시장경제체제만이 개인의 자유로운 선택을 위해서 가장 이상적일 뿐 아니라 효율성, 경제성장, 기술 진보, 분배정의 등과 같은 사회적·경제적 문제들에 있어서도 최적의 성과를 달성할 수 있다고 신자유주의는 주장한다(Kotz, 2000). 비록 용어가 지닌 다의성으로 인한 혼동이 경제학계 내부에서조차 지적되고 있음(김성구·김세균 외, 1998)에도 불구하고, 신자유주의는 경쟁적 시장의 자유화, 시장에 대한 정부의 개입 최소화, 사회적 연대 및 복지 정책에 대한 거부 등을 특징으로 들 수 있다(Yeung, 2000). 따라서 오늘날의 신자유주의는 단일하고 균질적인 경제적 원리에 기반한 하나의 이념이라기보다 1970년대 이후 자본축적의 구조적 한계로 인해 정치적·경제적 위협에 처한 중심부 국가의 자본가들이 계급적 우위를 재확보하거나 국제적 자본주의의 재조직화를 위한 유토피아적 기획, 나아가 자본축적의 조건들을 재건하고 경제 엘리트의 권력을 회복하기 위한 정치적 프로젝트로 해석될 수 있다(Harvey, 2009; 김석수, 2001; 임운택, 2010).

기존의 신자유주의에 관한 이론적 논의들은 주로 경제적 사조와 이와 연동하는 정치적 프로젝트에 국한되어 협의의 의미로 사용되고 있다는 점에서 그 한계를 보인다. 일례로 이 개념을 정치적 혹은 경제적 차원으로 환원하는 것은 케인스주의에 대한 반대급부적 시각에서 신자유주의를 제한적으로 규정하는 것일 뿐, 이것이 야기하는 복잡다기한 현실적 맥락과 사회문화적 영향, 과정적 기제로서의 내적 변화를 간과하기 쉽다. 오늘날 신자유주의는 경제 원리와 정책, 그리고 제도적 차원을 넘어 사회문화의 영역으로 전면화되었을 뿐 아니라 담론, 이데올로기, 통치, 그리고 주체성 형성의 차원으로 확장되고 있기 때문이다. 또한 신자유주의는 사람들이 세계와 공동체, 그리고 타자와의 관계를 바라보는 방식을 구성한다(Kawai, 2009; 조영한, 2012). 따라서 신자유주의는 거시적으로는 사회 변동의 한 추동 요소이자 미시적으로는 개인을 통치하는 새로운 원리로서 다양한 영역과의 관련성 속에서 총체적으로 이해되어야 할 필요가 있고, 이를 위해서는 신자유주의의 담론적 성격에 주목할 필요가 있다. 이는 신자유주의가 필연적인 것이 아니라 다양한 사회적 관계들 속에서 구성되는 것임을 드러내고, 신자유주의의 다양한 대안적 가능성을 모색하기 위한 실천적 차원에서도 유효한 전략이다.

이러한 관점에서 사이먼 스프링거(Simon Springer)는 신자유주의를 크게 네 가지의 형태로 순환하는 담론적 순환 과정으로 이해할 것을 주장(Springer, 2012)하고 있는데, 이는 다음과 같다. 첫째로는 초국적 연합체에 근거한 엘리트 지배계급의 계급적 프로젝트로 작동하는 이데올로기적 헤게모니로서의 신자유주의이다. 둘째, 국가와 공공 영역의 자원들의 소유권이 사적 영역이나 기업의 이익에 따라 전환되는 과정으로, 민영화, 탈규제, 자유화, 탈정치화, 상업화 등 일련의 정책들과 프로그램들로서의 신자유주의이다. 셋째, 국가가 의도적으로 초국가적 경제체제 내에서 경제적 경쟁력의 우위 확보를 위해 관여하는 제도적 중재, 경제적 관리 시스템, 사회적 어젠다로서의 신자유주의이다. 넷째, 사회적 관계 속에서 구성되고 끊임없이 재창조 및 재해석되면서 현실과 접합되는 과정으로서, 자기 규제와 교정을 통한 통치성으로서의 신자유주의가 그것이다. 이러한 논의는 사실상 신자유주의에 대한 기존 연구와 이론적 전통들을 종합한 것에 가깝지만, 특정 입장을 강조하기보다는 담론적 접근을 통해 이들을 유기적으로 결합할 수 있음을 주장하고 있다는 점에 더 주목해야 한다. 한편, 조영한(2012)은 신자유주의적 통치성과 주체의 상관관계를 주목하면서 신자유주의가 한 사회의 생산 권력, 규율, 상식, 그리고 통치 원리로 작동하는 양상을 분석할 필요성이 있다고 주장한다. 즉, 신자유주의와 불가분의 관계에 있는 주체와 통치성의 문제는 이를 유지하고 구동하는 기저나 이면의 원리를 이해하기 위한 중요한 단서를 제공한다고 볼 수 있다.

이러한 문맥에서 살펴볼 때 한국사회의 자기계발 열풍은 일종의 사회현상일 뿐 아니라 신자유주의체제의 일부이며, 이것이 체제 내에서 수행하는 기능은 체제 유지를 위한 주체를 생산하는 것으로 이해할 수 있다(고은강, 2011). 이러한 접근에 따르면 신자유주의는 '정치적 합리성' 또는 '경제 도덕 가치'로 표현되기도 한다. 또한 신자유주의적 질서에서 '국가의 후퇴'로 표현되는 일련의 변화가 결코 국가의 통치가 줄어든 것이 아니라, 오히려 통치 형식이 변한 것이라고 주장한다(박소진, 2009). 이상의 논의들에 이론적 바탕을 제공하고 있는 푸코는 신자유주의적 통치성의 변화에 대해 권력관계와 지배관계를 구별하고 지배 테크놀로지와 자기테크놀로지를 연결하는 통치양식의 특성에 주목했는데 이는 신자유주의적 통치를 겨냥한 것이었다. 푸코는 통치양식을 통해 타인의 지배와 자기테크놀로지, 즉 자기 자신의 통치가 연결된다고 주장한다. 여기에서 통치양식은 두 가지 테크놀로지에 의존하는데 하나는 지식과 권력의 관계이고 다른 하나는 주체화라고 할 수 있다(Foucault, 1998, 2002, 2011; Lemke, 2002). 오늘날 자기계발 담론 연구는 이러한 통치성에 관한 푸코의 논의에 크게 기대고 있으며, 특히 신자유주의적 인간으로서의 주체성 형성 과정을 밝히는 데에 주력하고 있는데, 크게 다음의 세 가지 방향으로 연구를 진행하고 있다.

우선 첫 번째 방향은 신자유주의적 인간으로서 자기통치를 추동하는 지식-권력기제로서의 지배 테크놀로지인 자기계발 담론의 형성 과정에 초점을 맞추는 연구들이다(서동진, 2009, 2010; 신진욱·이영민, 2009; 박소진, 2009; 최현, 2011). 대표적으로 서동진(2009, 2010)은 '신경제계획' 담론이나 '신경영' 담론 등 '지식기반 경제론'으로 압축되는 신자유주의 담론 및 자기계발 서적을 중심으로 한 경영 담론의 형성과 전개를 고찰한 바 있다. 다음으로, 자기계발 담론 연구의 두 번째 흐름은 신자유주의 담론이 미디어 담론 등을 통해 구체적으로 어떻게 표상되고 있는가 하는 담론적 실천에 보다 초점을 맞추고 있는 연구들을 들 수 있다(김수정, 2008, 2010; 박혜경, 2010; 류지윤, 2012). 텔레비전

시사 다큐멘터리가 어떻게 한국사회의 영어교육 열풍을 규정하며, 이 과정에서 어떤 서사를 드러내고 있는가를 탐구한 김수정(2008)의 연구 등이 이에 해당한다. 마지막 세 번째 연구 방향은 주체들이 자기계발 담론을 어떻게 수용하고 실천하는지 사회적 실천의 양태를 보다 구체적인 사례 중심으로 분석하는 연구들을 들 수 있다(이범준, 2010; 오찬호, 2011; 최원진, 2012). 특히 20대와 30대 직장인을 대상으로 이들이 자기계발 서적을 어떻게 해석하고 어떻게 자기 제어의 테크닉으로 실천하며, 대인관계를 어떻게 구성하는지에 대한 이범준(2010)의 연구 등이 이러한 부류에 속한다.

이상의 연구들은 국가와 자본의 공모하에 개인들이 스스로 유연한 노동력이자 자기계발에 힘쓰는 신자유주의적 주체로 변모하는 과정, 국가와 자본의 요구를 자유의 실천으로 수용하는 광범위한 담론 구성체 혹은 장 내에서 주체의 정체성 혹은 자기 이해를 강화하는 양상을 보여준다. 이는 신자유주의를 좁은 의미의 이데올로기로 간주하거나 단순히 외형적인 제도 또는 정책적인 차원에 국한해 분석함으로써 신자유주의적 질서의 구성적 힘을 간과했던 기존 연구들의 한계를 극복하고, 관련 연구의 분석적 층위를 한 단계 심화시키고 있다. 동시에 이 연구들은 신자유주의적 담론의 구성 과정을 주로 일국적 경제체제의 층위에서 파생되는 문제로 한정해 분석하고 있다는 점에서 분석의 한계를 드러낸다. 이는 전술한 바와 같이 신자유주의가 지구화와 불가분의 관계에 있고 초국가적인 차원에서 자본의 세계화를 통해 당면한 경제적 위기를 돌파하려는 목적을 담고 있는 데에서 잘 드러난다(김석수, 2001). 따라서 국가를 비롯한 특정 로컬에서 신자유주의적 담론과 담론 주체의 형성이 글로벌 자본주의체제하의 전 지구적 신자유주의 질서의 확산과 어떤 관계를 맺고 있는지 이 장은 총체적으로 살피고 있다.

2) 신자유주의적 지구화와 국가의 통치성

지구화는 1980년대 이래 다양한 학문분과에서 격렬한 논쟁의 대상이 되고 있다. 이 중 지구화를 현실로 보는 입장에서 공통적으로 강조하고 있는 특징적 요소들로는 '전 세계의 시공간적인 압축 및 상호 의존성의 심화', '탈영토화와 국가 주권의 위상 변화', '전 지구적으로 이루어지는 경제체제 및 시장의 통합', '자본, 정보, 상품, 아이디어 등의 초국적 유통 증가', '이민 및 이주자를 포함한 인간의 국제적 이동 증가', '전 지구적인 노동 분업', '민족 공동체를 넘어선 새로운 공동체 개념의 형성' 등을 들 수 있다(Giddens, 1990; Robertson, 1992; Appadurai, 1996; Bilton, 1996; Held & McGrew, 2000; Castells, 2000). 그러나 오늘날 지구화는 다층적이고, 불균등하며 비대칭적으로 진행되는 과정이기 때문에 이에 대한 통일되고 일관된 이론체계가 구축되었다기보다는 다양한 차원과 관점의 이론적 입장과 전망, 논의들이 존재한다. 일례로 지구화라는 현실의 변화 양상은 명확한 방향성을 전제한다기보다 대단히 '불확정적이고 변증법적 변화 과정'이므로 상호충돌하고 모순되는 경향이 동시적으로 진행되고 있다(강명구, 2001).

지구화의 현상적 양태보다 더 중요한 점은 현재진행형인 지구화의 핵심 동인 및 그 영향력과 파장에 대한 다층적이고 입체적인 이해를 이끌어내고, 향후 지구화가 어떤 방향으로 전개되어야 할 것인지 또는 앞으로 어떤 지구화를 만들어가야 할 것인지에 대한 학문적 논의와 사회적 담론을 이끌어내는 문제일 것이다. 그러므로 지구화의 동인을 디지털 커뮤니케이션 테크놀로지를 기반으로 한 네트워크라는 기술적 요인(Castells, 2000), 정체성의 재생산이라는 문화적 요인(Appadurai, 1996), 자본주의적 지배질서의 심화라는 경제적 요인(Robins & Webster, 1999)들 중 어느 하나에 방점을 두거나, 지구화의 긍정적 또는 부정적 측면 어느 한쪽만을 강조하는 것은 단선적이며 불완전한 시각이라는 비판이 제기될 수 있다. 더욱이 기존의 지구화 논의는 서구적 관점에 입각한 것으로, 중심부와 주변부의 차이를 세밀하게 드러내지 못하며, 불균등하고 다층적으로 이루어지고 있는 지구화를 하나의 동일한 과정으로 이해하는 인식론적 결점을 지닌다. 결과적으로 지구화는 정치, 경제, 기술, 사회, 문화 등 다양한 요소들이 접합되는 영역으로 학제적인 접근이 필요하며 글로벌과 로컬을 동시에 고려해야 한다(Flowerdew, 2002).

이와 같은 맥락에서 오늘날의 지구화 이론은 신자유주의와의 관련성 속에서 논구되어야 한다는 주장이 설득력을 얻고 있다(Ampuja, 2012). 지구화 이론은 국가나 자본 등을 배제한 진공 상태에서의 사회변동론을 넘어서야 한다. 오늘날 지구화는 현실적 양태로서의 신자유주의라는 경제 이데올로기의 세계적 확산과 함께 하고 있기 때문이다. 이는 지구화가 자유시장의 보편화와 자본의 세계적 통합을 겨냥하고 있음을 의미한다. 이제 지구화라는 용어로 세계 여러 지역들이 맺고 있는 다양한 관계 양상을 살펴보기 위해서는 중심부 헤게모니 국가인 미국, 영국 등에서 불거진 자본축적의 위기와 이에 대한 대응으로서의 신자유주의의 반동적 흥기라는 역사적 맥락을 간과할 수 없다. 특히 서구 중심부 국가와 다른 역사적 경험과 제도적 경로의존성을 가지는 동아시아 국가들에 있어서는 지구화와 국가의 관계가 보다 맥락화된 역사성 혹은 특수성의 차원에서 설명되고 있다. 일례로 대내적인 자유화를 통하여 국제경쟁력을 갖추고 세계화를 주도한 선진 자본주의 국가들과는 달리, 지구화의 물결 속에서 수동적으로 신자유주의 정책을 수용하게 된 대부분의 동아시아 신흥공업국들은 이 과정에서 IMF 관리체제라고 하는 경제 위기를 겪게 된다(윤선구, 2003). 그러나 국가 개입에 의해 수십 년간 높은 경제성장을 이룩한 동아시아 신흥 공업국가들에 있어 IMF가 요구하는 국가의 개입 철폐와 무조건적 개방 요구 같은 신자유주의적 정책은 이들의 성장기반을 파괴하는 것이었다. 따라서 동아시아 국가들의 경제 위기는 오히려 국가의 개입을 강화하게 되었는데,

한편으로는 신자유주의적 정책 및 지구화 장려 정책을 도입하면서 다른 한편으로는 국내 시장의 노동과 국영 기업들에 대한 통제력을 강화하는 계기가 되었다(Yeung, 2000). 그러므로 국가주도 경제개발을 공통적 경험으로 하는 동아시아 국가들의 경우, 신자유주의와 국가주의의 이분법 대신 양자가 결합된 개념을 상정할 필요가 있다.

지주형(2009)은 그 일례로 한국에서 신자유주의의 추동 요소는 단순하게 외부 압력에 의한 것이 아니며, 개발국가 모델에 따른 한국 자본주의의 구조적 한계에 대한 대응으로서 1990년대 중반 세계화 전략이 등장했다고 강조한다. 즉, 한국의 신자유주의는 경제관료 – 재벌 – 초국적 자본에 의한 합작품으로 볼 수 있다는 것이다. 따라서 한국에서 진행된 세계화정책은 국제 경제학적 차원뿐만 아니라 국가의 담론 정치라는 차원에서 고찰되어야 할 필요성이 있다. 실제로 지구화는 개별 국가의 지지와 후원이 없다면 지속될 수 없으며 이들의 복잡다기한 정치적 지형과 담론에 의해 전개된다. 더욱이 동아시아의 개발 국가들에서는 오히려 국가의 개입과 통제가 지구화의 긴장을 해소하고 체제 정당성을 확보하기 위한 방안으로 정착했다(Yeung, 2000). 이는 높은 대외 의존도로 인해 해외자본 유치를 성공적으로 수행해야만 국가의 헤게모니 유지가 가능한 약한 국가들인 한국, 싱가포르 등 동아시아의 신흥 공업국들에게서 공통적으로 나타난 현상이다. 약한 국가는 지구화 과정에서 국내에 기반한 초국적 기업과의 상호의존적 협력을 통한 경제개발 및 해외자본과의 결탁을 통해 체제 정당성을 획득하려는 동기를 갖는다(Yeung, 2000).

한편, 자본은 국가와의 결탁을 통해 노동에 대한 물적·담론적 통제를 강화하고 세계자본주의 시장에 성공적으로 편입하기 위한 동기를 공유한다. 이와 관련해 류웅재(2009)는 세계화가 객관적으로 현존하는 실체가 아니라 특정 국가나 지역의 이해관계를 반영하는 담론적 구성체임을 주장하면서 한국의 세계화는 애초부터 국가 주도적이고 절충적이며, 일정 정도 혼종적인 것임을 주장했다. 그러므로 한국의 신자유주의적 지구화 과정을 고찰하기 위해서는 국가의 세계화 담론이 사회와 일상의 영역으로 어떻게 침투되고 접합 및 확산되어갔는지를 살펴볼 필요가 있다. 주지하듯 김영삼 정부에서 등장한 세계화라는 용어는 이후 김대중 정권으로 계승·발전되면서 경제정책을 비롯하여 교육, 복지 등 다른 정책들에 크게 영향을 주었을 뿐 아니라, 평범한 사람들의 자신이 살고 있고 살게 될 시대에 대한 인식의 지평을 크게 변화시켰다(박소진, 2009). 이러한 맥락을 염두에 두고 이 장에서는 신자유주의적 지구화와 국가의 담론 정치, 그리고 신자유주의 주체의 형성 간에 자리한 다차원적 접합 양상을 자기계발 담론을 중심으로 살펴보고자 한다. 이를 위해 한국사회의 '글로벌 인재 담론'에 주목하고자 한다. 글로벌 인재 담론은 한국사회에서 신자유주의적 지구화 담론에 상응하는 주체의 형성 과정에 작용한 힘을 보다 직접적으로 드러내주기 때문이다.

3) 자기계발 담론으로서의 글로벌 인재 담론

전술한 바와 같이 오늘날 한국사회를 강타하고 있는 신자유주의는 지구화와 분리할 수 없는 현상이다. 그러나 지구화는 지역별로 상이하게 진행되었고, 한국에서의 신자유주의적 세계화는 교조적 의미의 신자유주의와 국가주의가 결합된 형태로 진행되었다고 평가받고 있다(임운택, 2010; 지주형, 2009). 이 과정에서 국가는 물적·제도적 개입뿐 아니라 담론 정치를 통해 양자를 접합하려는 시도를 한 것으로 볼 수 있다. 일례로 김영삼 정권 시기의 지배 담론은 '신한국', '국제화', '세계화' 담론을 통해 집권 초기의 개혁 담론을 둘러싼 관료, 대자본 등 지배 블록 내 균열을 통합하고, 경제발전에 최우선적인 가치를 두는 신자유주의적 논리와 전통적 가족 윤리를 결합하는 '신보수주의'적 성격을 띤다(강명구·박상훈, 1997).

김영삼 정권에 의해 주도되기 시작한 세계화 담론은 이후 정권을 거치며 신한국, 초일류 국가, 글로벌 경쟁력, 생존과 경쟁, 효율성 제고, 글로벌 스탠더드 등의 다양한 담론적 구성물을 동원했다. 특히 노동 및 교육과 관련하여 기존의 인적자원 개발 담론의 외형적 지평은 글로벌 인재 담론으로 확장된다. 1990년대 이전까지 인적자원 관련 정책은 주로 산업화에 따른 인력 수급의 관점에 초점이 맞추어져 있었으나 1990년대에 세계화 및 정보화 시대의 도래로 국가발전 전략으로서 인적자원의 질적 향상에 주목하게 되었다. 이에 따라 1995년 문민정부의 5. 31 교육개혁 방안에서 인적자원 정책 추진이 교육 정책의 근본 패러다임으로 등장하게 되었고, 국민의 정부에 이르러서는 '인적자원' 개념을 정책에 도입하고 인적자원 개발 기본법을 제정하게 되었다. 그러나 이후 이명박 정부에서 인적자원 개념과 관련법은 폐기되는 대신 인재 개념으로 대체되는데, 기존 정권의 인적자원 개발 정책에서 수월성(秀越性)과 평등성이라는 양립하기 어려운 담론 간에 격렬한 이념적 대립을 보여주었던 바, 이를 개선하기 위함이었다. 이명박 정부의, 국가가 주도하는 전략적 인적자원 개발 정책은 창의력과 경쟁력을 갖춘 인재 양성이라는 새로운 개념으로 변모하여 '글로벌 창의인재 육성'이라는 기치 아래, 인적자원이라는 용어를 인재로 대체했다(오현석 외, 2009). 박근혜 정부 역시 인수위 국정과제 및 기획재정부 업무보고 등을 통해 '글로벌 스펙 초월 취업 시스템' 구축, 청년의 해외진출 지원 및 공공기관의 해외진출 확대를 통한 해외취업 일자리 창출 등을 주요 과제로 내세워 글로벌 인재 육성 정책이 고용 정책의 일환으로 추진될 것임을 시사했고, 이는 글로벌 인재 담론이 국가 실업 문제에 정책적·담론적 처방으로 기능하고 있음을 보여준다.

더욱이 전 지구적 경쟁에서 승리하기 위한 국가의 글로벌 경쟁력을 강조하는 세계화 담론과 그 근간으로서의 글로벌 인재 양성이라는 국가의 전략적 인적자원 담론의 변화는 단순히 상징적인 국정 언술 행위나 정책적 처방에 그치지 않고, 미디어 담론의 매개를 통해 기업 담론, 교육 담론 등과 접합되면서 사회 일반으로 광범위하게 확산되었다. 특히 기업경영 담론은 미디어 담론의 매개를 통해 국가 및 기업의 글로벌 경쟁력을 강조하는 국정 담론과 접합되면서 글로벌 인재 담론을 보다 미시적인 층위에서의 자기계발 담론으로서 광범위하게 확산시켰다. 즉, 기업이 지칭하는 글로벌 인재란 국내외를 가리지 않고 언제 어디서나 자신의 비즈니스를 관리하고 성과를 낼 수 있는 사람으로, 주로 글로벌 비즈니스 역량을 지닌 사람을 의미하는 용어로 사용되고 있다. 글로벌 인재 담론이 보편화되기 시작한 초기에는 글로벌화 관련 역량은 주로 해외파견 인력 혹은 국내에 파견된 해외 인력인 '글로벌 인재' 또는 '글로벌 리더'에게 요구되는 역량을 중심으로 논의되었다. 그러나 이는 점차 해외 사업에 직접 관여한 사람들뿐만 아니라 거의 모든 영역의 비즈니스와 관련한 사람들에게 범용적으로 요구되는 역량으로 확대되었다(박소연·송영수, 2008).

그러므로 글로벌 인재 담론은 반드시 해외 사업과의 관련성 속에서 좁게 규정된다기보다는 구직자 등 예비 노동자를 포함하여 노동자 일반에게 요구되는 역량으로 점차 확대되었다고 할 수 있다. 이는 글로벌 인재의 활용과 채용에 대한 인적관리 담론이 점차 현역 또는 예비 노동자들에게 자기통치의 윤리와 자기계발의 표상을 제공하는 자기계발 담론으로 확대·발전되어갔음을 의미한다. 일례로 유태용 외(2008)는 2007년 매출액 기준 300위 내의 기업들을 대상으로 기업 홈페이지에 제시된 인재상을 수집해 분석했는데, 그 결과 '글로벌 역량'이라는 키워드가 국내 기업의 인재상 관련 키워드 중 상위 4위에 있었다. 국제경쟁력, 국제 감각, 국제인, 국제적 능력, 국제적 비즈니스 감각, 국제적 소양, 글로벌 스탠더드, 글로벌 역량, 글로벌 인재 등의 다양한 키워드를 통해 글로벌 인재 담론에서 자기계발 담론으로까지 확대되어가는 경향을 볼 수 있다. 또한 차동옥(2007)은 글로벌 세대 모두에게 요구되는 역량으로 디지털 리터러시(literacy), 정보 검색 및 평가와 적용 능력, 논리적·창의적 사고, 문제 해결력 같은 역량 외에도 글로벌 인재로서의 구체적 역량으로 글로벌 시민의식, 커뮤니케이션 능력, 다양한 문화에 대한 이해, 정직, 건강한 가치관, 적응력, 개인 잠재력 개발의 극대화, 장기적 관점에서의 글로벌 능력 개발 등을 제시했다. 이처럼 기업의 이윤추구 행위와는 직접적인 관계가 없는 것처럼 보이는 다양한 가치들이 글로벌 인재 역량으로 포함되고 있으나, 그 동인은 어디까지나 글로벌 시장에서의 경쟁 우위를 지향하고 있음에 주목할 필요가 있다. 따라서 포괄적인 역량 및 보편타당한 가치로 표상되는 글로벌 인재 담론은 단순히 외국어 능력 등 지식이나 기술뿐 아니라, 태도와 가치 등을 포함하는 전 방위적인 수준에서 기업가적 윤리에 의한 내면적 자기통치 기제화를 의미하고 있다.

　기업의 글로벌 인재 담론은 특히 미디어 담론을 통해 매개·접합되면서 사회 일반으로 광범위하게 확산되었다. 특히 교육부문에 있어 국가의 글로벌 경쟁력 강화라는 국정 담론은 미디어를 통해 뛰어난 인재를 개발하는 수월성 교육 담론과 접합되며 고등교육기관을 중심으로 교육 과정을 재편하는 등 현실적 영향력을 발휘하고 있다. 이는 최근까지도 많은 대학들이 글로벌 인재 전형, 글로벌 리더 전형 등 별도의 절차를 통해 외국어고등학교나 해외 고교 졸업생 등 외국어 특기생을 중심으로 일부 학생을 선발하거나[1] 다양한 명칭의 글로벌 학부[2]를 경쟁적으로 신설하는 등 다양한 양상으로 구현되고 있다. 이처럼 신자유주의적 지구화와 맞물린 국가 또는 자본의 전략적 노동력 구축과 주체 형성에 관계된 글로벌 인재 담론은 정부, 기업, 언론사, 대학 등 다양한 담론 구성

1　2013년 7월 30일을 기준으로 한 입시교육기관의 2014학년도 대학별 입시 전형 자료(http://www.pagodaglobal.com/57918)에 따르면 글로벌 전형을 실시하는 대학은 82개 학교에 이르는 것으로 나타났다.

2　경희대 글로벌커뮤니케이션학부, 성균관대 글로벌리더학부, 숙명여대 글로벌서비스학부, 숭실대 글로벌미디어학부, 연세대 글로벌융합공학부, 인하대 글로벌금융학부 등이 이러한 예에 해당한다.

체의 연합을 통해 사회적·제도적 영역에서 그 영향력이 강화되고 있는데, 일례로 2006년부터 매해 개최된 글로벌인재포럼은 이를 상징적으로 보여준다.

더욱 흥미로운 점은 글로벌 인재 담론이 내국인뿐 아니라 결혼 이주자 등 다문화 담론과도 접합되기 시작했다는 점이다. 조지영(2013)에 의하면 주요 일간지를 통해 구현되는 결혼 이주여성은 한국 고유의 전통성이 살아 있는 민족국가 정체성과 양육·돌봄 같은 여성으로서의 전통적 성역할을 체득·수행하는 주체일 뿐만 아니라, 다중언어 능력 및 문화적 혼종성을 통해 세계화 시대의 경쟁력 있는 인적 자본으로 포착된다. 이민경(2012) 역시 이와 유사한 문제의식을 공유하고 있는데, 이주자와 그 자녀들은 온정주의적 시각과 시혜의 대상에서 벗어나 결혼 국제경쟁력을 향상시킬 글로벌 인재로 인식되는 등 담론의 변화가 포착된다. 그러나 이주자에 대한 글로벌 인재 담론은 '경쟁력', '국제화 시대의 인재' 등의 언술과 결합하며 신자유주의적 담론과 연결되어 있음에 주목해야 하며, 이러한 담론의 변화는 일정 부분 긍정적 측면도 있지만 소위 능력 있는 이주자들을 집중 지원하면서 이주자들 간 양극화를 불러오는 부작용을 낳는다고 지적한다. 1990년대 초반 김영삼 정권이 세계화 담론을 주도한 이래로 이른바 '글로벌 스탠더드'와 '글로벌 경쟁력'이라는 언술을 통해 기업으로 침투한 제도적 층위에서의 신자유주의적 지구화 담론은 이제 경영과 언론, 교육 담론을 아우르는 포괄적 담론 구성체로서 특히 '글로벌 인재'라는 기표를 통해 개인을 포함한 사회 전반으로 침윤되고 있으며, 이는 자기계발 담론의 하나로 포착될 수 있다.

3. 연구 문제 및 방법

전술한 바와 같이 글로벌 인재 담론은 미시적인 층위의 자기계발 담론과 접합되어 신자유주의적 지구화 과정에서의 주체 형성을 보다 직접적으로 겨냥한 것으로 볼 수 있다. 하지만 지구화 및 신자유주의와 관련한 기존 연구는 주로 정책적·경제적인 층위에 국한되어 거시적 신자유주의 담론이 어떻게 미시적인 일상과 주체의 형성 차원으로 확산되었는가를 세밀하게 보여주지는 못하고 있다. 반면, 기존의 자기계발 담론 연구들은 신자유주의적 주체의 형성이라는 문제를 고찰하고 있으나, 지구화라는 맥락과 신자유주의와의 연관성을 정교하게 고려하지 않고 있어 논의의 확장이 요구된다. 또한 신자유주의적 지구화와 주체 형성을 촉진하는 국가의 담론 구성자적인 역할이 간과되거나 축소되는 경향이 있어 이를 고려할 필요성이 제기된다. 이 연구는 이와 같은 문제의식하에서 다음과 같은 문제들에 답하고자 한다. 첫째, 역대 정권별 세계화 담론의 특징은 무엇이며 정부의 세계화 담론 속에서 글로벌 인재 담론은 어떻게 구성되어왔는가를 추적한다. 다음으로, 국정 담론 및 기업경영 담론 등을 통해 구성되는 글로벌 인재 담론은 미디어를 통해 어떻게 매개, 접합, 확장되었는가를 밝히고자 한다. 이를 통해 신자유주의적 지구화의 주체의 형성 기제로서 글로벌 인재 담론이 한국사회에 가져온 사회문화적 영향을 이 장에서 비판적으로 고찰하고자 한다.

이를 위해 이 장에서는 글로벌 인재 담론에 대한 비판적 담론 분석(critical discourse analysis)을 실시했다. 비판적 담론 분석은 텍스트에 대한 형태학적·언어학적 분석뿐만 아니라 이것이 구체적인 맥락을 통해 사회적으로 확대되고 재생산되면서 가지는 이데올로기적 권력 효과가 무엇인지를 분석하는 데에 초점을 맞춘다. 그러므로 비판적 담론 분석은 사회문제에 주목하는 해석적이고 설명적인 분석이다(Fairclough & Wodak, 1997). 페어클러프는 담론과 사회문화적 차원과의 관계를 반영하기 위해 '텍스트적 실천(textual practice)', '담론적 실천(discourse practice)', '사회적 실천(social practice)'이라는 3단계 접근 방법을 제안했다. 여기에서 '텍스트적 실천'은 종래의 언어학 혹은 사회언어학에서 주로 행해온 미시적 분석으로 '어휘', '문법', '결합', '텍스트 구조'라는 네 가지 범주로 조직된다. 다음으로, '담론적 실천'은 담론을 생산하고 해석하는 실천인 동시에, 담론의 질서 내에서 담론들 간의 연관성에 대한 문제이기도 하다. 따라서 이 단계에서는 언어학적 분석보다는 상호 텍스트성 및 상호 담론성이 분석의 핵심이 된다. 마지막으로, '사회적 실천'에서는 미시적 차원에서 이루어진 텍스트적 실천이 담론적 실천으로의 확장을 통하여 경제적·정치적·문화적인 이데올로기와 헤게모니를 어떻게 재구성하고 재구조화하는지 분석한다. 따라서 비판적 담론 분석은 텍스트적 실천과 담론적 실천, 그리고 사회적 실천의 통합을 통해 텍스트에 대한 미시적 접근과 구조에 대한 거시적 접근을 연계하고 있다고 할 수 있다(Fairclough, 1992, 1995a, 1995b; Fairclough & Wodak, 1997; Wodak & Meyer, 2001; van Dijk, 2008; 신진욱, 2011; 서덕희, 2003; 박해광, 2007; 손흥숙, 2013).

이 책은 페어클러프의 연구 모형[3]을 적용해 글로벌 인재 담론에 대한 비판적 담론 분석을 실시했다. 이를 위해 우선 세계화라는 용어가 최초로 등장한

---

3 이 책에서 사용한 페어클러프의 분석 모형은 1990년대에 제안된 것이다. 페어클러프의 분석 모형은 2000년대에 들어 변형이 이루어졌으나, 완전히 다른 것이 아니라 다소 변형되거나 구체화된 것이므로 많은 연구들에서 이를 혼용하고 있다.

김영삼 정부부터 박근혜 정부에 이르기까지 대통령 취임사 및 신년사를 통해 국정 담론 분석을 실시했다. 대통령 취임사 및 신년사를 통해 역대 정부의 세계화 담론 및 인적자원 담론의 특징에 대한 분석을 실시한 이유는 다음과 같다. 첫째, 대통령 중심제라는 정치구조와 권위주의적 정치체제의 역사적 경험을 지닌 한국사회에서 대통령이라는 최고 통치권자의 언술 행위는 단순한 상징적 언술로 그치지 않고, 그 자체로 정치적 효과와 사회적 의미를 지니는 중요한 통치 행위이기 때문이다. 다음으로, 대통령 취임사 및 신년사는 향후 국정 운영의 기조를 미리 선언하는 대국민 담화 형식으로 발표되어 정부의 담론적 설득 과정과 양태를 보다 직접적으로 살펴볼 수 있다. 특히 일반적으로 제한된 범위에서 공개되거나 전달되는 국정회의록이나 정책 보고서, 연설문 등과는 달리 전체 국민을 직접적인 수신자로 겨냥하며 미디어의 주요 뉴스원이 된다는 점에서 분석 대상으로서 가치를 지닌다. 또한 이는 국가 기록물로 체계적으로 보존·공개되므로 역대 정부 대통령의 세계화 담론에 대한 비교·분석을 통해 담론의 형성 및 변화 과정을 추적하는 데에 분석적 이점을 제공한다. 동시에 대통령 취임사 및 신년사는 선언적이고 수사학적인 언술이 많이 등장하므로 표면적 텍스트에 드러나지 않는 의도나 전술적 위장을 밝히는 데에 한계 역시 존재한다. 따라서 이러한 한계를 보완하기 위해 국가인적자원개발계획안 등 일부 정부 문서를 상보적으로 분석했다. 이를 통해 신자유주의적 지구화의 추동에 있어 한국 정부의 담론적 개입 과정과 통치성의 양태를 살펴보았다.

이와 더불어 정부의 세계화 및 인적자원 관련 담론이 미디어를 통해 어떻게 확산되었으며, 기업 담론 등 인접 담론과 접합되었는지 그 양상을 살펴보기 위해 같은 시기의 전국 종합 일간지의 사설을 수집, 분석했다. 이를 위해 언론 매체 보도 기사 검색 DB인 빅카인즈(BIGKinds)를 이용하여 세계화를 최초로 공식 언급한 김영삼 정권의 출범일인 1993년 2월 25일부터 2013년 5월 31일까지의 전국 종합 일간지 사설을 수집했다. 스트레이트 기사를 포함한 모든 장르의 보도물을 포함하기에는 자료 수집과 분석의 범위가 광범위하여 기사 장르를 사설에 국한했다. 이는 주요 담론 구성자로서 미디어가 어떻게 글로벌 인재 담론 구성체에 개입하는가를 살피기 위해서는 개별 언론사의 당파적 성향이 가장 직접적으로 드러나는 장르인 사설이 적합하다고 판단했기 때문이다. 검색 결과 '글로벌'이라는 주제어로 3,314건, '세계화'가 2,679건, '국제화'가 2,633건, '지구화'가 10건, '인재'가 2,401건 검색되었다. 대상과 범위를 보다 한정하기 위해 '글로벌', '세계화', '국제화', '지구화'의 각 주제어별로 '인재'라는 주제어를 교차해 검색한 결과 각 209건, 142건, 142건, 10건이 검색되었다.

이 중 서로 중복되거나 이 책의 연구 문제와 직접적인 관련이 없는 사설을 제외한 총 246건의 사설이 분석 대상으로 사용되었다. 언론사별로는 〈동아일보〉 61건, 〈세계일보〉 40건, 〈문화일보〉 36건, 〈서울신문〉 31건, 〈한국일보〉 19건, 〈경향신문〉 18건, 〈국민일보〉 16건, 〈한겨레〉 12건, 〈한국경제〉 7건, 〈매일경제〉 6건 등으로 〈동아일보〉의 사설 수가 가장 많았다. 그러나 빅카인즈에서 기사 검색 서비스가 제공되지 않는 〈조선일보〉와 〈중앙일보〉의 경우, 개별 언론사 홈페이지를 통한 기사 검색으로는 검색 기간 및 기사 장르 설정 등의 세부 검색 기능이 제한적이어서 여타 언론사와 동일한 기준으로 검색하기 어려워 분석에서 제외했다. 또한 보완적으로 '기업 인재상'이라는 주제어를 통해 같은 시기의 전국 종합 일간지 인터뷰 기사 및 기획·연재 기사 319건을 수집했다. 이 중 직접적으로 각 기업의 인재상을 묘사하고 있는 인사 담당자와의 인터뷰 기사 또는 특집 기사를 선별하여 모두 192건을 분석에 사용했다. 이는 자본의 관점에서 이상적인 자기계발 양식을 현역 또는 잠재적 노동자에게 보다 직접적으로 제공하는 장르 및 스타일의 기사로서 글로벌 인재의 구체적인 표상을 살펴보기 위함이었다.

이상의 수집된 자료들을 대상으로 페어클러프의 비판적 담론 분석을 차용해 텍스트적 실천과 담론적 실천, 사회적 실천을 분석했다. 특히 텍스트적 실천의 분석에 있어 체계 기능 문법을 참조해 수사적 전략으로의 '어휘', '반복에 의한 강조', '의미 보강', '은유', '전제와 생략', '선택과 배제', '응집', '문장구조' 등을 텍스트 분석 단위로 사용(Halliday, 1994)했다. 다만 연구의 목적과 자료의 방대함으로 인해 개별 텍스트들에 대한 세밀한 분석보다는 역대 정권별 텍스트의 특징을 요약하고 기술하는 데에 주안점을 두었다. 다음으로 담론적 실천으로서의 상호 텍스트적 분석의 목표는 텍스트 안에 함께 연결되어 있는 다양한 장르와 담론들을 실을 풀어내듯이 밝혀내는 데에 있다(Fairclough, 1995b). 이를 위해 수사학적 어휘와 문법, 문장구조 등의 언어적 실천과 이들의 상호 유기적인 결합을 통해 전체 텍스트 안에서 어떤 의미 단위의 담론 구조를 생성하는지 분석했다.

미시적 차원에서 이루어진 텍스트적 실천은 담론적 실천으로 확대되어 특정 맥락 아래에서 사물들을 재현하고 재맥락화함으로써 강력한 이데올로기적 효과를 지니는데, 이는 거시적인 사회적 실천으로 볼 수 있다(Fairclough, 1992, 1995b). 이 책에서는 사회적 실천의 분석을 위해 국정 담론, 미디어 담론, 경영 담론 등의 다양한 담론 구성체들이 접합되어 생성해내는 다양한 인접 및 하위 담론들의 생성을 사회적 실천에 대한 주요 분석 단위로 했다. 한편 정책적·제도적 실천 역시 담론의 잠재적인 효과를 가정하여 사회적 실천에 포함했다. 상기의 분석 단위들을 기준으로 텍스트적·담론적·사회적 실천의 세 가지 층위에 대해 반복적이고, 순환적인 자료 해석 과정을 통해 분석이 이루어졌다. 이는 좋은 담론 분석은 언제나 텍스트에 대한 이해가 이를 가능하게 하는 맥락에 대한 이해와 서로 결합되어야 한다는 전제에 근거한다. 이러한 이유에서 담론 분석은 종종 구체적 텍스트를 적극적으로 뛰어넘는 사회의 총체적 분석에 더 큰 관심을 두는 것이며, 특정 담론의 완성 또한 그 이전에 먼저 존재했던 담론들과의 연관성을 통해 설명된다고 볼 수 있다(류웅재, 2010). 그러므로 이 책 또한 각 층위를 분리해서 개별적·상호배타적으로 다루기보다는 이들을 넘나들며 유기적인 결합을 시도했다.

4. 연구 결과

1) 세계화를 위한 교육개혁과 글로벌 인재 담론의 부상:
문민정부(김영삼 대통령, 1993. 2-1998. 2)

문민정부에서는 세계화라는 용어가 최초로 등장했는데, 취임사와 신년사 등에서 세계화를 통한 신한국 건설이라는 담론이 강조되었다. 세계화의 추세 속에서 한국병으로 일컬어지는 자신감 부족, 정신적 패배주의, 폐쇄와 경직, 불신, 근면성과 창의성의 상실 등을 극복하지 못한다면 한국은 도태될 것이므로 변화와 개혁이 추진되어야 한다는 것이다. 이는 취임사와 신년사를 통해 신한국(인)(17번), 개혁(14번), 세계화(9번) 등의 단어에 대한 반복적 사용을 통해 일관되게 강조되었다. 이러한 특정 단어의 반복적 사용은 곧 단어가 상징하는 영역으로 담론을 고정화시킨다(Fairclough, 1995b). 또한 세계화는 민족 진운의 호기로 묘사되는데, 이는 어떤 사안에 대해 특정한 측면을 부각시키거나 확대·축소시키는 전형적인 담론 전략이라 할 수 있다. 따라서 전제된 것은 명백하게 존재하는 것이고, '말해진 것'의 일부이다(Fairclough, 1992). 여기에서 세계화는 기회로 전제될 뿐, 부정적 영향이나 세계화정책의 도입에 대한 사회적 논의는 생략되어 있다. 한편 대상의 묘사에 있어 용어 선택은 담론의 언어 전략에서 매우 중요한 역할을 하는데, 일례로 세계화를 위해 국민의 의식 개혁이 강조되고 국민은 '국제경쟁의 주체'로 호명된다.

> "국제화, 개방화가 주는 도전을 민족 진운의 좋은 기회로 살려나가야 하겠습니다. 모처럼 찾아온 기회를 놓쳐서는 안 되겠습니다." (중략)
> "이제 국민 모두가 일터에서, 거리에서, 그리고 가정과 학교에서 경쟁에 나서야 합니다. 국민 한 사람 한 사람이 국제경쟁의 주체임을 잊지 말아야 합니다. 그리고 반드시 이겨야 합니다. (중략) 우리에게는 소모적인 갈등과 반목으로 귀중한 시간을 허송할 여유가 없습니다. 이 국제적인 무한경쟁에서 이기기 위해 국력을 키우고 조직하는 일에 우리의 창의와 능력을 모아 나갑시다."
>
> — 1994년 신년사 중

이러한 담론적 구성물을 통해 세계화는 이제 단지 국가에 의해 주도되는 정책이 아니라, 온 국민이 참여해야 하는 정신이자 운동으로 치환되어 국가 동원적인 개발 담론의 형태를 띠게 된다. 더욱이 이를 위한 온 국민의 '참여와 단합'이 요구되고 또 이는 절차적 민주화의 진전에 따라 표면적으로 분출되는 사회 각층의 갈등과 분열을 한국병으로 진단하고, 세계화를 향한 개혁에 단합하고 참여하라는 처방을 통해 봉합하려는 담론적 구성물로 기능하고 있다. 이러한 다양한 텍스트적 실천은 상호 간 유기적 결합과 의미 배열을 통해 보다 큰 의미 단위로서의 담론적 실천으로 확장되는데, 여기에서는 '세계화 담론'과 '한국병 담론', 그리고 '개혁 담론'과 '신한국 담론' 등이 생성·연동되고 있다.

따라서 '세계화 담론'은 '개혁 담론'과 연결되어 문민정부의 세계화정책이 단지 외생적으로 강제된 수동적 수용이 아니라, 내부적 모순을 개혁하기 위한 능동적이고 처방적인 정책인 것으로 의미화된다. 김영삼 정부의 세계화 담론은 다양한 형태의 사회적 실천으로 가시화되는데 1994년에 발표된 국제화·세계화 원년 선포가 이에 해당한다. 이처럼 김영삼 정부에 의해 등장한 세계화 담론과 초기적 형태의 정책적·제도적 실천은 미디어 담론, 기업 담론 등 민간 영역과의 담론적 접합을 통해 다양한 하위 담론의 생성 및 확산을 추동했는데, 대표적인 인접 및 하위 담론은 교육개혁 담론으로서 문민정부의 세계화 담론에 관계된 28편의 사설 중 19편이 교육개혁 담론에 집중되었다. 이 중 무분별한 교육개혁에 대해 비판적인 2편의 사설을 제외하면, 나머지 17편의 사설은 세계화 시대 국제경쟁력을 갖춘 인재의 필요성과 이를 위한 교육개혁을 촉구하고 있다. 구체적으로 이를 위해 대학교육 재편, 대학교수 사회의 경쟁 원리 도입, 초·중·고교 교육개혁 및 자율화, 암기식·주입식 교육 비판, 개성 존중과 창의성 계발을 위한 교육 필요성 등이 주된 담론적 구성물로 동원된다.

> "따라서 1994년의 국제화·세계화 원년은 우리 내부의 전열 정비를 통해 국제화를 가로막고 있는 장애 요인을 제거하는 일부터 착수해야 한다. 심지어 우리의 일상생활, 가치 판단, 정보 추구까지도 국제화의 패턴에 맞추어야 한다. (중략)
> 아울러 국제화를 앞당기기 위한 교육의 개혁도 필수적이다. 지금과 같은 획일화한 입시 위주의 교육제도 아래에선 국제화 시대를 주도해갈 인재를 길러낼 수가 없다. (중략) 국제화 시대를 살자면 국가뿐만 아니라 국민 개개인도 경쟁력을 갖추어야 하기 때문이다."
> – "신년사·국가경영 목표를 다시 점검하자" (1994. 1. 1). 〈경향신문〉, 2면.

한편 교육개혁 담론은 기업 담론과의 접합을 통해 대기업 그룹 회장이 인재 양성을 위해 대학의 질적 개혁을 요구하는 등 일정 부분 교육개혁 담론의 구성자로 기능했으나, 이는 언론의 담론 구성물의 재료로 동원되는 수준의 개입이었다. 반면, 기업 담론에서 보다 본격화된 것은 채용 관행과 기준 변화를 강조하는 글로벌 인재 담론이다. 이는 전통적으로 요구되는 노동자의 품성인 성실성과 근면성 대신 창조적 개척정신과 열정, 호기심과 도전의식 등 새로운 가치 기준을 강조하는 것으로, 포디즘(Fordism)에서 다품종 소량 생산체제로의 변화 같은 경제 환경의 변화를 반영하는 것이다. 또한 이 시기에 노동자에게 요구되는 새로운 덕목으로 세계 시민으로서의 국제적 감각과 에티켓, 문화적 다양성에 대한 포용력 등이 인재의 요건으로 표상되기 시작했는데, 일례로 영어능력평가 시험인 토익(TOEIC) 성적을 채용 기준으로 적용하기 시작하는 등 채용 관행의 변화를 강조했다.

이상의 세계화와 관련된 국정 담론 및 미디어 담론, 기업 담론 간의 담론적 실천을 통한 상호 조응은 일련의 교육개혁 정책 등 사회적 실천으로 이어지는데, 1994년에 발표된 '5. 31교육개혁안' 및 1995년에 발표된 '세계화를 위한 신교육 선언' 등이 그중 몇 사례이다. 이는 일정 부분 교육부문에 시장원리 도입을 공론화하기 시작한 것으로 볼 수 있다. 그러나 아직까지 시장주의 원리를 전면에 내세웠다기보다는 국가경쟁력 제고를 위한 인적자원 개발이라는 관점에서 교육부문 개혁을 위한 정부의 발전국가적 개입을 강조하는 수준에서 담론이 형성되고 있었다. 따라서 이 시기의 교육부문 개혁 담론은 획일적인 주입식 교육 탈피와 창의력 계발, 인성교육 강화 등 기존 입시 위주의 교육에 대한 비판이라는 대안적 담론을 부분적으로 혼합하고 있다. 상기한 다양한 사회적 실천은 김영삼 정부에 의해 주도되기 시작한 세계화 담론으로부터 촉발된 교육개혁 담론 및 기업의 글로벌 인재 담론과 맞물려 수행되었다고 평가할 수 있는데, 그 기저에 세계화 시대에서의 국가경쟁력 제고라는 담론적·실천적 목표를 공유한다.

2) 세계화 담론의 재맥락화와 세계 일류 인재 지식노동자 담론의 형성: 국민의 정부(김대중 대통령, 1998. 2-2003. 2)

김영삼 대통령의 문민정부에 의해 주도되고 김대중 대통령의 국민의 정부에 의해 계승된 세계화 담론은 정보화와 지식경제로의 전환이라는 세계사적 흐름과 경제 환경의 변화라는 차원으로 재맥락화된다. 이를 위한 텍스트적 실천으로서 국민의 정부에서는 전략적 담론의 어휘로 취임사와 신년사 등을 통해 '지식'(21번), '정보'(25번), '개혁'(42번) 등의 어휘를 반복해서 강조했다. 또한 '세계화'는 무한경쟁의 시대로, '지식혁명'의 시대는 국경 없는 무한경쟁 시대로 의미 보강이 이루어지고 있는 바, 이는 어휘 반복과 병렬적인 담론 구조를 통해서 기존의 세계화 담론을 '지식정보경제'라는 세계사적 흐름 속에서 재맥락화했다.

> "친애하는 국민 여러분! 21세기는 세계화, 디지털화, 지식기반의 시대입니다. 부존자원보다 지식과 정보에 의한 경쟁력이 중요한 시대입니다. 디지털 시대는 빛의 속도의 시대입니다. 이러한 변화에 적응하면 일류 국가가 되고, 못하면 삼류 국가로 전락할 것입니다. 조선왕조 말엽같이 한 번 뒤처지면 다시 따라잡기 어렵게 됩니다. (중략) 전 국민을 대상으로 한 교육의 혁명적 개혁 없이는 지식기반 사회를 만들어낼 수 없습니다. 지식기반 사회 없이는 우리에게 밝은 미래는 없습니다."
>
> – 2000년 신년사 중

이처럼 지식기반경제를 통한 국가경쟁력 제고는 '제2의 건국운동'으로 은유되고 있는데, 이는 세계화 시대 신성장 동력을 육성할 필요성을 강조함과 동시에 기존 정권과의 차별성을 강조하는 담론 전략으로 볼 수 있다. 여기에서

'지식기반경제'는 '정보통신산업'과 '생물산업' 등 '지식산업을 통한 경제 발전', '지식산업 발전'을 위한 '교육혁명'과 '평생교육 시대의 개막' 등을 그 담론적·사회적 실천을 위한 구성물로 한다.

"무엇보다 중요한 것은 우리 경제의 개혁을 계속 추진하여 세계 일류의 경제 경쟁력을 실현하는 일입니다. IT, BT, CT, NT, ET 등 첨단산업을 지속적으로 발전시키고, 전통산업과 농어업에까지 접목시켜나가야 하겠습니다."

– 2002년 신년사 중

그런데 김대중 정부 들어서 본격화한 '지식기반경제 담론'은 노동자 계급의 주체성 형성과 관련하여 중요한 함의를 지닌다. 지식기반경제 담론은 세계적 경제 위기를 대체할 수 있는 새로운 자본축적 양식으로서 담론적으로 구성된 경제적 가상이라 할 수 있다. 더욱이 이는 무국적화·탈영토화한 세계화의 흐름 속에서 지구적 공간을 관통하고 있는 하나의 질서이자 원리로 표상되고 있는데, 이는 한국사회의 새로운 통치양식의 기반이 된다. 즉, 경제적 가상으로서의 지식기반경제 담론은 교환가치를 지닌 지식이라는 인적 자본의 축적, 그리고 끊임없는 평생교육과 같은 자기통치의 내면화만이 새로운 경제적 가상에 호응할 수 있는 유일한 대안임을 강조한다. 따라서 이는 자기계발을 통한 능력과 지식의 계발을 통해 자신의 삶과 행복을 책임지는 자기통치성의 원리를 주입함으로써 자기계발 주체 형성의 담론적 기반이 된다. 이제 지식기반경제의 새로운 국민 주체의 주체성은 세계적인 무한경쟁의 시대에 부단한 자기계발과 평생교육을 통해 '자율적으로' 스스로 역량을 쌓는 '경쟁력 있는' 국민으로 변환된다.

한편, 이와 접합된 교육개혁 담론에서 나타난 또 다른 변화 양상은 문민정부에서 언론사 등 민간 영역이 주도하던 교육개혁 담론이 국민의 정부에서 정부의 정책적인 '개혁 담론'의 틀 안으로 포섭되고 있다는 것이다. 이는 '지식기반경제 담론'의 기반 위에서 세계 경쟁을 위한 인재 육성 및 교육개혁의 필요성이라는 '교육개혁 담론'이 국가에 의해 세계화의 구체적인 실행 전략으로 채택됨과 동시에 교육부문에 있어서 신자유주의적 질서의 도입·확대를 예고하는 것이었다. 이에 교육과 인적자원이 연계된 정책이 본격적으로 추진되었는데, 5년(2001-2005년)간을 기본 단위로 하는 2001년 제1차 국가인적자원개발기본계획이 발표되고 2002년에 제정된 인적자원개발기본법에 의해 동계획이 법정 추인되는 등 구체적 사회적 실천으로 이어진다.

> "교육환경을 OECD(경제협력개발기구) 국가 수준으로 발전시켜나가겠습니다. 교육의 획기적인 발전 없이는 21세기의 지식기반 시대에서 성공할 수 없습니다. 우수 교사를 적극 양성하고 '스승이 존경받는 사회'를 만드는 등 교사의 위상과 사기가 한층 높아질 수 있도록 하겠습니다. (중략) 또한 새로 제정된 평생교육법에 따라 국민 모두가 언제, 어디서나 쉽게 고등교육의 기회를 갖고 자신의 능력을 개발할 수 있도록 하겠습니다. (중략) 세계적 경쟁의 시대에서 우리의 경쟁력을 좌우할 원천인 대학교육을 선진국 수준으로 끌어올리고자 합니다."

> – 2000년 신년사 중

나아가 국민의 정부에서 추진된 국가인적자원개발 담론 및 구체적 정책들은 미디어 담론의 개입을 통해 '교육개혁 담론'과 접합·확산되고 있다. 특징적인 것은 문민정부 시기의 단순한 '인재육성 담론'에서 나아가 '공교육에 대한 노골적인 불신'으로 격화되고 있으며 보다 극단적인 형태의 '교육개혁 담론'으로 이어지고 있다는 점이다. 이에 '자립형 사립고 설립 찬성' 및 '고교 평준화 반대'와 같은 보다 노골화된 '수월성 교육 담론'들이 언론사들에 의해 생성되기 시작한다.

"1974년 평준화 제도가 도입된 이후 30년 가까운 세월이 흐르면서 세상은 많이 달라졌다. 평준화 제도가 내세웠던 교육 기회의 평등 못지않게, 21세기를 이끌 인재의 양성에도 국가적인 관심을 기울여야 할 때가 된 것이다. 하향 평준화로 비판받아온 평준화 전반에 걸쳐 재검토가 필요한 시점이다."

　　　　　　　　　　- "평준화 보완책 졸속 안 돼야" (2002. 2. 17). 〈동아일보〉, 2면.

또한 삼성그룹 이건희 회장의 '천재경영론' 및 '핵심인재론' 등 기업 담론은 대학 개혁을 요구하는 미디어 담론과 접합되어 강력한 영향력을 발휘하게 되었는데 이는 대학들의 해외대학 자매결연 및 협정 체결, 학점교류 제도 도입, 교환학생 제도의 확산 현상 등에 영향을 미친다. 또한 기업 담론을 통해 국제화 시대의 인재상은 보다 확대되어 세부적인 표상으로 구체화된다. 구체적으로 영어, 외국어, 컴퓨터, 세계 1인자라는 자부심, 현지 문화에 대한 적응력, 다른 나라 현지인들의 사고방식에 대한 이해, 범세계적인 매너, 세계 경제의 흐름에 대한 안목, 폭넓은 지식과 유연한 사고방식 등 총체적인 역량으로 표상되며 세계 일류 인재로서의 지식 노동자 담론을 강화, 확산했다.

"1970년대 기업들은 원만한 인간관계와 책임감, 성실성을 요구했다. 80년대는 산업발전 분배 욕구에 따른 협동성, 사명감, 책임감 등 집단주의 덕목이, 90년대는 국제화·정보화 요구에 따라 능력 중심의 창의성, 전문성, 도전성 등이 중요시됐다. 요즘은 90년대의 인재상을 더욱 세분화시키는 추세로 어학 실력과 컴퓨터 활용능력에 다양한 기능을 갖춘 멀티풀한 인재상을 원하고 있다."

　　　　　　　　　- "취업가이드, 대기업 인사담당자의 조언" (2001. 3. 27). 〈경향신문〉, 20면.

상기의 다양한 하위 담론들은 '격화되고 있는 세계적 경쟁에서 승리하기 위한 인적자원의 경쟁력 제고'라는 공통된 전제를 갖고 있는데, 이는 결국 국민의 정부에서 표방한 지식기반경제 담론과 세계화 담론이 그 기반을 제공하고 있는 것으로 이해할 수 있다.

3) 지배 블록의 담론적 균열과 글로벌 인재 담론의 본격화:
참여정부(노무현 대통령, 2003. 2-2008. 2)

노무현 대통령의 참여정부의 세계화 담론은 기본적으로 김대중 대통령의 국민의 정부에서 추진하던 신자유주의적 세계화를 계승한 것으로 볼 수 있으나, 이전 정권들에 비해 동북아 국가들 간의 지역적 블록을 보다 강조하는 '동북아 시대 담론'이 집권 초기에 특징적으로 나타난다. 그러나 참여정부 중기 이후 양극화 현상이 심각해지는 등 신자유주의적 지구화의 부작용이 가시화되자 '동북아 시대 담론' 대신 '동반성장 담론' 및 '균형발전 담론'이 국정 담론을 주도하기 시작했다. 구체적으로 살펴보면 '상생과 연대의 정신', '양보와 타협의 실천', '대기업과 중소기업, 첨단산업과 전통산업, 정규직과 비정규직, 수도권과 지방, 상·하위 계층 간 심화된 격차 해소' 등을 주요 담론적·사회적 실천을 위한 구성물로 포함하고 있다.

이러한 담론들은 기존의 시장 중심의 성장 정책 위주의 기조에서 복지 부분에 대한 정부 역할을 확대하는, 즉 '성장과 복지'를 병행 추진하는 전략으로의 전환을 의미한다. 하지만 이는 신자유주의적 정책의 폐기와 케인즈적 개입주의로의 전환을 의미한다기보다는 보다 적극적으로 시민사회를 포섭하는 확장된 형태의 신자유주의로의 전환을 의미한다. 그러므로 '동반성장 담론'과 '균형발전 담론'은 어디까지나 '지속가능한 성장'으로의 전환을 의미하는 것으로 국민의 정부로부터 계승된 신자유주의적 정책 기조는 여전히 유효했다.

"경쟁력을 갖춘 대기업과 첨단산업은 더욱 촉진시켜 성장을 앞서서 이끌도록 하고, 기술과 경쟁에서 뒤처진 중소기업과 서민 계층에게는 폭넓은 지원을 해서 더불어 발전해나가야 합니다. 바로 '동반성장'입니다. 대기업은 중소기업에게, 정규직은 비정규직에게, 수도권은 지방에, 중산층 이상은 서민 계층에게 용기를 북돋우고 손을 잡아 이끌어주어야 합니다. 상생과 연대의 정신, 그리고 양보와 타협의 실천이 절실히 요구되는 때입니다. 올해는 그 귀중한 기회로 삼아야 하겠습니다."

— 2005년 신년사 중

그러나 이러한 정책 기조의 사회적 실천을 위해 참여정부에서 실시한 일련의 개입주의적 정책은 신자유주의적 교리의 충실한 이행을 요구하는 대자본 및 이와 결탁한 언론사 등 보수적 지배 블록으로부터 폭넓은 저항을 불러일으키는데, 이는 참여정부의 포퓰리즘 담론으로까지 점화되어 과열 양상을 보인다. 특히 교육부문에 있어서는 3불 정책의 제도화를 추진하는 참여정부의 개입주의적 정책에 대해 주요 대학들의 반대 성명이 이어지고, 3불 정책의 폐지를 주장하는 자유교원조합(자유교조)이 2006년에 출범하는 등 격렬한 저항을 불러와 역으로 시장주의 이데올로기를 옹호하는 담론 구성체들의 응집력을 강화했다. 이때 시장주의 이데올로기의 확산을 기획하는 담론 연합체는 참여정부의 개입주의적 정책 기조를 공격하기 위해 지구화로 인한 세계 시장의 경쟁 격화 담론을 폭넓게 확산시킨다. 또한 이를 헤쳐가기 위한 인재 육성의 필요성이 강조되는데, 이는 공교육의 부실화라는 비판과 중첩되며 교육개혁을 위한 시장원리 도입을 정당화하는 근거를 제공한다.

"본고사·고교등급제·기여입학제를 금지한 '3불 정책'에다 전형 방법까지 시시콜콜 간섭하다 보니 세계화 시대의 인재를 선발하고 길러야 할 대학의 경쟁력을 크게 떨어뜨리는 것이다. (중략) 정치인은 '표'를 의식해 백년대계인 교육을 대중 영합적인 포퓰리즘의 대상으로 삼아서는 안 된다. 지금은 공교육의 질을 높이고 대학 자율권을 부여해 교육의 국제 경쟁력을 높이는 '기본'에 충실하는 교육 정책 개발에 힘쓸 때이다."

- "대학입시, 포퓰리즘 대상 아니다" (2007. 11. 7). 〈세계일보〉, 31면.

여기에서 주목할 점은 교육에 있어서 시장주의 이데올로기의 강화가 이제 대자본에 의해 직접적으로 주도되기 시작하여 이들이 담론의 주도세력으로 등장했다는 점이다. 기업들은 직접적으로 정부의 교육 정책을 비판하는 등 교육 담론에 주도적으로 개입하기 시작했을 뿐 아니라, 한발 더 나아가 기업인이 대학의 총장으로 진출하는 등 제도적 개입을 통해 시장적 원리에 의한 대학 사회의 재편까지 시도하게 된다. 이는 자본이 단지 담론적 구성자의 위치에 머무는 것이 아니라, 직접적인 방식으로 현실을 재편하려고 들만큼 담론적 파워게임의 지형에 일정한 변화가 있음을 의미한다. 이제 더 이상 교육은 공공성이라는 관점에서 다루어지기 어려우며, 기업에서 원하는 인재를 얼마나 효율적으로 양성하고 제공할 수 있는지의 여부에 따라 평가되기 시작했다. 특히 이러한 자본의 공세는 미디어 담론과의 접합을 통해 격화되는 전 지구적 경쟁에서 승리하기 위한 글로벌 인재 양성의 필요성과 이를 위한 교육개혁 담론을 광범위하게 확산시켰다. 이 책에서 분석 대상으로 수집한 총 246건의 사설 중 약 34퍼센트에 해당하는 84건의 사설이 이 시기에 집중되었을 뿐 아니라 이 중 64건의 사설이 글로벌 인재 양성을 위한 평준화정책의 폐지, 대학의 자율권 강화, 국립대 법인화, 대학사회의 경쟁 활성화, 자립형 사립고 및 특목고 확대 필요성 등을 주요 담론적 구성물로 포함하고 있다.

이러한 사회 분위기에서 대학은 기업 담론, 미디어 담론 등 다양한 담론 연합체들로부터 글로벌 경쟁력 강화를 위한 자구책과 글로벌 인재 양성을 사회적 소명으로 요구받게 된다. 또한 이러한 맥락에서 각 대학들은 해외 대학과 협약 체결 및 교류 강화, 글로벌 인재 전형 실시, 영어 강의 확대 등의 내부적 조치뿐만 아니라 기업 후원금 등 외부의 대학 발전기금에 더욱 의존하게 되었고, 이는 자본에 의해 대학이 잠식·종속당하는 현상을 가속화하게 된다.

"국내에서는 대학 진학률이 80퍼센트나 되지만 대학교육이 세계화 시대에 맞는 인재를 길러낸다고 보기 어렵다. 우리나라 대학교육이 사회의 요구에 부응하고 있는지에 대한 스위스 국제경영대학원(IMD)의 평가는 60개국 중 52위다. 쓸 만한 인재가 없다며 대학 경쟁력의 실종을 공개적으로 비판하는 소리가 나올 정도다."

　　　　　　　　　 － "'손병두 경쟁력'을 선택한 서강대" (2005. 6. 27). 〈동아일보〉, 35면.

한편 기업 담론을 통해 인재상의 끊임없는 교정과 강화가 이루어지는 이 시기에 글로벌 인재라는 용어가 본격적으로 등장하며 기존의 핵심인재 담론의 전형적 언술로 대두된다. 또한 기업 담론에서 표상되는 글로벌 인재는 단순히 역량의 차원을 넘어서서 글로벌 스탠더드에 부합하는 기업가 정신으로까지 확장된다.

"글로벌 인재란 단순히 외국어를 잘하거나 외국 문화에 익숙한 사람을 뜻하지 않는다. 빠르게 변하는 세계에서 불확실성의 벽을 넘어 창의적으로 문제를 해결하고, 성과를 이뤄내는 능력을 갖춘 인재를 말한다. 새로운 문화에 대한 적응 능력, 글로벌 차원의 네트워크 운용 능력, 세계 어디에 내놓아도 뒤지지 않는 지적 능력, 전문 분야의 경쟁력도 글로벌 인재가 지녀야 할 자질이다. 즉, 글로벌 인재란 글로벌 스탠더드에 맞는 윤리성, 전문성, 창의력, 기업가 정신을 갖춘 인물이다."

　　　　　　　 － "인재경영, The war for talent(인재 확보 전쟁)" (2006. 11. 6). 〈동아일보〉, 58면.

4) 글로벌 인재 담론에서 글로벌 세대 담론으로의 확장 :
이명박 정부(이명박 대통령, 2008. 2-2013. 2)

이명박 정부는 '실용'을 전면에 내세우며 등장한다. 가령 텍스트적 실천으로서 이명박 정부에서 특징적으로 사용된 수사적 어휘는 '실용', '자율', '창의', '경쟁', '기업', '시장', 'FTA', '경제 영토', '글로벌 세대', 'G20 세대', '세계 국가', '시민', '글로벌 스탠더드', '선진 일류국가' 등이다. 하지만 실용 담론은 사실상 '실용 없는 실용', '실용을 위한 실용'으로서 동의어 반복 구조를 띠는 담론이다. 이는 시종일관 실용이라는 단어만 반복되어 강조될 뿐, 이명박 정부가 추구하는 실용의 정신과 가치, 원리가 무엇인지에 대한 사회적 동의나 담론적 실천이 부족하다는 데에서 드러난다. 따라서 이명박 정부의 실용 담론은 임기 내내 도구적 유용성만을 강조하는 협애한 지형 위에서 이를 착종하게 만들었다. 이는 곧 경제 살리기를 위한 도구적 유용성에만 최고의 가치를 두는 극단적 시장주의 담론으로 연결되었다. 당시 인터넷 게시판에서 "~하면 어때, 경제만 살리면 그만이지!"라는 댓글 달기가 네티즌 신조어 및 놀이 문화로 등장하는 등 일상적 언어를 통해서도 광범위하게 파급될 만큼 이명박 정부의 핵심 담론으로 위치한다.

따라서 실용 담론은 시장주의 담론 및 FTA 담론 등과의 상호 접합을 통해 담론적 실천을 이루며 이전 정권들에 비해 보다 교조적 의미에서의 신자유주의적 지구화 담론을 형성한다. 지구화 담론 경제성장만 이루어지면 분배정의와 사회적 갈등은 저절로 해소되므로 경제성장을 위해서 가장 효율적이고 도구적인 합리성을 지닌 시장과 기업에 모든 것을 맡겨야 한다는 시장친화적 경제성장 담론, 수출 의존적인 한국경제가 성장하기 위해서는 FTA만이 유일한 대안임을 강조하는 FTA 담론과의 상호 접합에 의해 완성되었다. 일례로 취임사와 신년사 등에서는 '실용'(5번), 'FTA'(10번), '세계(일류)국가'(8번) 등의 어휘가 반복 사용되어 강조된다.

> "이명박 정부는 '경제 살리기'를 기치로 국민의 선택을 받았습니다. (중략)
> GDP의 82퍼센트나 무역에 의존하는 대한민국은 FTA를 통해 우리의 시장
> 을 넓히는 전략을 국가 전략으로 삼아야 합니다. 그 길 밖에는 없습니다. 우
> 리 정부 들어 인도, EU 등을 포함해 이미 우리는 세계 시장의 3분의 2와
> FTA를 맺었습니다. 특히 미국과의 FTA는 우리나라가 세계통상 중심국가로
> 전환하는 상징적·실질적인 계기가 될 것입니다."
>
> - 2011년 신년사 중

이명박 정부의 실용 및 세계화 담론은 특히 미시적 영역으로의 확장과 신
자유주의적 주체성 형성의 차원에서 더욱 일상화된다. 대표적인 사례가 이명
박 정부에서 생성된 글로벌 세대 담론으로, 지금의 청년 세대를 우리 역사에서
글로벌 세대로 일컬을 수 있는 첫 세대로 호명하며 이들에게 G20 세대라는 새
로운 정체성까지 부여한다.

> "우리의 미래는 젊은 세대에 있습니다. 지금의 청년 세대는 우리 역사에서 글
> 로벌 세대로 일컬을 수 있는 사실상 첫 세대입니다. 세계를 무대로 뛰고 경쟁
> 을 주저하지 않으며, 창조적 도전 정신에 불타는 젊은이들을 우리는 많이 만
> 날 수 있습니다. 저는 그런 청년들을 'G20 세대'로 부르고자 합니다. 이 'G20
> 세대'를 세계 일류 국가의 주역으로 키워나가야 합니다."
>
> - 2011년 신년사 중

글로벌 세대 담론은 지식기반 담론의 연장선상에서 디지털, 글로벌 역량의
강화를 개인에게 주문할 뿐만 아니라 세계를 무대로 하는 창조적 도전 정신과

열정을 포함하는 보다 진화된 형태의 글로벌 마인드를 요구하는데, 이는 개별 노동자들의 자기계발 표상으로 대두된 글로벌 인재 담론이 보다 보편적이고 집합적 수준에서의 세대 담론으로 확장된 것이다. 한편 참여정부에서 쟁점화되었던 수월성 교육 담론은 이명박 정부에 이르러 본격적인 담론적·사회적 실천으로 이어졌다. 이명박 정부는 기존의 전략적 인적자원 개발 정책을 글로벌 경쟁에서의 승리를 위한 창의력과 경쟁력을 갖춘 인재 양성이라는 새로운 개념으로 변모시켰을 뿐 아니라 제도적 실천을 위해 본격적으로 수월성 교육 정책을 도입했다. 구체적으로 3불 정책 폐지, 교원 평가제 실시, 서울대 법인화, 국제중학교 설립, 자율형 사립고 확대, 국가 수준 학업성취도 평가제, 4·15 학교 자율화 조치, 영어 몰입 교육 등을 둘러싼 다양한 제도 도입 및 확대로 이어지거나 담론적 전선을 구축하는 등의 사회적 실천으로 이어졌다. 더욱이 이러한 사회적 실천은 미디어 담론을 통해 학교의 다양화라는 공급자 간 경쟁을 통한 서비스 질 제고와 학생의 선택권의 확대, 즉 수요자의 자율성 확대로 의미 지어진다. 이러한 담론 구성체를 통해 기업가적 윤리에 의한 학교 경영 주체와 함께 교육 서비스 수요자로서의 학부모와 학생 자신의 자율성을 새로운 통치 원리로 제시하는 바, 이는 곧 신자유주의적 통치성을 의미한다.

> "우리는 그동안 획일적 평준화 교육으로 인한 학력 저하를 우려하면서 글로벌 인재 양성을 위한 수월성 교육이 필요하다는 입장을 밝혀왔다. 따라서 특성화 교육기관인 국제중의 설립을 반대하지 않는다. 국제중은 국제화 시대의 다원화된 학생·학부모의 교육적 요구를 수용하는 차원에서 필요하다고 본다."
>
> – "혼란 가중시키는 오락가락 국제중" (2008. 10. 18). 〈서울신문〉, 27면.

신자유주의적 통치성에 포섭된 학교는 학교별 입시 성적의 경쟁 등 교육

기관 간의 경쟁, 특목고 등 학생 수요자의 구매력에 따른 다양하고 위계화된 학교 시장의 형성, 교육 공급업자로서의 상품성 제고를 위한 교원의 자기계발, 순수학문 학과의 통폐합 등 기업가적 윤리에 의해 학교 경영을 해나가는 대학 등 새로운 주체로서 변모해가기 시작한다. 반면 학부모와 학생은 학교의 선택에서부터 입시 전략, 학력 향상을 위한 자기 관리와 자기주도적 학습 등 모든 것을 스스로 책임지고 관리해야 하는 주체로 재구성된다. 더욱이 사회계층 이동의 중요한 수단이 되어온 교육은 학부모의 경제적 소득은 물론 사회문화적 자본과 밀접한 연관을 맺고 있으나 시장주의 담론하에서 이는 손쉽게 은폐되고, 계급 재생산은 모두 자기관리와 자기계발의 주체인 학생 개인의 책임으로 귀결된다. 반면 교육의 공공성 붕괴는 공적 이익의 담지자로서의 국가 역할의 실패로 규정되기보다는 글로벌 경쟁체제하에서의 경쟁력 제고와 글로벌 인재 양성이라는 담론적 구성물에 의해 정당화된다.

하지만 이명박 정부의 교육 및 고용 정책은 일정 부분 자기 모순적인 행태를 드러냈는데 이른바 작은 정부와 신자유주의적 논리를 내세우면서도 국가적 차원의 글로벌 리더 양성론 등 발전국가적 정책을 혼합함에 따라 정책적 혼선을 빚기도 했다. 이를테면 2004년에 시작된 해외 취업연수 사업을 해외 인턴 사업과 묶어 2008년부터 글로벌 청년 리더 10만 명 양성 사업으로 확대 실시했으나 규모가 커지고 대상자가 늘어나면서 부실화되었다. 이에 해외 일자리 사업으로 출국한 인원의 40.7퍼센트가 경력 관리에 도움이 되지 않는다는 이유로 1년도 안 돼 귀국했으며 이조차 단순 노무직 종사자가 대부분인 등 당초 목적을 제대로 달성하지 못한다는 지적이 감사기관과 언론 등을 통하여 제기되기도 했다. 그러나 일부에서 제기되는 사회적 부작용 논란에도 불구하고 이명박 정부의 시장주의적 논리와 발전국가적 개입은 글로벌 경쟁력 제고 및 글로벌 인재 육성이라는 담론을 통해 안정적으로 접합되었고, 학교와 학생들이 신자유주의적 지구화의 주체로 변모하도록 하는 계기를 제공했다.

5) 창조 경제 부흥을 위한 글로벌 인재[4]: 박근혜 정부(박근혜 대통령, 2013. 2-2017. 3)

박근혜 정부는 글로벌 경제 위기가 전면화되어 그리스와 스페인 등 유럽에서 불거진 글로벌 금융 위기가 심화되고, 지구적인 저성장 침체가 장기화되는 국면 속에서 출범했다. 따라서 지구적 자본축적의 위기에 대한 인식을 스스로 선언한 박근혜 정부가 이에 대한 대응으로 내세운 것이 '경제민주화 담론'과 '창조경제 담론'이다.

> "격동의 현대사 속에서 수많은 고난과 역경을 극복해온 우리 앞에 지금 글로벌 경제 위기와 북한의 핵무장 위협과 같은 안보 위기가 이어지고 있습니다. 글로벌 금융 위기 이후 자본주의 역시 새로운 도전에 직면해 있습니다. 이번 도전은 과거와는 달리 우리가 스스로 새로운 길을 개척해야만 극복해나갈 수 있습니다. (중략)
>
> 첫째, 경제 부흥을 이루기 위해 창조경제와 경제민주화를 추진해가겠습니다. 세계적으로 경제의 패러다임이 바뀌고 있습니다. 창조경제는 과학기술과 산업이 융합하고, 문화와 산업이 융합하고, 산업 간의 벽을 허문 경계선에 창조의 꽃을 피우는 것입니다. (중략) 창조경제가 꽃을 피우려면 '경제민주화'가 이루어져야만 합니다. 공정한 시장질서가 확립되어야만 국민 모두가 희망을

---

4 본서를 위한 최초 자료 수집 당시 박근혜 정부는 출범 후 일 년이 지나지 않은 상태여서 국정 담론의 광범위한 사회적 실천을 두텁게 읽고 밝히기에는 이전 정부들과 비교해 시간적 불균형과 불연속성이 존재한다. 또한 이후 2016년 말 정권 차원의 광범위한 국정 농단으로 인해 대통령에 대한 탄핵 소추안이 가결되면서 대통령이 이듬해에 임기를 채우지 못하고 물러나게 되어, 이전 정부들과 질적·양적으로 대등한 정책적 결과물을 담보해내지 못했다. 따라서 이 책은 박근혜 정부의 경우, 취임사를 중심으로 텍스트적 실천과 담론적 실천의 분석에 초점을 맞추었다.

갖고 땀 흘려 일할 수 있다고 생각합니다."

– 취임사 중

　　그러나 '경제민주화 담론'은 사실 대선 시기에 여야 모두에서 주된 정책의
제로 등장한 것이었다. 이는 양극화의 심화 등 성장위주 경제질서의 폐해를 반
영하는 시대적 요청이었을 뿐 아니라 지구적 자본축적의 위기에 대응하기 위해
서는 분배정의의 확립을 통해 위축된 소비 진작이 필요했기 때문이다. 2008년
'서브프라임 모기지'에서 시작된 글로벌 경제 위기는 막대한 부채경제에 따른
거품의 붕괴에서 비롯되었다고 볼 수 있는데, 그 구조적 원인으로는 국내와 국
제적인 소득불평등 문제와 글로벌 불균형 문제를 들 수 있다. 따라서 박근혜
정부는 대선후보 시절부터 전통적인 야권의 정책의제였던 '경제민주화'를 전면
에 내세우게 되었다. 하지만 당선 이후 경제민주화 공약이 크게 후퇴하면서 논
란이 일었는데, 취임사에서는 '경제민주화'가 다시 전면에 등장했다. 여기에서
'경제민주화 담론'은 공정한 시장질서의 확립, 중소기업 육성 정책, 대기업과 중
소기업의 상생 등을 주된 언술로 차용하고 있다. 하지만 이것은 어디까지나 박
근혜 정부에서 차기 성장 동력으로 선정된 '창조경제'의 성공적 부흥을 위한 전
제조건에 해당하는 것으로 '경제민주화'는 '창조경제' 담론의 최하위에 위치한
다. 더욱이 이는 분배정의에 입각한 경제민주화라기보다는 시장투명성 등 신자
유주의적 교리의 관점에서 전술적 생략과 배제를 통해 특징 지워진다.

　　이를테면 노사관계나 양극화, 비정규직 문제, 보편적 복지 등 분배정의와
관련한 주요 사회현안들은 '생략'된 반면 공정한 시장질서와 같은 시장적 현안
들이 제한적으로 '선택'되어 텍스트적·담론적 실천을 통해 나타났다. 또한 박
근혜 정부는 시장주의 담론을 기반으로 전통적인 성장 패러다임을 고수했는

데, 이는 취임사에서 전반적으로 성장에 관련된 용어가 전략적인 어휘 선택을 통해 강조되고 있는 데에서 잘 드러난다. 특히 외연적 경제성장이 이미 한계에 이른 상황에서 갑작스럽게 제시된 '경제 부흥'은 이를 위한 담론적 어휘 선택이라 할 수 있다. 이는 박정희 대통령 시대의 압축적 근대화를 상징하는 '제2의 한강의 기적'이라는 표현으로 은유되고 있으며, '독일의 광산', '열사의 중동 사막' 등 이른바 '박정희 향수'를 자극하는 어휘들이 선택적으로 제시되어 텍스트적 실천으로 예시되었다. 한편 박근혜 정부가 성장 동력으로 내세운 '창조경제' 담론의 핵심 키워드는 '융합'으로, '창조경제'는 '과학기술과 산업의 융합', '문화와 산업의 융합', '융합된 콘텐츠 산업', '융합형 인재' 등을 통해 구현되었다. 그리고 여기에서 특히 강조된 것은 개인이 국가경쟁력의 기반이 된다는 점이었다.

> "창조경제는 사람이 핵심입니다. 이제 한 사람의 개인이 국가의 가치를 높이고, 경제를 살려낼 수 있는 시대입니다. 지구촌 곳곳에서 활약하고 있는 수많은 우리 인재들이 국가를 위해 헌신할 수 있도록 기회를 부여하겠습니다. 또한 국내의 인재들을 창의와 열정이 가득한 융합형 인재로 키워 미래 한국의 주축으로 삼겠습니다."
>
> – 취임사 중

그런데 이는 사실상 국민의 정부와 참여정부에서 주창된 지식경제와 창의산업 등 지식기반 담론과 상당한 유사성을 띠는 것으로 지식, 과학기술, 산업 등 지식경제 담론의 고전적 메뉴 위에 문화, 창의성, 열정 등의 키워드를 채색한 것으로 볼 수 있다. 따라서 지식경제 담론이 형성하는 신자유주의적 주체의 통치성 역시 그대로 계승되는데, 이는 배움을 즐길 수 있고 일을 사랑할 수 있는 '국민'을 통해 담론적으로 재현된다. 그러나 이를 통해 인재 담론은 특정 연령대나 계층에 국한되는 것이 아닌 사회구성원 일반을 그 담론적 대상으로 확대한다. 기존의 인재 담론이 주로 현역 및 예비 노동자를 대상으로 한 청년층을 핵심적인 담론적 대상으로 위치 지웠다면 박근혜 정부에 이르러 인재 개념은 국민 개개인을 통칭하는 일반 명사화된다. 특히 글로벌 인재는 융합형 인재라는 담론적 구성물로 확대되면서 창조경제의 핵심으로 등장한다. 그리고 이를 위해 개개인의 경쟁력을 극대화할 수 있는 교육개혁 담론은 박근혜 정부에서도 지속적으로 유지·확대된다.

> "박 대통령이 '어느 나라나 중요한 자산은 사람'이라고 지적한 배경도 다를 리 없다. 인재 양성의 국가적 중요성에 대한 직설적 표현이다. 글로벌 경쟁력을 갖춘 인재가 많이 나올 수 있으려면 경쟁 교육이 필수인 것이다. 교육계 안팎의 좌파세력이 집착하고 있는 평등지상주의 교육을 정책에서부터 제대로 걷어내야 할 필요성이 박 정부에서 여전히 절실한 것도 그 때문이다."
> – "희망의 새 시대 여는 교육 역시 경쟁 기조여야 한다" (2013. 2. 26). 〈문화일보〉, 31면.

이제 '창조경제'는 국민 개개인의 능력을 주춧돌로 삼아 국가가 발전하게 되는 새로운 시스템으로서, 국민 개개인의 창의성과 열정과 상상력마저도 국가발전을 위한 잠재적 노동력으로 포섭된다. 그러나 이는 단지 국가경제 발전을 위해서가 아니라 국민 개개인의 행복을 위한 것임을 강조하는 담론적 실천을 통해 자기통치의 원리를 제시한다. '한강의 기적'이 상징하는 개발독재체제에서 국가 공동체를 위한 개인의 헌신과 희생을 강요하며 직접적인 규율과 훈육의 기제로 작동했던 국가는 '제2의 한강의 기적'을 서사하며 신자유주의적 세계화의 주체라는 통치성과 지배 테크놀로지라는 담론적 통제력을 기획한다.

과거 '독일의 광산'과 '열사의 중동 사막'에서 국가를 위해 헌신하며 희생을 감수했던 산업 역군들은 국가뿐 아니라 국민 개개인 자신의 행복을 위해 세계 곳곳에서 창의성과 열정, 상상력을 발휘하는 글로벌 융합형 인재로 새로운 담론적 위치를 부여받는다.

> "국민 개개인의 행복의 크기가 국력의 크기가 되고, 그 국력을 모든 국민이 함께 향유하는 희망의 새 시대를 열겠습니다. (중략) 배움을 즐길 수 있고, 일을 사랑할 수 있는 국민이 많아질 때, 진정한 국민 행복 시대를 열 수 있습니다. (중략) 나라의 국정 책임은 대통령이 지고, 나라의 운명은 국민이 결정하는 것입니다."
>
> – 취임사 중

6) 소결[5]

한국에서 세계화 담론은 문민정부에 이르러 본격화했다고 볼 수 있는데 이는 국가적이며 정치적 과제였던 민주화가 일정 부분 달성되면서 대외 환경에 관심을 가지게 된 데에 기인한다. 하지만 문민정부의 세계화 담론이 기존의 국제화 개념과 뚜렷한 차별점을 제시하고 있다고 보기는 어렵다. 다만 대내적인 개혁의 필요성을 강조하기 위한 전략으로 국가적인 세계화의 필요성을 역설하

5 각주 4에서 언급했듯 대한민국 헌정 사상 초유의 대통령 탄핵과 조기 대선이란 이례적 정치 상황에서 탄생한 문재인 정부(2017. 5. 10~)는 임기가 끝나지 않은 현 정부임에 더해 이전 정부들과 대등한 수준에서 관련 정책 담론을 평가하기 어려운 이유에서 이 장에서 별도의 지면을 할애해 다루지 않았다. 다만 문재인 대통령의 취임사와 신년사 등에서 반복적으로 소득주도 경제와 혁신 경제 등의 언술이 드러나고 이를 통해 현 정부의 정책 기조와 강조점을 유추할 수 있다. 가령 소득 재분배 강화를 통한 내수 시장의 건강성 회복과 이를 바탕으로 한 경제성장, 그리고 4차 산업혁명이라는 키워드에 선도적으로 대응하기 위한 혁신경제 기반 조성 등을 주요 정책적 과제로 내세우고 있음을 알 수 있다. 또한 소득주도 경제와 관련하여 정규직과 비정규직 간의 이중 노동시장 구조와 같은 내부적 모순의 해소를 명시하고 있다. 일례로 '좋은 일자리'와 '일자리 격차의 해소', '계층 간 갈등의 해소' 등의 언술이 대통령 신년사와 취임사를 통해 반복적으로 강조되고 있다. 또한 소득 양극화 극복을 위한 청년 세대의 실업난이나 비정규직 문제 등 축적된 모순의 해소에 방점이 찍혀 있고, 이에 대한 담론적·정책적 처방으로 주요하게 드러나는 구성물 중 하나가 '공정 경제'이다. 소득주도 경제와 혁신 경제를 표방한 문재인 정부는 분배적 정의로서의 공정함을 담론적·정책적 실천의 전면에 내세우고 있고, 이는 "기회는 평등할 것입니다. 과정은 공정할 것입니다. 결과는 정의로울 것입니다"라는 취임사로 대표된다. 긴 취임사 중에서도 유독 이 문구가 여러 언론이나 인터넷, SNS 등을 통해 많이 인용되고 회자된 바 있고, 이는 '공정함'이 현 시점에서 담론적 중요성 내지는 민감성을 가지기 때문일 것이다. 문재인 정부 출범의 동력이었던 촛불집회를 점화시킨 계기 역시 최순실의 국정농단, 특히 최유라의 대학 입시 부정 사건이었고, 그만큼 '공정함'에 대한 요구는 한국사회에서 절박한 것이 되었다. 그리고 이는 '공정한 기회와 결과', '정의'라는 정치적 가치와도 접합되었는데, 문재인 정부의 차별성을 드러내기 위한 담론적 실천으로 볼 수 있다. 노동·고용정책 등에 있어 문재인 정부는 분배정의에 대한 정부의 역할을 확대하는 국가 개입적인 입장과 정책적 실천을 과거 이명박·박근혜 정부에 비해 강조한다. 다만, 이것이 케인즈주의로의 회귀라기보다는 적극적으로 시민사회를 포섭하는 확장된 형태의 신자유주의라는 점에서는 노무현 정부와 일정 부분 유사성을 보여준다. 그중 특히 '4차 산업혁명', '혁신 경제' 등의 언술은 기존의 지식경제 담론의 연장선상에 있다고 볼 수 있다.

는 수준에서 관련 담론이 구축되었으며, 이와 관련해 부상한 것이 바로 교육개혁 담론이었다. 국가적 개혁 담론으로서 문민정부에 의해 주창되기 시작한 세계화 담론은 이후 외환위기를 거치며 글로벌 금융자본세력에 압도되어 영미식 자본주의로서의 세계화를 본격화한 국민의 정부를 거쳐, 사회적 갈등이 첨예화된 참여정부에서는 대증적 처방으로 사회민주주의적 색채를 가미한 변형된 형태의 신자유주의적 세계화로 선회한 후, 이명박 정부에 이르러 보다 교조적 시장주의 원리에 충실한 형태의 세계화 담론으로 전화한 것으로 평가할 수 있다(강명구·박상훈, 1997; 강내희, 2006; 신진욱·이영민, 2009; 조덕연, 2013).

결국 각 정권의 크고 작은 차이점에도 불구하고 신자유주의적 지구화는 지속적으로 확장되어온 것으로 볼 수 있다. 이와 관련해 주목할 점은 지구적 자본축적의 경쟁에서 승리하기 위한 국가 경쟁력 또는 기업 경쟁력의 단위가 국민 개개인으로까지 확장되면서 개인의 글로벌 경쟁력이라는 새로운 자기통치의 원리로 제시되고 있다는 점이다. 이는 특히 전략적 노동력 구축 및 관리의 이해를 함께하는 국가와 기업, 그리고 미디어 담론을 통해 접합·매개·확장되고 있는데, 이러한 접합이 가장 가시적이며 극적인 형태로 분출되고 있는 장은 주지한 바와 같이 교육부문이었다. 문민정부의 세계화 담론과 맞물려 촉발된 교육개혁 담론은 이후 국민의 정부에 이르러 세계화정책의 구체적인 실행 전략으로 채택되면서 본격적인 시장주의 원리에 기반한 교육 정책의 도입으로 이어졌는데, 이는 국민의 정부에서 지식·정보경제 사회로 재맥락화된 세계화 담론과 지식노동자 담론과도 조응한다. 더욱이 참여정부를 거치며 기업은 교육개혁 담론과 관련한 주도적인 담론 구성자로 등장했을 뿐 아니라 직접적인 제도적 개입의 주체로 등장했는데, 이는 중·고교 입시 제도를 포함해 대학사회의 기업가적·시장주의적 재편을 가속화했다. 이러한 변화의 근저에는 심화하는 글로벌 경쟁에서 승리하기 위한 글로벌 인재 양성의 필요성과 이를 위한 대학교육 재편이라는 담론적 구성물이 이를 정당화하는 근거로 활용되었다. 또한 글로벌 인재로 표상되는 기업 담론은 미디어 담론이 매개하는 자기계발 언술을 통해 사회와 개인들에게 지속적으로 주입되었다. 이는 근면과 성실성 등 산업사회에서 전통적으로 요구되는 노동자의 윤리 외에 창의성, 외국어 실력, 글로벌 감각과 매너, 유연성과 적응력 등을 새로운 시대적 가치로 강조하는 기업 담론으로 확장되면서 노동자 일반에게 요구되는 포괄적이며 잠재적인, 그리고 필수적인 역량으로 제시되었다.

그러나 글로벌 인재 담론은 확장된 자기계발 담론의 하나로 지구화로 인한 양극화와 사회경제적 불안정성의 증가에 대한 사회적 대비보다는 개인적·미시적 차원에서 자기통치의 원리를 강조함으로써 다양한 대안적 담론의 형성을 저해하고, 차별적인 교육 제도를 정당화하는 등 계급적 이해관계를 대변하는 가운데 사회경제적 양극화를 심화하는 양상을 보여주고 있다. 반면 국제중 설립 등 차별적인 교육 제도를 비판하거나,[6] 시장주의 원리에 포섭되어 과거 비판적 지성의 기능이 현저하게 약화된 대학의 현실에 대한 지적[7] 또는 '수월성을 통한 글로벌 인재 양성'을 내세운 이명박 정부의 교육 정책에 대한 비판[8] 등 대항 담론들도 존재했으나, 이들은 전체 분석 대상이 된 사설 중 27건에 불과해 양적 불균형이 존재할 뿐 아니라, 이들마저도 일부 언론사에 국한되는 등 의미 있는 대항 담론으로 확산되지 못했다는 점에서 한계를 지닌다.

---

6 "국제중 설립은 엄연한 기회 차별이다" (2008. 8. 21). 〈경향신문〉, 31면.

7 "진보개혁의 위기-길 잃은 한국(2부), 대학-비판적 지성의 몰락" (2006. 11. 3). 〈경향신문〉, 4면.

8 "이명박·공정택 표 교육의 대안 선택한 경기도" (2009. 4. 10). 〈경향신문〉, 31면.

5. 나오는 글

문민정부로부터 추동된 세계화정책은 이후 한국사회를 신자유주의적 가치로 재편하는 거대 담론으로 작동했다. 문민정부 이후 국민의 정부와 참여정부, 그리고 이명박 정부와 박근혜 정부는 정치적 기반 및 신자유주의 도입과 관련된 구체적 정책 지향성에 있어서 상당한 차이를 보였음에도 불구하고, 경제와 사회의 영역에서 신자유주의적 지구화정책을 지속적으로 계승·확산 및 심화시켰다는 점에서 유사성을 보인다. 특히 국민의 정부와 참여정부는 정치적 기반과 공적 의제에서 개혁적 성향을 표방했음에도 지구화와 외환위기라는 구조적 강제 속에서 신자유주의적 패러다임에 포획됨으로 인해 이후 경제적 양극화 등 사회적 문제를 심화시키는 자기 모순적 경향을 드러내었다. 이는 이후 정치적 지지기반의 이탈로 이어졌고 그 반사 효과의 수혜자인 이명박 정부와 박근혜 정부는 교조적인 신자유주의적 가치로 한국사회를 전면적으로 재편했거나 지속적인 재편을 시도했다. 이는 결국 일상적 영역과 미시적 주체 형성의 차원으로 확장되었는데, 일례로 글로벌 경쟁력을 강조하는 국정 담론은 곧 글로벌 경영을 내세우는 기업 담론과 접합되어 시장과 성장 제일주의를 사회 전반에 확산시켰다.

이러한 맥락에서 글로벌 인재 담론은 국가의 공적이며 거시적인 세계화 담론과 연동하며, 신자유주의적 지구화 시대를 살아가는 주체에 크고 작은 영향력을 행사하는 일상적 담론으로 작동한다. 가령 노동자 계급은 글로벌 경쟁 환경에 적응하고 생존하기 위해 자신을 부단히 계발하고 단련하는 새로운 주체로 거듭나야 한다. 글로벌 시장체제로의 편입이라는 외부적 경제 환경의 변화와 창조경제라는 새로운 경제적 질서로의 전환은 단순히 외국어 능력과 같은 지식과 기술적 요소를 넘어 타문화에 대한 개방성과 수용력, 세련된 국제 감각과 매너 등 글로벌 마인드와 지식, 열정, 창의성 등의 인적·무형적 자산을 강조하게 되었다. 이는 글로벌 경영이라는 기업가적 윤리에 의해 끊임없이 자기를 계발하고 훈육해나가는 새로운 주체의 탄생을 의미한다.

여기에서 주목할 점은 글로벌 인재 담론이 사회 전반에 포괄적 파급 효과를 미치고 있지만 특히 교육부문과의 상호 담론적 작용을 통해 초중등 교육의 수월성 담론 및 대학교육의 시장화 담론의 확대와 깊숙이 연결되어 있다는 점이다. 이로 인해 오늘날 국제중 등 특수 계층에 국한된 차별적 교육 기회가 글로벌 경쟁력을 갖춘 인재 양성이라는 담론 구성체를 통해 정당화되고 있으며, 대학사회의 영어 강의와 영어 논문 확대, 글로벌 전형 도입 및 확대 등은 이의 교육적 효과와 사회적 필요성 등에 대한 충분한 논의를 허락하지 않고, 수용하지 않으면 안 되는 시대정신이 되고 있다. 더욱이 최근 대학들이 시장성이 낮은 기초 학문을 통폐합시키는 등 스스로 대학을 시장화하는 현상의 이면에는 국내 대학의 낮은 글로벌 경쟁력과 기업이 요구하는 글로벌 인재 양성의 역할 부실이라는 급진적 시장 담론이 자리하고 있다. 그러나 국내 대학들과는 달리 기초학문 양성에 힘을 쏟고 있는 해외 유수 대학들의 경쟁력이 단순히 시장주의적 경쟁과 효율성의 원리에 기반해 생성 및 유지되고 있는 것인지에 관해서 깊이 있는 성찰적·사회적 논의와 대안적 담론이 충분히 형성되지 못하고 있다.

이처럼 기업의 경쟁력 차원에서 요구되는 글로벌 인재 담론이 국가경쟁력이나 대학 경쟁력과 같이 사회 전반에 걸쳐 시장적 프레임으로 확대되고 있는 것은 노동의 관점에서 볼 때 차별과 은폐의 기제로 작동할 수 있다. 이를테면 국내 실업 문제 등은 글로벌 인재의 해외 취업과 같은 단순 처방만으로 해결되기 어렵다. 글로벌 시장을 대상으로 한 양질의 일자리는 제한적이며, 신자유주의적 지구화에서 일어나는 노동 분업의 보다 일반적인 양상은 국내 고용 시장의 불안정성 증가와 저임금 임시직 노동자의 국경 이동 때문이다. 그러므로 글로벌 인재 담론이 표상하는 장밋빛 미래는 결국 사회의 극히 일부 구성원에 돌아갈 수밖에 없다. 이는 글로벌 인재 담론과 접합된 하위 담론들이 천재 경영론, 핵심 인재론, 카이스트대학 개혁안과 서울대 법인화 등 주로 사회의 소수 계층에 특정한 방식으로 강제되고 있다는 점에서 여실히 드러난다. 반면, 사회경제적 모순에 기인하는 경제적 불안정성과 실업문제 등에 대한 국가 및 사회적 책임은 기업의 글로벌 경쟁력 강화와 개인의 '글로벌 인재되기'라는 담론 구성체를 통해 손쉽게 개인적·미시적 차원의 문제로 축소되거나 은폐되고 있다. 이는 참가 인원 대다수가 해외 호텔이나 커피숍의 잡무를 취급했다는 '글로벌 청년 리더 10만 명 양성 사업'의 사례처럼 근본적인 허구성을 내장한다.

과거 단단하고 무거운 지리적 구속력에 지배되었던 개인은 이제 글로벌 인재 담론을 통해 새로운 시장과 문화에 대한 접촉을 능동적으로 전유하는 역동적인 유목민적 인간상으로 탈바꿈되었다. 글로벌 인재의 전형적 표상 중 하나는 세계 어디서든 일할 수 있으며 어느 업무에든 적응할 수 있는 유연화된 개인이며, 이는 유연화된 사회와 노동을 강조하는 새로운 담론들에 의해 정상성을 획득해나가고 있다. 하지만 물리적·정서적으로 지리적 구속성을 갖는 한 인간이 진정한 글로벌 인재로서 자본의 요구에 따라 손쉽게 국경과 고용시장을 넘나들 수 있는 탈영토적이며 유연한 존재가 될 수 있는가에 관해 진지하고 성찰적인 인문학적 논의가 그 어느 때보다 필요하다. 글로벌 인재 담론은 신자유주의적 지구화라는 맥락에서 그에 상응하는 주체 형성, 국가와 자본, 대학과 자본과의 관계, 자본의 편의에 따른 국제적 노동 분업, 국가와 기업, 미디어의 교육 담론이 지향하는 시장주의 원리의 확산 등, 실로 다양한 사회적 힘과 담론들이 복잡하게 교차하는 지점에서 생성되는 자기계발 담론의 하나라고 할 수 있다. 기존의 지구화와 자기계발 담론 연구들에서 상대적으로 이에 대한 적절한 분석의 공백이 크다는 문제의식하에서 글로벌 인재 담론의 형성 과정과 사회적 효과를 국정 담론을 포함한 다양한 인접 담론 간 관련성 속에서 추적했다는 점에서 이 장의 의의를 찾을 수 있다.

그러나 이 책은 대통령 취임사, 신년사와 신문사설 등 한정된 텍스트만을 분석의 대상으로 하기 때문에 보다 입체적인 분석에는 한계가 있다. 글로벌 인재 담론의 확산과 사회적 제도화, 이의 확산과 파급 양상을 보다 정밀하게 분석하기 위해서는 다양한 담론적 구성물, 이를테면 정부의 정책 보고서나 기업의 보고서와 백서, 신문의 칼럼과 오피니언 등을 포괄적이며 연계적으로 분석할 필요가 있다. 또한 이 책은 담론의 형성 과정에 초점을 맞춤으로써 수용자들이 사회적 담론을 어떻게 수용하고 실천하고 있는지 그 역동적 양상을 구체적으로 밝히지 못했다는 한계도 동시에 지닌다. 이처럼 상이한 수준의 상황과 제도, 그리고 구성원에 대한 담론의 사회적 효과의 크기와 작동 양상을 보다 정밀하게 밝히기 위해서는 정책 행위자 또는 수용자 연구 등을 통한 상호보완이 필요하다.

3장

미디어와 경제 담론

기업사회공헌의 소외계층 담론

2018년 발간된 〈2018 주요 기업의 사회적 가치 보고서〉[1]에 따르면 2017년 한국 기업의 사회공헌 규모는 약 2조 7,244억여 원에 달한다. 이는 일본 경단련이 조사[2]한 같은 해 일본 기업의 사회공헌 산정액 2조 135억여 원을 규모 면에서도 상회하는 것이지만, 매출액 대비 사회공헌 지출 비율이나 세전 이익 대비 사회공헌 지출 비율과 비교해도 일본의 기업들보다 두 배 이상 높은 것이다. 이한준·문형구(2007)는 한국에서 본격적인 기업의 사회공헌 활동이 1980년대 산업화의 흐름과 함께 시작되었다고 하면서, 한국이 아시아 국가 중 일본 다음으로 기업사회공헌 참여도가 높다는 것(Chapple & Moon, 2005), 그리고 기업의 이익 대비 사회공헌 활동 지출이 미국 기업에 비해 두 배가량 높다는 점(〈전경련 사회공헌 백서〉, 2006)을 들어 한국의 기업사회공헌 역사가 미국이나

---

1 〈2018 주요 기업의 사회적 가치 보고서〉는 전경련이 1993년부터 발간해온 주요 기업 및 기업 재단 사회공헌 백서의 기업 부문 조사에 UN SDGs 연계성 분석 등을 추가하여 2018년 11월 28일 발간한 보고서이다.

2 일본 경단련이 조사한 2017년 일본 기업의 사회공헌 규모는 2조 135억 5,513만 원으로 전경련이 조사한 2017년 국내 기업의 사회공헌 규모인 2조 7,243억 5,578만 원에 미치지 못한다. 특히 조사 대상 기업의 수가 한국 기업이 198개사, 일본 기업이 334개사인 것을 고려하면, 일본과 비교할 때 국내 기업들의 사회공헌 규모가 더 크다고 볼 수 있다. 또한 이때 매출액 대비 사회공헌 지출 비율은 한국 기업이 0.18퍼센트, 일본 기업은 0.09퍼센트이며, 세전 이익 대비 사회공헌 지출 비율도 한국 기업이 2.2퍼센트, 일본 기업은 0.9퍼센트로 국내 기업의 사회공헌 참여 규모가 같은 아시아권의 일본에 비해 두 배 이상 차이가 난다고 이야기할 수 있다(경단련 2017년 사회공헌 활동 실적 조사, 〈2018 주요 기업의 사회적 가치 보고서〉 재인용).

유럽에 비해 상대적으로 일천하지만, 그간 국내 기업의 사회공헌 활동이 괄목할 만한 성장을 보였다고 평가한 바 있다.

영미권에서는 기업사회공헌을 '자선활동에 대한 기업의 지원(corporate support of charitable activities)'으로 정의하기도 하며, 기업가 개인이 아닌 기업이 주체인 자선활동(corporate giving)이 20세기에 시작되었다고 본다 (Burlingame & Sargeant, 2010; Burlingame & Dunlavy, 2016). 그러나 초기부터 오늘날과 같은 '기업의 사회적 책임(corporate social responsibility)'이나 '기업 시민(corporate citizenship)'의 개념이 존재했던 것은 아니다. 경영적 관점에서 초창기 기업사회공헌은 오히려 기업의 윤리적 책임에 반하는 것으로 여겨지기도 했는데(강형구·전상경, 2011), 시카고 경제학파의 대표적 학자로 노벨 경제학상을 수상한 밀턴 프리드먼(Milton Friedman)은 기업의 사회에 대한 책임이란 오직 법의 테두리 안에서 주주의 이윤을 극대화하는 것이라고 주장했다 (이한준·문형구, 2007).

국내에서도 기업사회공헌은 기업 경영자의 개인적 선의를 넘어선 기업경영 방식의 하나로 인식되고 있다. 일례로 전경련 보고서는 기업에 따른 규모의 편차가 크긴 하지만 국내 기업사회공헌이 활발하게 이루어지고 있음을 보여주고 있다. 기업의 사회공헌 방식도 현금이나 물품의 단순 기부뿐 아니라 공익연계 마케팅(cause related marketing) 등 다양한 시도가 이루어지고 있다. 기업들은 기업별 사업의 특성과 사회공헌 활동을 연관시키거나 사회적 관심사에 부응하는 방식으로 '전략적' 사회공헌 활동을 추구하고 있다. 일례로 삼성전자의 '삼성 스마트스쿨', 현대자동차의 '현대 기프트카' 등 대기업들은 전자제품이나 자동차 등 사업의 특성을 반영해 대표 사회공헌 프로그램을 운영하고 있다. SK그룹은 기업재단인 행복나눔재단을 통해 '사회적 기업' 테마의 사회공헌 활동을 펼치면서 자사의 사회공헌 전문성을 강조한다.

최근에는 스타트업 등 상대적으로 규모가 작은 기업들도 전략적 사회공헌 활동이나 사회공헌 브랜딩을 진행하는데, 음식배달 어플로 유명한 '배달의 민족'은 '배달'에 착안해 지자체, 우유 회사 등과 협업하여 지역사회의 독거노인을 돕는 '어르신의 안부를 묻는 우유 배달'[3]을 진행했다. 젊은 층에게 '미닝 아웃, 착한 소비, 가치소비' 등으로 불리며 인기를 얻었던 사회적 기업 마리몬드[4]의 경우, 사회 이슈 및 공익 지원, 비즈니스를 연계한 공익 굿즈 프로젝트를 통해 기업의 이름을 알리고 성공적으로 안착한 사례이다. 사회공헌 브랜딩의 성공은 이들 기업들이 기업 신뢰도나 평판, 제품의 인지도를 강화하는 데에 실질적인 도움을 주었다(박해영, 2019. 1. 9; 석혜영, 2015. 1. 27; 정관용, 고재열, 2017. 8. 16; 조유빈, 2018. 10. 15).

삼성은 1994년 삼성사회봉사단을 창단해 그룹의 사회공헌 활동을 총괄하여 운영해왔다. 삼성전자 한 곳만도 2015년 나눔경영 비용으로 약 5,230억 원[5]을 사용하는 등 삼성은 국내 최대 규모의 사회공헌 활동을 펼쳤으나, 2016년 말 이른바 '최순실 국정농단 게이트'에 연루되면서 사회공헌 규모가 크

---

3 어르신의 안부를 묻는 우유 배달. 이 활동은 독거 노인 가정에 매일 배달되는 유제품이 두 개 이상 방치되었을 경우 배달원이 가족이나 주민센터 등 유관기관에 통보해 고독사를 예방하고 비상시 적절한 조치가 취해질 수 있도록 하고 있다. 〈식품외식경제〉 (2017. 6. 27)

4 사회적 기업 마리몬드의 홈페이지에는 공익 테마 굿즈의 판매를 통해 발생한 영업이익의 50퍼센트 이상을 기부하고 있으며 이를 통해 2012년부터 2018년 12월까지 기부금 합산액이 21억 7,922만여 원으로 밝히고 기부 리포트를 공개하고 있다. 한편, 2020년 5월, 일본군성노예제문제해결을위한정의기억연대(정의연)의 부실회계 의혹이 커지는 가운데 마리몬드의 기부금이 정의연의 전신인 한국정신대문제대책협의회(정대협)의 국세청 공시자료에 누락된 것으로 확인되자 마리몬드를 즐겨 쓰던 시민들은 "다시 못 살 것 같다"며 당혹감을 표했고 이에 대해 마리몬드 측은 "투명한 단체에 기부금을 전달하겠다"라는 입장을 밝혔다. 〈헤럴드경제〉 (2020. 5. 22)

5 하지만 삼성전자가 보고서에 명시한 '나눔경영 비용'은 기부금품뿐 아니라 사회공헌 홍보나 활동을 진행하는 데에 들어간 각종 비용도 포함하는 것이다. 삼성전자는 매년 〈지속가능 경영보고서〉를 발간하고 그중 '경제적 가치 분배' 페이지를 할당해 조세납부액, 주주 배당금, 나눔경영 비용을 포함해 발표하고 있다(삼성전자 〈지속가능 경영보고서〉, 2016).

게 감소하는 모습을 보였다(삼성전자 〈지속가능 경영보고서〉, 2018). 기업이 사회적 비판을 비롯한 일련의 위기에 처했을 때 사회공헌을 통해 기업 이미지를 제고하려는 모습은 반복적으로 나타난다. 일례로 지난 2006년 삼성 비자금 X파일 및 자녀의 에버랜드 지분 편법 취득 등의 문제가 발생했을 때 취한 8,000억 원 규모의 사회 환원 발표[6]를 포함해 이와 유사한 사례들은 다른 기업들에서도 활용하는 전략이다. 2017년 말 삼성은 MBC 앵커 출신으로 12년간 삼성그룹의 홍보 업무를 맡아온 이인용 커뮤니케이션 팀장을 삼성그룹의 사회공헌을 총괄하는 사회봉사단장에 임명했다. 이 단장은 취임 후 기자들에게 "사회공헌 사업은 기업이 부수적으로 선택하는 것이 아닌 기업경영에 필수적인 사업"이라고 강조하면서 "삼성전자가 상당한 규모로 (사회공헌 사업을) 집행해왔지만, 뚜렷이 떠오르는 것이 없다는 지적이 있다"며 향후 '사회와의' 커뮤니케이션을 강화하겠다는 점을 언급한 바 있다. 이에 대해 언론은 삼성이 부정적 이슈를 상쇄하기 위해 사회공헌 커뮤니케이션을 강화하려는 것으로 해석[7]하기도 했다.

이 책에서 다루고자 하는 삼성전자의 기업사회공헌 홍보 영화 〈별리섬〉은 이러한 배경하에서 제작되어 2018년 10월 25일 온라인을 통해 무료로 공개

---

6 삼성 불법 대선자금 X파일 사건, 삼성 이건희 회장의 자녀들의 삼성 에버랜드 계열사 지분의 편법 취득 이슈, 개정 공정거래법에 대한 헌법 소원, 삼성SDS 신주인수권부사채(BW) 증여세 부과 소송 등으로 이슈와 비판이 이어지자 사회적 압박의 분위기 속에 2006년 2월 7일 이학수 삼성 부회장(구 조조정본부장) 등은 서울 태평로 삼성 본관에서 기자간담회를 가지고 "삼성의 현안과 관련하여 국민 여러분께 드리는 말씀"을 발표했다.

7 〈조선일보〉 공익 섹션인 '더나은미래'도 2017년 12월 삼성 사회공헌을 분석하는 기사에서 '최순실 사태와 미르·K스포츠재단에 지원한 400억 원으로 이재용 부회장 수사와 구속까지 겹치면서 삼성전자의 사회공헌이 위축'되었다고 분석하면서, 같은 해 10월 이인용 삼성 사회봉사단장이 새롭게 임명된 것을 언급하며, 삼성이 부정적 이슈를 상쇄하기 위해 사회공헌 커뮤니케이션을 강화하려는 것으로 해석했다(정유진, 2017. 12. 14).

됐다. 〈별리섬〉은 러닝타임 35분의 단편영화로 '웹드라마'라고도 불리는데, 짧은 시간 안에 완결된 스토리를 담고 있으며 온라인 채널과 시청자들에게 적합한 방식으로 제작되고 유통되는 것이 특징이다. 〈별리섬〉의 소재가 된 삼성전자의 대표 사회공헌 프로그램 '드림클래스'는 교육 환경이 열악한 중학생들에게 방과 후 혹은 방학 중 학습을 지원하는 프로그램으로 대학생 자원봉사자를 학교나 캠프에 파견하는 방식으로 운영되며, 자원봉사자들에게는 장학금 형식의 지원금이 지급된다.[8] 영화 〈별리섬〉은 '드림클래스' 자원봉사자들과 뭍에서 멀리 떨어진 별리섬 아이들의 갈등과 성장을 코미디와 드라마로 담아낸 작품이다. 이 영화는 〈웰컴투 동막골〉(2005)을 만든 배종(박광현)이 감독을 맡고, 변요한, 공승연, 박희순 등 유명 배우들이 참여해 공개 전부터 관심을 모았다. 〈별리섬〉은 영화관 개봉을 하지 않았음에도 불구하고 유튜브 채널 등 온라인 채널만으로 공개 3일 만에 1,000만 뷰를, 38일 만에 1억 뷰를 돌파해 화제가 됐다. 〈별리섬〉 이전에도 대기업들은 자사의 사회공헌 프로그램을 기업 브랜드 이미지와 연계해 홍보하는 사회공헌 광고를 다수 제작한 바 있으나 기업의 사회공헌 홍보물이 언론과 대중에게 이렇게 호응을 받은 적이 없었다는 점에서 〈별리섬〉은 기업사회공헌 홍보의 성공 사례로 주목받는다.

　1억 뷰를 기록한 〈별리섬〉은 많은 사람들이 시청하고 피드백이 공유되며, 관련 언론보도가 이어지면서 영화를 둘러싼 풍성한 담론이 생산되었다. 푸코는 《지식의 고고학》(1972), 《담론의 질서》(1981)에서 구체적인 의미를 가지고 있으면서 어떤 사회적인 결과를 초래할 수 있는 모든 종류의 발화(utterance)

---

8 삼성전자 드림클래스 소개 페이지(https://www.dreamclass.org/act/student.do)에서는 이 사업의 지원 목적으로 사회 양극화가 심화되고 빈곤 가정이 늘고 있는 상황에서 교육과 취업의 질은 가난의 대물림으로 연계된다는 점을 지적하며 누구나 노력하면 꿈과 희망을 이루고, 계층 간 이동이 쉬운 사회를 만들기 위해 이 프로그램을 운영한다고 밝히고 있다.

와 언술(statement)의 집합체를 담론이라고 정의(Mills, 2003, p. 109)한 바 있다. 담론은 이데올로기처럼 지배계급의 관념 체계 등에 제도적인 권위를 부여하지 않지만, 오히려 더 불안정하고 복잡한 방식으로 작용하면서 우리의 현실 인식에 영향을 준다. 〈별리섬〉의 인물들을 통해 발현되는 발화와 행위들, 영화 내 다양한 장치는 기업 삼성의 사회공헌 활동의 철학과 전략을 반영한다. 언론과 대중의 영화 수용 양상은 서로 조응하거나 충돌하면서 새로운 담론의 형성에 기여한다. 다시 말해 〈별리섬〉은 삼성의 기업사회공헌 언술들의 집합체로서 사회적으로 유통되는데, 이 언술들은 '삼성'의 것이기에[9] 더 많은 권위를 부여받기도 하며, 우리 사회기업 자선, 기업사회공헌의 담론 형성에 작동한다. 〈별리섬〉 담론은 삼성의 사회공헌 사업에 대한 긍정적 평가, 기업 자선가 삼성에 대한 우호적 이미지 조성 등과 같이 삼성전자가 전달하고자 하는 것뿐 아니라 의도하지 않았을 수 있는 것들, 예를 들어 우리 사회문제의 원인과 책임 소재에 대한 질문들, 기업사회공헌의 지원대상인 소외계층의 계급화나 지원자격 규정, 기업사회공헌 사업의 가치나 평가에 대한 담론을 담고 있으며, 이들은 영화 텍스트 내외부에서 서로 맞물리거나 충돌하고 있다.

푸코는 《담론의 질서》에서 어떤 사회에서도 예외 없이 사회적 육체를 구성하고 특성화하는 다양한 권력관계가 존재하는데, 이러한 권력관계가 성립하기 위해서는 반드시 담론의 생산과 유통이 필요하다고 말하며 권력의 행사와

---

9 사라 밀스(Sara Mills)는 담론의 선택과 배제, 재생산을 설명하면서 "모든 언술이 사회적으로 공인 받는 것은 아니나, 어떤 언술은 권력 상층부에 있는 사람들이나 사회제도와 더 많은 연관성을 가지고 있다는 이유로 다른 언술보다 많은 권위를 받을 수도 있다"라는 점을 지적하고 있다(Mills, 2008, p. 130). 이러한 문맥에서 영화 〈별리섬〉은 세련된 표현 방식(작품성)과 삼성이라는 기업의 마케팅 역량과 자원에 힘입어 더욱 영향력 있는 기업사회공헌 담론을 형성하거나 폭넓게 유통될 것이라 추론할 수 있다.

담론 생산 간의 불가분의 관계를 언급한 바 있다. 이는 또한 어떤 행위가 원래 그것이 목적한 바에 도달할 수 있도록 해주는 다양한 규칙과 관행들, 나아가 특정 시기와 상황에 부합하는가 하는 여부와 관련된 것이기도 하다(Foucault, 1990/2014). 영화 〈별리섬〉이 생산하는 담론과 그것이 유통되고 이해되는 방식들은 단순히 한 기업의 사회공헌 활동에 대한 홍보를 넘어, 신자유주의의 주요 행위자이자 전위로서 대기업이 당대의 사회에 전파하고자 하는 가치와 기준을 전달하고, 이를 통해 이러한 담론에 순응하는 인간을 길러낼 수 있는 권력의 작업이기도 하다. 푸코가 광인 등 '타자'들에 관한 담론을 통해 이러한 담론의 기저에서 작동하는 배제의 역할을 드러냈듯이, 이 책은 영화 〈별리섬〉의 담론 분석을 통해 기업사회공헌과 그 주체의 구조화한 사회 문제에 대한 편향된 이해 혹은 의도적 방기나 책임 회피, 소외계층에 대한 계급화되고 고정적인 시선의 문제들을 살펴보고, 이것이 신자유주의체제에 다기한 사회문제와 불평등의 개인화, 파편화로 연결되는 지점을 분석하고자 한다. 이를 통해 한국의 대기업들이 공동체와 공익에의 기여라는 명분으로 사회공헌 활동을 일종의 경영기법으로 활용하는 데에 집중하고 있음을, 나아가 세련되고 전문화한 커뮤니케이션 기법과 막대한 자본력을 바탕으로 사회 불평등과 부조리에 대한 불만을 개인화하는 데에 일조하고 있음을 비판적으로 독해하고자 한다.

2. 기업사회공헌의 담론: 주체와 통치성

푸코는 1978년 콜레주드프랑스에서 진행한 강의에서 통치술은 통치자가 실제로 통치하는 방식이 아니라 숙고된 성찰에 기초한 최선의 통치 방식으로 이해할 수 있다고 했다. 통치술은 17세기 국가이성과 같이 외재하던 방식에서 점차 통치 합리성의 내적 규제로 변모해왔으며, 어떻게 하면 과도하게 통치하지 않을까 하는 비판적 통치이성의 시대가 시작되었다고 분석했다. 18세기 자유주의 통치술은 개별적 이해관계에 맞서 집단적 이해관계를 보호하는 안전의 문제이면서 동시에 집단적 이해관계에서 개별적 이해관계를 침해할 수 있는 것에 맞서 보호하는 것이기도 하다. 다시 말해, 자유주의는 이해관계를 조작하는 통치 기술이며, 때문에 최대한의 효율을 생각하고 관계가 있는 현상들의 자연성에 들어맞아 가능한 한 적게 통치하는 것을 의미하며, 이는 생명관리정치의 인식 가능성의 조건이 된다(Foucault, 2011, pp. 518-520). 푸코에게 있어 자유주의 통치성의 또 다른 형태인 신자유주의는 포괄적인 정치권력의 행사를 시장경제의 원리에 어떻게 맞출 것인가 하는 문제에 집중한다. 즉, 신자유주의는 개인의 인간성 혹은 인간형 자체를 변형하는 데에 관심을 두며, 이러한 문맥에서 푸코가 말한 호모에코노미쿠스(homo economicus)는 자본주의의 시장원리를 자신에게 투사하고 실천하는 기업가, 즉 자기 자신의 기업가(entrepreneurs of the self)이다.

신충식(2010)은 후기 푸코의 가장 절박한 과제 중 하나가 '국가의 통치 합리성 과정' 또는 '국가가 어떻게 통치할 것인가' 하는 문제였다고 보았다. 이를 통해 푸코가 근대국가의 이념인 신자유주의의 문제들을 비판적으로 조망하고

자 의도했다고 신충식은 보았다. 푸코의 통치성 시각은 규율이라는 이름으로 개개인들의 신체에 행사되는 미시권력으로부터 전(全) 인구를 대상으로 사회적 관계에 전략적으로 적용되는 '생명권력' 문제로 이행되면서, 행위를 다스리는 '통치성'에 관한 이해와 문제를 제기하는 것이다. 국가가 다스리는 것은 영토가 아니라 인구이며, 국가는 보다 효율적 통치를 위해 통치성에 입각해 인구에 대한 지식을 관장하려 한다. 이러한 관점에서 〈별리섬〉 내 다양한 미시권력과 여기에 내재된 합리성을 추적하는 일은 우리 사회 소외계층 지원 담론의 통치성과 그 작동 방식을 이해하는 작업이 된다. 예를 들어 드림클래스의 대학생 자원봉사자 두 명이 별리섬에 도착하는 장면에서, 백발의 나이가 지긋한 섬사람들은 일렬로 모여 어린 대학생 두 명을 박수로 환영하며 연신 감사를 표한다. 또한 이 두 사람과 거리를 두고 따라가는 것이나, 그러다 눈이 마주친 사람들이 90도로 고개를 조아리는 모습은 마을의 주체인 섬사람들과 방문객인 대학생 자원봉사자 간 관계가 대등한 것이라기보다, 수십 년 전 수혜를 베풀기 위해 외국에서 찾아온 선교사나 정부에서 찾아온 장학사를 대하는 모습을 떠올리게 한다.

이는 기업으로 대변되는 외부인, 심지어 이들이 경험 없는 대학생이라 하더라도 기부자인 기업의 대표격으로서 마을 사람들의 문제를 진단하고 해결책을 제시하는 위치에 있음을 나타내는 것이라 볼 수도 있다. 신자유주의의 통치적 실천의 합리화는 최대한 비용을 절감하면서 그 효과는 극대화하는 것으로, 이러한 문맥에서 기업은 자신들이 주도하는 사회공헌 사업들의 효율성과 효과성을 강조하며, 자원을 제공하는 자신들이 문제를 진단하고 해결책을 제시하기도 한다. 자신들이 가진 자원과 비즈니스 경험이 소외계층의 삶을 바꾸는 사회공헌에서도 큰 효과를 발휘할 것을 의심하지 않는 것이다. 현재의 어려움으로 고통을 받고 있지만 작은 변화가 생기면 또 큰 영향을 받을 수혜자들은 영화에서 묘사되듯 주도적인 의사결정의 주체가 되는 데에 한계를 가진다.

기부자는 단순한 자선가를 넘어 자본주의 사회의 투자자와 같은 자격과 지위로 기부 활동에 참여한다.

신자유주의 경제체제하에서 통치성은 건전한 사회구성원의 준거를 제시하는 것이기도 하며, 이는 푸코가 말한 근대국가의 통치성 이념과 조응한다. 아이들과 섬마을 어른들, 그리고 주인공인 대학생 자원봉사자들까지 모두 우리 사회의 용인된 가치와 방식을 자발적으로 따르는 주체가 되기를 요청받으며, 이에 부합할 때 비로소 사회적 인정을 받게 된다. 또 영화가 주인공 한기탁을 받아들이는 과정은 이후 산적한 갈등이나 모순이 해소되면서 사회에 순응하고 기여하는 노동력으로서의 '인구'를 규정하고 관리하는 신자유주의체제의 기제를 보여준다. 더욱이 대학생 자원봉사자인 주인공조차 자기계발, 권능화, 문제 해결의 주체로 통치성을 능동적으로 전유 및 실천하고 있다. 류웅재(2017)는 전 지구적 신자유주의화에 따른 경제적 위기와 불평등의 문제가 문화적 영역에서도 연관된 징후를 유발하고 있다는 점을 지적하며, 현대사회의 개인화와 과잉 긍정성을 신자유주의의 문화 논리로 설명하고 있다. 신자유주의하 정치경제적 위기 상황에서의 대응 전략으로 개인들은 타자에 대한 혐오와 배제의 정치 문화를 지지하거나, 다른 한편에서는 무한경쟁 사회의 만성화된 소진과 불안에 시달리는 주체들이 각자도생을 위해 끊임없는 자기계발과 힐링 문화, 소비문화에 천착하는 양상을 보인다. 울리히 벡(Ulich Beck)이 말한 '위험사회'에서 개인은 독립적인 주체가 되었지만, 그 대신 사회 불평등이나 구조적 모순 같은 사회문제는 개인화되고, 이제 모든 시행착오나 실패의 원인과 책임, 이에 대한 진단과 해결도 개인 몫이 되는 것이다(류웅재, 2017, p. 261). 즉, 영화의 주인공 한기탁이나 섬의 아이들, 다문화가정 여성도 모두 불안과 어려움 속에서도 개인적 노력을 통해 이러한 어려움을 극복해내고 자신의 미래를 자신이 책임져야 한다는 개인화의 논리는 오늘날 신자유주의의 시대정신이자 이러한 체제가 가진 통치성의 속성과 작동 방식을 보여준다.

영화 〈별리섬〉은 삼성전자가 만든 세 번째 영화이다. 삼성전자는 2017년 겨울 자사의 저시력 장애인용 VR 시각보조앱 '릴루미노'를 소재로 한 시각장애인 연인의 사랑 이야기인 〈두 개의 빛: 릴루미노〉를 발표했다. 2018년 여름에는 미래의 소녀와 기상 캐스터, 인공지능(AI)의 여정인 4부작 웹드라마 〈고래먼지〉를 발표한 바 있다. 삼성전자는 이 영화들 역시 무료로 공개했으며, 두 작품 모두 대중으로부터 호의적 반응을 받았다. 삼성전자의 사회공헌 영상 제작물들의 특징은 장애 등으로 어려움을 겪는 주인공이 이러한 어려움을 개인적 노력과 삼성 사회공헌 사업의 지원으로 극복하는 이야기로, 유명 배우, 아름다운 화면, 감성적인 스토리가 특징이다. 이 영화들은 감동적이며 세련된 방식으로 대중들이 이 영화들을 삼성에 대해 '거부감 없이' 받아들일 수 있도록 할 뿐 아니라, 더 나아가 이러한 아름답고 감동적인 활동을 하는 자선가 삼성에 우호적인 감정을 갖도록 돕는다. 유튜브의 〈별리섬〉 페이지는 2019년 1월 말 기준 6,748만 뷰 이상을 기록하며 2만 개 이상의 '좋아요'를 받았다. 영화에 대한 댓글도 호의적인 내용이 많은데, 한 예로 영화가 좋았다는 평과 함께 이 영화를 '삼성의 30분짜리 광고'라고 인식하면서도 이를 '끊지 못하고 끝까지 보았다'라는 댓글도 다수 발견된다. 〈별리섬〉, 〈릴루미노〉, 〈고래먼지〉 등 삼성전자가 만든 단편영화 시리즈의 주인공들은 취업 준비생, 시각장애를 가진 청년들, 미래의 소녀 등으로 탁월한 능력을 지닌 영웅이나 권력자가 아니지만, 유사한 방식으로 성실하게 노력하며 타인도 그렇게 할 수 있도록 권면하는 인물들이다. 이 영화들은 대중들로 하여금 극도로 치열하거나 암울한 세상에서도 그런 대로 삶을 지속하고 더 나은 미래가 올 수 있을 거라는 희망을 가지게 한다. 이처럼 따뜻한 메시지를 통해 한시적으로나마 안도와 위로를 제공하고, 다시 앞으로 나아가도록 격려하는 이 영화들은 최신 디지털 테크놀로지와 새로운 미디어 형식을 통해 수용 및 확산되었다.

이 영화들은 무엇보다 '공익'을 추구하는 대한민국 대표 기업으로서 삼성의 존재 의미와 기여도를 강조하는 한편, 이와 동시에 신자유주의체제의 청년 세대와 사회적 소외계층의 상황을 감성적인 터치(touch)로 개인화하고 있다. 특히 오늘날 사회적 안전장치나 보호 메커니즘이 현저하게 부족한 무한경쟁 시대에서 도태되지 않고 살아남아야 하는 청년들을 포함해 경쟁에서 낙오되었거나, 향후 그럴 가능성이 높은 사회적 약자나 소외계층에 속한 이들에게 착한 심성과 긍정성, 순응의 미덕을 가질 것을 주문하고 있다. 우리는 보통 착한 심성과 선의를 가지고 있으며, 일련의 어려움과 난관에 직면해 있지만 이를 성실하고 긍정적으로 극복해나가는 사람들의 따뜻하고 감동적인 이야기에 늘 비판적이기 어렵다. 차가운 이성으로 의구심을 갖게 되더라도 이러한 콘텐츠의 내용이나 서사구조에 감정 이입할 개연성이 높다. 이러한 문맥에서 기업의 사회공헌 관련 영상 콘텐츠들은 유연하고 세련되지만, 그 의도나 전달 방식은 전략적이며 공격적이고, 기업의 사회공헌 담론 구성체를 생산·확산하고 있는 매개체이자 유력한 장(場)이다. 영화를 감상하는 수용자는 삼성이 사회와 선순환하는 첨단 기업이며, 동시에 '국가를 대표'하는 글로벌 경쟁력을 보유하고 그에 상응하는 일류 제품을 만들어낸다는 메시지를 자연스럽게 전달받는다. 이 지점이 영화를 수용하면서 일관되고 냉정한 시선으로 문제를 제기하거나 텍스트 이면이나 기저에 숨겨진 생산자의 의도를 간파하고 이를 낯설게 하기에 쉽지 않은 이유이기도 하다.

김주환(2012)은 과거에는 국가의 것이라고 여겨졌던 사회적 책임의 의무를 그동안 사회적 권리의 주체로 이해되어온 노동조합이나 소비자 등이 자발적으로 떠맡고자 하는 움직임을 신자유주의의 '사회적 책임화'라는 용어로 포착하고 있다. 그는 기업의 사회책임 경영, 윤리적 소비운동 등을 푸코의 통치성(governmentality) 논의를 빌어 계보학적으로 분석하는 과정에서, 특히 이를 '자발적' 변형이라는 관점에서 신자유주의의 통치 테크놀로지로 파악하고 있다. 그는 푸코의 통치성 개념을 특정한 정치사상이라기보다 '정치적 합리성'으로 설명하며 신자유주의는 단순한 경제정책만을 의미하는 것이 아니라고 한다. 오히려 이것을 모종의 목적을 이루기 위한 일련의 통치 전략들과 테크놀로지로 이루어진 수단들의 연관 속에서 이해해야 한다고 주장한다. 이와 유사하게 통치성은 지식과 권력의 관계, 주체화의 윤리에 관한 것이며 자유로운 주체들이 스스로를 능동적이며 적극적으로 계발하도록 하면서 이들이 어떻게 권력에 종속되도록 배치하는가 하는 문제인 것이다. 자기계발 담론의 형성 과정에 초점을 맞추는 유사한 연구들 역시 신자유주의적 인간으로서 자기통치를 추동하는 지식―권력 기제로서의 지배 테크놀로지에 주목한다(고은강, 2011; 박소진, 2009; 서동진, 2010; 신진욱·이영민, 2009).

삼성은 한국의 유력한 재벌이자 초국적기업으로 신자유주의의 기치를 유연하면서도 공격적으로 전파하는 주요 행위자 중 하나이다. 그동안 언론에 보도되거나 사회적으로 문제가 되었던 부분들을 돌아보면 삼성이라는 기업의 가치와 철학, 방향성이나 행태는 국가와 사회구성원들이 요구하는 사회적 책임과 현격한 간극이 존재해왔다. 한 예로 삼성이 그룹 차원에서 공격적으로 마케팅하는 사회공헌 프레임에서의 삼성은 기업의 사회적 책임을 강조하고 자신들의 의사결정 기준이 경제적 수익이나 이윤이 아닌 사회의 약자들이며, 사회문제와 소외계층의 문제 해결을 위해 발 벗고 나서는 주체이다. 그러나 이렇게 가공된 이미지는 회장 일가의 불법 편법 상속이나 증여 등 무수한 일탈을 교묘한 방식으로 은폐하거나 주변화한다. 기업의 사회책임경영이나 윤리적 소비 등 사회책임 담론이 확장하고 우리 사회의 주류 담론으로 자리 잡으면서 기업의 사회적 책임은 보편적인 개념이 되었다. 최근 기업의 사회적 책임(corporate social responsibility)이나 책무성(accountability), 이해관계자(stakeholder), 지속가능성(sustainability) 등의 용어가 사회에서 일반적으로 쓰이게 되었지만, 역설적으로 복잡한 경제구조와 급격하게 변화하는 기업 환경에서 이제 손쉽게 기업의 윤리나 책임을 정의 내리기는 어렵게 되었다. 이는 한 기업 안에서도 기업의 최우선 목표가 이익 창출이었다가 사회공헌 관련 홍보 등의 커뮤니케이션 영역에서는 돌연 사회적 책임, 윤리성이 최우선 기준으로 강조되기도 하는 혼재된 메시지에서도 드러난다.

언론을 통해 알려진 바와 같이 삼성은 정권의 요구를 충족하느라 비상식적·비윤리적 경영을 실행하고, 나아가 실정법을 위반하여 일종의 오너 리스크(owner risk)가 발생하거나 유사한 사회적 압력이 생기면 '면죄부' 성격의 대규모 기부나 사회공헌 활동을 '사후적으로' 진행해왔다. 전술한 백혈병 이슈에서도 삼성전자는 재발 방지 및 사회공헌의 일환으로 산업안전보건발전기금 500억 원을 내기로 했다. 삼성의 경우, 정치와 연루된 오너 이슈, 경영권 승계, 삼성바이오에피스의 분식회계 이슈 등 논란이 발생할 때마다 큰 규모의 사회공헌 기금을 내거나 이를 약속하다 보니, 이러한 말과 행위의 진정성이나 순수함에 대한 대중의 믿음 또한 생성되기 어렵다. 삼성은 거의 모든 기부 행위를 경영에 최대한 효율적으로 활용하려는 전략적 모습을 견지하며 자사의 사회적 기여도를 강조해왔다.

그러나 삼성이 한국경제에 미치는 영향과 기여도에도 불구하고, 삼성 자신의 시선과 국민들이 삼성에 요구하는 사회적 책임의 모양새나 크기, 무엇보다 진정성의 차원에서 오랜 시간 큰 괴리가 존재해왔다. 지난 30여 년간 기업의 사회적·윤리적 책임에 대한 한국사회 구성원들의 기대는 선진국 국민들의 그것과 상당히 유사한 양상으로 진화해왔다. 이는 글로벌라이제이션(globalization, 세계화)의 문맥에서 인구의 자유로운 이동과 여행이나 교육을 통한 신속하고 정확한 정보의 획득과도 연관된다. 또한 이러한 변화는 과거 다양한 이유에서 개방성이 극도로 제한된 시절의 정치와 경제의 영역에서 '한국적 특수성'에 대한 강조가 유효한 사회적 프로파간다(propaganda)로, 더 이상 통용되기 어렵게 되었음을 보여주기도 한다. 즉, 기업의 소비자와 주주를 포함하는 사회구성원들과의 소통의 질과 양의 제고도 중요하지만, 지행합일(知行合一)하지 않은 소통은 공허한 기표가 되어 더 많은 정보가 빠르게 공유되는 오늘날 대중으로 하여금 일정한 반발과 저항을 가져올 수 있음을 보여준다.

3. 텍스트로서의 영화에 대한 담론 분석:
소외계층에 대한 시선과 힐링 담론에서 이어지는 주체, 그리고 통치성

성공적 작품은 현실을 '날것 그대로' 묘사해서가 아니라 인생의 진실이라 여겨지는 가치들 혹은 그에 상응하는 진실성을 선별적으로 포착하기에 감동을 주고 일정한 사회적 공명을 일으킨다. 일례로 관료주의 복지 시스템의 허점을 날카롭게 보여주며 빈곤의 나락에서 침몰해가면서도 자신과 이웃의 존엄성을 일깨워주었다는 평을 받는 켄 로치 감독의 영화 〈나, 다니엘 블레이크〉(2016)는 시민들의 생각에 영향을 미치고 결과적으로 일련의 정책 변화까지 이끌어내기도 했다. 이인용 삼성사회봉사단장은 취임 후 삼성의 사회공헌의 양적·질적 강화뿐 아니라 삼성전자의 마음을 담은 의미 있는 소통을 하겠다고 강조한 바 있다. 사회공헌 광고가 말 그대로 '광고'라 느껴질 때 대중의 호응은 낮아진다. 웹드라마라는 틀을 빌려 삼성이라는 기업의 사회공헌 철학과 진심을 담아내고자 노력했다는 〈별리섬〉 또한 한 측면에선 잘 만들어진 영화이지만 진실을 담아내고 전달하는 데에 분명한 한계를 드러낸다.

러닝타임 30여 분의 〈별리섬〉에서 이야기 전개는 군더더기가 없다. 주인공인 드림클래스 교사 한기탁(변요한 분)은 이른바 '스펙 충족 꿀 알바'를 찾아 별리섬에 왔다. 삼성드림클래스는 교육 여건이 부족한 학생들에게 영어·수학 같은 학습 기회를 제공하고, 강사로 참여하는 대학생들에게는 장학금을 지원하는 삼성전자의 교육 사회공헌사업이다(최병태, 2019. 3. 29). 이미 드림클래스 교사 경험이 있는 정석(공승연 분)에 비해 마음의 여유가 없어 보이는 그는 개성 강한 별리섬 주민과 학생들에 당황하지만 먼저 마음을 열고 다가간다. 코미디와 드라마를 결합한 이 영화는 재미와 감동을 다 잡았다는 평[10]을 받으면서도, 정작 영화의 주제인 소외 지역 문제와 그 해결은 피상적으로 다룬다. 영화는 배경인 별리섬[11]을 '강릉에서도 한 시간 반이나 더 가야 하는 곳'으로 설명하지만, 지원이 필요한 이곳은 아름다운 풍경의 휴가지 같은 이미지로 묘사되고, 섬 주민들은 경제적·사회문화적 소외계층이지만 경제적 어려움이나 고초보다는 순박함이 강조된다. 이 영화에서 묘사되는 드림클래스는 관객들에게 마치 대학 시절 '농활'의 정서를 불러일으키려는 듯하다. 이 영화의 특징은 나쁜 사람도, 복잡한 인물도, 해결할 수 없는 문제도 없다는 데에 있다.

배종 감독의 전작 〈웰컴투 동막골〉이 한국전쟁의 비극을 환상적이고 아름답게 묘사했던 것처럼, 이번 영화의 배경지 별리섬도 자원봉사자들이 연신 감탄을 자아내도록 아름답고 평화로운 곳이다. 그래서 소외 지역의 문제는 더욱 눈에 띄지 않고 사람들의 고통도 느껴지지 않는다. 영화 초반에 교감선생님의 입을 통해 이 지역 아이들의 가장 큰 어려움은 학생도 선생도 적고 사교육 기회도 없다고 문제를 정의하지만, 영화에서 아이들은 그것에 부족함을 느끼는 눈치가 아니다. 또한 이 섬에서 태어나 수십 년을 근무한 교감선생님이 자원봉

10　네이버 영화 사이트 https://movie.naver.com/movie/bi/mi/point.nhn?code=179128

11　이 영화는 제주도에 속한 추자도에서 촬영됐다.

사자들에게 별리섬 아이들의 어려움을 보고하듯이 이야기하는 방식 또한 별리섬의 구성원인 그가 외부에서 온 대학생들에게 별리섬이 당면한 문제의 해결책을 비롯해 모든 것을 의지하는 인상을 준다. 이러한 장면들이 묘사하는 섬마을 사람들의 순박함과 교육 지원 대상자들의 공손함은 이 영화가 별리섬의 주민과 아이들을 자신들의 문제를 '스스로' 찾고 해결하는 주체로 파악하지 않는다는 점을 보여준다. 오히려 영화 내 갈등과 어려움을 드러내는 유일한 인물은 다문화가정의 아동으로서, 학교에 나오는 것보다 아버지의 고깃배를 타는 일이 많은 차상구와 그의 외국인 새어머니이다. 상구의 어려움은 교육 기회의 부족보다는 가정 문제와 연관된 것으로 보이지만 제대로 설명되지 않다가 어느 순간 해소된다. 이 때문에 이 영화를 통해 실제 현실의 문제가 무엇이고, 왜 지원이 필요한지, 삼성의 사회공헌 사업의 기여가 어떤 부분이었는지 알 수 없다. 드림클래스 교사 한기탁의 상구에 대한 관심과 노력이 강조되지만, 그것으로 상구의 어려움이 해소될 수 있었던 것일까? 드림클래스의 역할이 아이들에게 교육 기회를 제공하는 것인지, 아이들의 고민을 해결하는 것인지 모호하게 그려지며 영화의 흐름에 따라 모든 갈등은 해소된다. 문제와 원인이 정의되지 않았기에 얼렁뚱땅 해결하는 것도 가능하다.

문제를 정의하고, 원인을 찾고, 그 주체를 파악하는 것은 문제 해결 과정의 중요한 첫 걸음이다. 김은준(2015)은 초기 힐링 담론에서 신자유주의 자기통치 프레임을 적용해 신자유주의의 통치성을 파악한 바 있다. 신자유주의 통치성의 특징은 위로와 치유가 필요한 대상을 개인으로 국한하고 시대와 사회에 대한 비판보다는 개인의 성찰과 성장을 강조한다는 것이다. 이러한 통찰은 〈별리섬〉이 보여주는 기업사회공헌 담론에도 적용 가능하다. 이러한 담론은 개인들의 아픔을 강조하지만, 그 아픔의 원인을 진지하게 규명하거나 약자와 공감하기보다는 소외 대상의 환경과 성격, 관계 등을 개인의 문제로 치환하여 벼랑에 내몰린 사람에게 자신이 모든 문제를 스스로 극복하기 위해 노력해보라고 응원하는 식이다. 일반적으로 기업사회공헌 활동은 빈곤 소외계층의 지원이나 사회문제의 해결을 목표로 한다. 문제의 해결을 위해서는 원인을 정확히 파악하는 게 급선무이고, 이를 위해서는 지원 대상에 대한 적확한 이해가 수반되어야 한다.

일례로 사고나 질병, 기타 사유로 개인의 삶이 한순간에 나락으로 떨어지거나 실업, 장애나 가족 붕괴 등이 복잡하게 얽힌 경우, 한 개인의 능력으로는 해결하기 어려운 것이 당연하다. 그럼에도 불구하고 고령과 질병으로 힘겨운 상황에서도 어린 손주들을 돌보아야 하는 노인들, 친부모에게 학대를 받거나 보호받지 못하는 아이들, 오히려 다른 가족 구성원까지 책임져야 하는 아이들에게 용기를 잃지 말고 싸워나가야 한다는 언술은 힐링 담론이 자기통치의 전략을 수행하듯, 소외계층에 수혜자로서 적합한 태도와 자격을 부여하고 이를 능동적인 방식으로 전유하게 하는 통치성 역할을 수행하게 한다.

나아가 사회공헌 사업의 수혜자들은 매우 심각한 상황에 처한 사람들이 많다. 기업사회공헌 홍보물에서 이들은 상상하기 힘든 수준의 어려움에 처해 고통받고 있지만 '착하고 인내심 강하며 노력하는' 모습으로 소개된다. 물론 많은 사람들이 어려움을 극복하기 위해 노력하지만 그 난관이 난공불락일 때 현실의 약자는 절망한다. 특히 빈곤 소외계층에 속한 이들은 복잡하고 고통스러운 상황에 오랫동안 노출되면서 많은 문제와 한계점을 보이기도 한다. 하지만 자포자기하거나 좌절한 이들은 기업사회공헌 담론에서 지원의 대상이 되지 못한다. 이러한 현실에 분노하거나 노력을 '충분히' 하지 않는 이들, 선의에 감사할 줄 모르는 이들은 지원받을 자격을 갖추지 못하는 것이다. 기업사회공헌 사업에서 대상자를 선정할 때 '지원할 자격'을 심사하면서 경제적·사회문화적 어려움 외에도 지원 대상의 자격을 유무형의 기준을 포함해 선정하는 데에 이러한 관점이 반영되기도 한다. 영화 〈별리섬〉의 지원 대상들도 기업사회공헌의 수혜자로서 적합한 품성과 자격을 보여주는데, 일례로 차상구의 경우, 다문화가정의 구성원으로서 어려움을 겪고 있지만 불만을 말하거나 표시하기보다는 학교에 빠지는 정도의 우회적인 방법으로만 좌절을 표현할 뿐이다.

즉, 별리섬 드림클래스의 아이들은 사회에 대한 불만이 없는 착하고 성실하고 유순한 소외계층이다. 영화에서의 이러한 묘사는 사회 곳곳에서도 유사하게 발견된다.[12] 별리섬에서 아이들은 자신들이 느끼는 어려움을 원망한 적도 없고 책임을 묻지도 않으며 선생님에게 마음을 열고 더 많은 것을 베푼다. 반면, 문제를 객관화하거나 구조적으로 인식하는 것은 매우 위험한 순간이다. 자본주의의 주요한 주체인 기업이 책임지고자 하는 대상은 사회의 극심한 경쟁과 불공평한 경쟁 조건에 불만이 있는 자들이 아니라, 이러한 시대의 권력화한 규칙과 정상성에 거스르지 않고 스스로 인내하며 노력하는 이들인 것이다.

드림클래스 교사인 한기탁은 힐링 담론의 발화 주체로서의 역할을 보여주기도 한다. 한기탁은 저명한 사회적 멘토들과 유사한 이미지로 공감과 위로를 주는 기능을 수행한다. 물론, 한기탁은 평범한 대학생으로, 관객들이 자신의 모습을 투영하거나 동일시하는 데에 보다 친숙하다는 점이 영화적 장치의 특징이다. 사실 별리섬의 대학생 자원봉사자들은 취업 준비를 걱정하면서도 방학 중에도 스펙을 쌓기 위해 드림클래스에 지원하고, 섬 아이들을 가르치는 활동에도 최선을 다하는 모범적인 청년들이다. 교수 경험과 사회 경험이 충분치

---

12 어린이재단의 한 후원자가 네이트 판에 후원 아동이 20만 원짜리 고가 패딩을 요구해 후원을 중단했다는 글을 올려서 수혜자가 비싼 옷을 입어도 되는가, 태도는 어때야 하는가 등의 논쟁이 벌어졌다. 후원 아동과 후원자를 연계하는 어린이재단에서 후원자가 패딩을 사주겠다고 해 아이에게 물어보았고, 특별히 조건을 두지 않았기에 아이는 친구들이 이야기한 제품을 이야기한 것이라고 해명하기도 했다.
박혜연 (2017. 12. 13). "20만 원 패딩 요구한 후원 아동 글에 입장 내놓은 어린이재단". 위키트리. http://www.wikitree.co.kr/main/news_view.php?id=322175,
채혜선 (2017. 12. 7). "20만 원짜리 점퍼를 선물로 요구한 후원 아동?". 〈중앙일보〉. https://news.joins.com/article/22185560

않은 대학생들이 낯선 환경에서 단기간의 프로그램을 통해 다른 삶의 경험을 가진 아이들과 만나 이들의 학업 수준을 향상하고, 고민을 해결하며, 진로에 도움을 준다는 것은 쉬운 일이 아니지만, 〈별리섬〉의 자원봉사자들에게는 이러한 역할이 기대되고 책임이 부여된다. 학교의 선생님, 마을의 리더도 돕지 못한 상구네 가족의 갈등을 한기탁은 여름방학 단기 수업 기간 중 해결하는 것으로 그려지는데, 대학생의 도전 정신과 노력은 지지받아야 하지만 이것은 책임 부여나 의지, 응원만으로 가능한 것은 아니다. 서동진(2010, p.45)은 자기계발을 해야 하는 주체의 배경과 이들의 경영원리를 설명하면서 '역량'을 언급한다. 여기에서 역량은 단순한 능력을 말하는 것이 아니라 종래에는 구체적인 업무로 규정되었던 직무 외의 다양한 문제들도 능숙하게 해결하는 능력을 의미한다. 〈별리섬〉에서 학생 자원봉사자들에게 요구되는 덕목도 바로 이것이다. 이는 수혜 대상자들도 마찬가지여서, 별리섬의 청년과 아이들에게는 드림클래스라는 프로그램이 성장과 도전의 기회로 주어진다. 특히 순수한 마음으로 도전하고 자기계발을 하는 청년들은 드림클래스를 통해 삼성의 사회공헌 사업, 나아가 기업 삼성의 이미지로 투영된다.

　한국사회의 결혼 이주여성의 경우, 문화·언어의 차이, 배우자와의 연령차로 인한 소통의 어려움뿐 아니라 빈곤, 가정폭력 노출 등의 어려움을 겪고 있다고 알려져 있다. 이들이 겪는 어려움이 언론 보도나 드라마 등을 통해 다양한 방식으로 재현된 탓에 우리 사회에는 이미 다문화가정에 대한 고정관념이 존재한다. 다문화가정은 외국에서 태어난 남성이나 여성 혹은 양쪽 모두인 경우를 정의하지만, 흔히 저개발국에서 경제적 이유로 한국 사람과 결혼하러 온 사람 정도로 이해된다. 그런데 영화는 이러한 고정관념에 한국사회에서 칭송받아온 신사임당격 여성상을 더해 제시한다. 한 예로 상구의 새어머니인 로체는 한국으로 유학 와 고등교육을 받은 여성인데, 상구의 아버지와 운명적으로 만나 사랑에 빠져 결혼했고 헤어졌다, 상구 아버지가 고국으로 돌아간 로체를 찾아가 다시 청혼했다는 사연이 있다. 하지만 로체는 이 섬에서 수년간 살면서 남편 외에 누구와도 대화를 나눈 적이 없다. 상구는 일찍 어머니와 사별하고, 새어머니와 유년 시절부터 함께 살고 있지만 이 때문인지 새어머니와 대화하지 않는다. 하지만 젊고 지적이며 아름다운 데다가 자신이 낳지 않은 아이에게 숭고한 모성애를 가진 '완벽한 여성'으로 묘사되는 로체는 기존 다문화가정의 어려움과 편견을 극복한 것이 아니라, 영화 내 문제 해결을 위한 설정에 가까운 사람이다. 그녀가 섬마을에서 겪을 법한 어려움은 묘사되지 않는다. 그녀가 표현하는 유일한 어려움은 고향에서 멀리 떨어진 곳에서 느낄 외로움이나 신산한 뱃일이 아니라 오직 아들과의 거리이다.

영화에 등장하는 아이들이 직면한 문제는 시종일관 명확히 제시되지 않지만 이마저도 한기택과 가까워지면서 어느 순간 모두 해결되는 것으로 그려진다. 별리섬은 문명과 문화적 혜택으로부터 멀리 떨어져 있지만 이곳의 개인들이 가지고 있던 문제들은 개별적이고 감정적인 것이며, 영화가 끝나기 전에 해결된다. 김은준(2013)은 우리 사회의 힐링에 대한 폭발적 반응과 담론들이 신자유주의적 배경에서 추동되어 이 시대 주체를 규정하는 방식으로 작용하고 있다고 주장한다. 특히 신자유주의체제가 사람들을 인적자원으로 취급하고, 힐링 담론은 다양한 어려움을 개인 차원에서 받아들이고 해결하며 자신을 위로한 후 재정비하여 다시 사회의 '쓸모 있는' 자원으로 활동할 수 있도록 한다고 분석하고 있다. 유사한 문맥에서 〈별리섬〉의 등장인물들 역시 어느 누구도 자신에게 어려움을 제공한 사회의 직간접적인 문제들에 의구심이나 불만을 가지고 있지 않고 이에 대한 어려움을 표현하지도 않는다. 그 대신 주위의 사람들과 서로 위로하고 보듬으며 일상을 영위하고 그러한 가운데 사회에 순응하고 있다.

4. 영화의 수용에 대한 담론 분석

공개 38일 만에 조회 수 1억 뷰를 돌파한 〈별리섬〉은 기획 단계부터 최신 디지털마케팅 공식을 적용한 치밀한 홍보 마케팅 기획의 전형을 보여주었다. 삼성전자 사회공헌 공식 SNS 채널인 페이스북을 비롯한 기업의 내부 소통 채널에서는 공개 한 달 전부터 다양한 게시물과 이벤트를 순차적으로 올리면서 영화에 대한 호기심을 자극했다. 이 영화는 온라인용 웹드라마인데도 영화 공개 전 영화관을 빌려 언론 대상 특별 시사회를 열고 유명 배우들과 함께 행사를 진행했다. 영화의 엔딩 타이틀에는 이 영화의 기획사, 제작사뿐 아니라 광고대행사 등 〈별리섬〉의 제작과 홍보에 참여한 대규모 마케팅 집단을 소개하는데, 이는 이 영화의 적극적인 유통이 기업의 자원과 지원에 힘입은 것임을 알 수 있게 한다.

〈별리섬〉은 영화 제목뿐 아니라 영화 내 장치, 엔딩 크레딧, 소통 채널 등 곳곳에서 삼성전자 사회공헌이라는 정체성을 드러내고 있다. 일반적으로 사람들은 '광고'라고 생각하면 그 내용을 받아들이는 데에 신중한 태도를 견지하거나 애초에 수용 자체를 회피하기도 한다. 하지만 〈별리섬〉은 대기업의 사회공헌 홍보물일 것이라는 예상을 하게 하면서도 높은 조회 수를 보였다. 물론 조회 수가 이 영화를 끝까지 시청했는지 여부나 시청한 이의 만족도까지 추정할 수 있게 하는 것은 아니지만, 유튜브의 수많은 동영상 중에 선택되었다는 사실 자체로 동종의 콘텐츠들에 비해 반향을 일으켰다고 볼 수 있다. 〈별리섬〉은 유튜브와 다음(Daum)의 플랫폼을 통해 무료로 공개되었는데, 유튜브만 해도 2019년 1월 말 기준 조회 수가 6,700만 건을 넘어섰다. 조회 수가 높다는 것 이외에 다른 동영상과의 차이점이 있다면 수용자들의 호감도 표시이다. 유튜브에서 해당 게시물에 대해 '좋아요' 혹은 '싫어요' 버튼을 통해 1회 호감도를 표시할 수 있는데, 보통 조회 수가 높은 게시물에도 호감도나 댓글을 다는 행위가 일반적인 것은 아니다. 그러한 점에서 영화 관련 게시물의 '좋아요' 개수가 2만 3,000여 개에 이른다는 점은 영화에 대한 높은 호감도를 보여주고, 동시에 '싫어요'도 1만여 개에 달한다는 점은 흥미로운 부분이다. 수용자들의 댓글을 통한 반응은 로그인이 필요하고 별도의 작성 노력이 필요하다는 점에서 유튜브 채널에서 가장 적극적인 의사표현 중 하나라고 볼 수 있는데, 댓글의 개수도 1,400여 개에 달한다. 주목할 만한 점은 여러 댓글에서 이 영화를 '30분짜리 광고'로 지칭하거나 삼성전자가 지원 제작한 영화라는 점에 대해 인지하고 있다는 점이다. 이러한 댓글의 작성자 중에는 긍정적인 평가가 많았는데, "30분짜리 광고이지만 영상미, 스토리, 배우의 연기가 좋다"는 식으로 영화의 작품성에 대한 긍정적인 평이 다수였고, "30분짜리 광고를 끝까지 보게 하다니 삼성은 역시 대단하다"는 식으로 영화 외의 측면에 대한 긍정적 평가도 있었다.

〈별리섬〉은 한국뿐 아니라 해외의 시청자들에게도 큰 관심을 받았다. 이 영화는 인도네시아 등 세계 각국의 수용자가 시청했으며, 1억 뷰의 절반에 가까운 숫자가 10대, 20대였다.[13] 영화 소개 플랫폼인 네이버 영화의 〈별리섬〉 영화 소개 페이지(https://movie.naver.com/movie/bi/mi/point.nhn?code=179128)에서는 네티즌들의 평점이나 기대감 표시, 댓글 작성을 통해 영화에 대한 반응을 추측할 수 있다. 한 예로 해당 페이지에서 1,000명 이상에

---

13 〈별리섬〉주 시청층은 10대와 20대가 44퍼센트였고, 베트남 인도네시아 필리핀 등 해외에서도 많이 시청한 것으로 나타났다.

게 노출된 한 댓글의 경우는 이러하다.

"유튜브에서 정보 습득을 위한 방송을 듣다 우연히 이 영화를 보게 되었다. 광고려니 생각하다 결국 끝까지 보게 되었다. 그런데 이게 생각했던 예사 광고가 아니었다. 결국 끝까지 다 보게 되었고 (중략) 결론만 말하자면 현재 내 상황과 흡사하다는 것. 다른 점이 있다면 저들은 섬에 있고 나는 잘 갖춰진 도심 속 섬에 있다는 것. 과목도 변요한 배우가 맡은 것과 똑같은 과목. 자괴감에 빠질 만큼 집중하지 못하고 개선되지 못하고 발전되지 못하는 모습에 무척이나 힘들었지만 그래도 최선을 다하며 임했던 그 마음이 그래도 옳은 것이었음을 돌아보게 한 영상. 영상이 끝난 후 학업이 아닌 개인사의 공유를 통한 매개가 되었다. 나 또한 그 점을 중요시했고 그러한 내 생각이 틀리지 않았음에 기운을 얻기도 했다. 새로 시작할 때마다 계속 해야 하는가 망설이면서도 계속 하는 이유는 내가 누군가에게, 그것도 아직 어린 자들에게 도움이 될 수 있는 기회를 부여 받았다는 데에 대한 감사함 때문이다. 리뷰가 너무도 지극히 개인적인 데에 미안한 마음도 들지만 그만큼 깊은 의미를 주는 영상이었기에 부끄러워도 이렇게 적는다."

– jhjm****의 리뷰, '보다 보니 내 모습이 보였다', 2018. 10. 29

취업 준비를 위한 스펙과 아르바이트 비를 포함해 다른 많은 것들을 준비해야 할 여름방학에 자원봉사를 택한 주인공을, 관객들은 뭔가 좀 아쉽다거나 혹은 훌륭한 일을 한다고 응원한다기보다는 자신의 상황에 대입해 공감한다. 이제 우리 사회의 젊은이들은 자수성가의 신화도 자기 것으로 수용하기 어려워한다. '금수저론·흙수저론'처럼, 암울한 미래나 압도적 현실에 대한 자조 섞인 사회적 정서가 팽배한 동시에 한 사람의 인생에 대한 책임은 온전히 개인에게 있다고 여기기도 한다.[14] 이제 이러한 신자유주의적 자기계발과 책임의 가치는 자선의 영역에까지 영향을 미치고 있다. 정치권에서뿐 아니라 사회복지 분야, 사회 전반에서도 이야기되는 것이 사지 멀쩡한데 왜 지원해야 하는가와 누구를 어떤 방식으로 지원해야 하는가 사이에 언술이 끊임없이 충돌하고 있다. 무상급식 논란이나 복지 여왕 담론 등도 이러한 논의에 연결되어 있다. 소외계층의 이루 말할 수 없는 고통에는 공감하지만, 그들이 신자유주의체제의 논리에 따라 실패해도 좌절하지 않고 성실하게 노력하며 불만 없이 인내하는 어떤 인격적 자격을 갖추었을 때에야 비로소 그 공감은 정당성을 획득한다.

영화의 주인공이 처음부터 이타적이어서가 아니라, 취업 준비생으로 불안을 느끼는 가운데 최선의 노력을 경주하고 방학 중에도 스펙을 위해 성실하게 아르바이트를 수행하는 인물로 묘사되는 지점에서 대중의 공감은 극대화된다. 별리섬의 아이들 역시 어려운 환경에 놓여 있지만, '막 나가는' 아이들이 아니라 사회에 순종하고 노력하는 아이들이기에 지원 자격이 인정되는 것이다. 영화 밖 대중도 영화에 부재하는 사회문제의 구조적 원인을 애써 찾거나 신자유주의 경제체제와 가치를 대변하는 기업에 어떤 책임을 묻기보다는 '힘들었겠다' 혹은 '나도 힘들었어' 식으로 공감을 표현하는 반응이 다수를 이루고 있

---

14 물론 이러한 분석의 단선적 시각에 반하는 창의적이며 비판적 독해도 가능하다. 가령 수용자들이 〈별리섬〉을 수용하는 과정에서 생성되는 충돌이나 오인, 의미화 및 재의미화, 탈코드화 과정 등 다양하고 복잡한 수용 양상에 대해 보다 적극적으로 다룰 수 있을 것이라는 지적이 그중 하나이다. 다만 이러한 복잡다기한 수용 양상이 이 책이 분석한 게시물에 충분히 중층적이고 다면적으로 드러나 있다고 보기 어려운 점도 있었다. 이는 다양한 해석이 가능하지만 무엇보다 다수의 네티즌들이 〈별리섬〉이라는 단편영화를 광고이거나 삼성전자가 지원 제작한 영화라는 점에 대해 인지하고 있었다는 점이다. 이는 수용자가 제작자의 이데올로기에 단순하고 무비판적으로 호명된 것이라기보다, 몇 가지 복합적인 이유에서 웰메이드(well-made) 콘텐츠에 대한 긍정적 평이 다수를 이룰 개연성이 크고, 무엇보다 온라인상에서 이러한 의사 표현이 생성, 전파 및 매개되는 매체나 표현 양식의 구조적 측면과 연결된다고 볼 수 있다.

다. 〈별리섬〉은 영화라는 예술 양식을 통해, 기업의 사회공헌 이면에 숨겨진 의도에 관한 진지한 비판이나 기업 기부의 실제 성과 혹은 영향력과 같은 질문을 차단하면서 기업의 사회공헌 프로그램을 감성적인 방식으로 전달하고 있는 것이다. 실제 영화를 기획하고 제작한 제일기획에서는 월간 발표회에서 〈별리섬〉 상영 후, 삼성전자 웹드라마의 제작 과정과 수용자들의 피드백을 소개했다. 제일기획의 담당자는 〈별리섬〉이나 전작 〈고래먼지〉 등은 삼성전자의 기업 이미지 제고를 위해 기획된 '브랜디드 콘텐츠'라고 소개하며 "삼성전자가 콘텐츠를 만들면 부정적인 댓글이 달리곤 하는데 이 웹드라마의 댓글엔 부정적인 댓글 비율이 10퍼센트가 안 됐다"라는 것을 강조했다. 그는 삼성전자의 사회공익 콘텐츠의 성공 비결로 "고퀄리티 콘텐츠라는 점과 (삼성전자) 브랜드에 대해 설명하기보다 수용자 스스로 판단할 수 있도록 했다"는 점을 꼽았다.[15]

대부분의 언론은 〈별리섬〉에 대해 호평과 함께 삼성전자의 사회공헌을 긍정적이고 '성공적인' 프로그램으로 언급한다. 하지만 이들의 보도 양상을 보면, 기업의 홍보 마케팅 일정에 따른 보도자료 전달식의 보도에 그치고 마는 것이 대부분이다. 보도자료 이외의 내용을 전달하는 기사들의 경우에도 삼성의 사회공헌 활동에 대해 겉핥기식 추가 정보를 전달하는 것이지, 영화의 실제 내용과 방향에 대해 분석하거나 비판적으로 바라보는 보도는 찾기 어렵다. 그나마 보통 기업사회공헌 언론보도의 경우 기사에 다뤄지기 어렵거나 단신으로 처리되는 데에 반해 언론사들이 일정에 맞춰 보도하는 모습에서 삼성이라는 기업의 영향력을 볼 수 있다. 흥미로운 점은 〈별리섬〉을 기획하고, 알리고, 공

---

15 콘텐츠 안에 특정 기업 또는 브랜드의 메시지를 전하고 있어 '브랜디드 콘텐츠(branded contents)'라고 불린다.

유하는 삼성전자와 언론·대중의 방식이 삼성전자 신상품의 홍보마케팅의 그것과 유사하다는 점이다. 가령 사전 홍보를 하고, 연예인을 동원해 흥미를 높이고, 시사회를 진행하고, 조회 수로 대비되는 판매량을 보도하고, 이에 대해 대중은 상품평을 남기면서 공유하는 식이다. 어느새 영화는 30분의 러닝타임을 마무리하고 많은 문제는 일거에 해소되거나 단순해진다.

별리섬의 주민들은 사회적·경제적·문화적 소외계층이지만 이들은 이유 없이 순수하고 착할 뿐이다. 현실적이지 않은 소외대상의 설정과 단순하고 갈등 없는 문제 해결은 우리를 둘러싼 사회의 문제와 그 원인에 대한 인식의 한계를 드러낸다. 영화 내 문법에 따라 이상적으로 설정된 인물들은 우리가 쉽게 공감하거나 응원하기 좋으며, 어렵지 않은 문제 해결 과정을 통해 시청자들은 우리 사회의 소외와 갈등 문제가 해결되었다고 느끼게 된다. 영화를 본 후 "내 모습을 보는 것 같았다"라고 한 청년의 평이나 "보고 나니 힐링이 되었다"라는 많은 이들의 평은 이러한 심리를 반영한다. 하지만 최근의 힐링 담론이나 기업의 사회적 책임과 윤리성에 대한 논의에서 보듯, 현재 한국사회를 지배하는 경제이자 문화 논리인 신자유주의는 점점 치열한 경쟁의 장을 만드는 한편, 약자에게는 더욱 냉혹한 규칙과 논리를 적용하고 있다.

5. 결론을 대신하여

삼성전자의 세 번째 브랜디드 콘텐츠인 〈별리섬〉은 새롭게 부상하고 있는 미디어 환경에 부합하는 단편영화로 그간의 작품 중 가장 높은 조회 수를 기록했다. 영화는 작품의 완성도와 흥미도에서 공히 좋은 평을 받았으며, 최신의 디지털 마케팅 문법, 세련된 기획력을 바탕으로 새로운 사회공헌 홍보의 사례를 제시하고 있다. 특히 영화가 '성공'했다는 평을 받는 이유 중 하나는 기업사회공헌 홍보물의 경우 언론과 대중의 관심을 끌기가 어려운 데에 반해 기업의 자본과 역량을 활용해 이를 극복했기 때문이다. 삼성은 한국의 대표적 기업이지만 경영권 승계를 위한 편법이나 권력층과의 로비 등의 이슈에 끊임없이 오르내리며 기업 브랜드 이미지 차원에서 호불호(好不好)가 극명하게 엇갈리는 기업이다. 삼성이 사회공헌 소통 강화를 천명하면서 발표한 〈별리섬〉을 자사가 제작했다는 점을 강조하면서도 대중의 높은 참여율(조회 수)과 호의적 피드백을 받았다는 것은 사회문화적 의미로도, 또 기업 커뮤니케이션 전략이라는 관점에서도 흥미로운 부분이다.

이 영화가 성공적으로 받아들여진 것은 우선 문화상품으로서의 완성도와 문화상품 마케팅의 자원과 전략이 주요했다는 점을 들 수 있다. 〈별리섬〉을 비롯한 삼성의 사회공헌 영화들은 연출력 있는 유명 감독과 제작팀, 대중의 시선을 끌 수 있는 유명 배우를 기용해 작품의 완성도를 높였다. 이들 전문가들은 삼성의 사회공헌 프로그램을 소재로 현대의 관객들에게 소구하는 감성적인 작품을 만들어냈다. 이들은 접근성을 높일 수 있도록 모바일, 온라인 채널에 부합하는 어법과 형식으로 제작되었다. 또한 최신 디지털 마케팅 기법과 자원을 투입해 영화의 기획 단계부터 전략적 마케팅을 진행했다. 또 이렇게 제작한 영화는 무료로 대형 플랫폼에서 공개됐다. 즉, 기업이 대중의 편의성, 취향 등을 고려한 어떤 매력적인 신상품을 개발해 공급한 것이고, 이에 대해 언론과 대중은 기업의 신상품 론칭(launching)과 유사한 반응을 보인 것이다.

　삼성이 상반된 평가를 받는 기업임을 고려할 때 시청자들이 이 영화가 삼성이 만든 영화라는 것을 인지하면서도 호의적으로 받아들였다는 점은 특히 주목할 부분이다. 이 영화가 최근 인기 있는 콘텐츠 방식인 웹드라마의 형식으로, 유튜브나 페이스북 등 접근성이 높은 온라인 채널을 통해 무료로 제공되었다는 점도 거부감이나 경계심을 낮추게 한 요인일 것이다. 일상적인 미디어 환경에서 콘텐츠의 감성을 즐기면서 좀처럼 드러나지 않는 기업의 제작 목적이나 논리적 정합성을 따지기는 쉽지 않다. 또 이 영화를 만드는 데에 거대한 자본과 시스템의 지원이 따랐다는 점을 판별하기도 쉽지 않다. 하지만 기업의 입장에서는 오너 및 그룹 계열사와 관련한 부정적 이슈가 연이어 보도되는 상황에서 기업 브랜드 이미지 제고를 위한 중요한 전략적 도구인 것이다.

　〈별리섬〉은 현재 우리 사회의 기업사회공헌 담론을 통찰하기 위해 중요한 텍스트로 기능한다. 일례로 1억 번 이상 조회된 영화는 그것이 발신하는 언술을 통해 일종의 담론 구성체로 기능하며 유의미한 담론을 생성하거나 조정해 나가는 영향력을 행사한다. 영화는 무엇보다 기업사회공헌에서 지원 대상인 우리 사회의 소외계층에 대한 이해와 그들의 위치를 보여준다. 기업사회공헌의 목적은 대상인 소외계층의 삶을 변화시키고자 하는 것이지만, 표면적 어려움만 강조될 뿐 이들이 직면한 문제에 대한 구조적 인식과 공감은 부족하다. 특히 문제의 진단과 해결책이 그 삶의 주체라 할 수혜자가 아니라 기업이라는 점에서 지원의 효과와 지속가능성에 한계점으로 작용한다. 〈별리섬〉은 소외계층을 묘사하는 데에 있어서도 그들의 현실을 담기보다는 영화를 위해 설정된 소외계층을 보여줌으로써, 기업사회공헌의 필요성이나 의미를 진지하게 전달하지 못한다. 기업을 상징하는 한기탁과 수혜자인 별리섬 아이들과 마을 사람들 간 관계는 수평적이지 않은, 기업 기부자가 판단하고 대안을 제시하면 그것을 따르는 권력구조를 보인다. 이것은 실제 기업사회공헌 프로그램에서 수혜 대상이 충분히 목소리를 낼 수 있는 기회와 권능을 주지 않는 것과 같다.

영화를 감상하며 겪는 체험과 감정, 영화의 주인공에 대한 거리감이나 친근감 등은 다른 직접적인 방식의 홍보보다 자연스럽게 우리에게 전달된다. 또 영화의 인물들, 그리고 영화의 시선이 특정한 주체나 인격을 수용자에게 요청하며 전달되는 과정에서 대중은 그러한 정서적 감응을 통해 영화의 텍스트와 이를 제작한 기업을 동일시하기 쉽다. 삼성의 사회공헌 공식 페이지나 보고서 어느 곳에서도 실제 삼성 사회공헌 프로그램의 한계나 실패를 보여주지는 않는다. 삼성(반도체)에서 2018년 말 공식적으로 백혈병 발생에 대해 사과했음에도 불구하고 삼성의 〈지속가능 경영보고서〉에서는 백혈병과 삼성반도체의 업무 환경이 관계가 없음을 수차례 강조했듯이, 영화는 어디까지나 전략적인 홍보물이지만 수용자들은 자신들이 본 화면을 기준으로 삼성의 가치나 의제를 의인화해 받아들일 개연성이 높다.

영화의 내용은 삼성 사회공헌 프로그램과 유사하게 현실과 괴리되어 사회 문제를 낭만적으로 바라보고 유사한 해결책을 제시하고 있다. 휴양지처럼 아름다운 섬의 풍경에서, 순박한 마을 사람들에게서, 실제 그러한 개연성이 있을지라도 영어가 유창하고 지고지순한 사랑만이 가득한 다문화가정의 외피는 오히려 생경하게 느껴져야 하는 것이 아닌가? 하지만 이 영화는 30분 이내에 착한 사람들의 표면적이며 단편적인 갈등을, 그 원인에 대한 설득력을 갖춘 깊이 있는 탐문 없이 순수한 사랑과 일시적인 노력으로 손쉽게 해결해준다. 사실 수용자들은 이 영화를 통해 별리섬이라는 외딴섬 주민들의 경제적 어려움이나 소외감, 교육과 문화의 문제 등 어떤 원인 혹은 근인과 관련한 실마리도 알 수 없고, 이를 알 수 없기에 더 깊은 고민과 성찰을 지속하기도 어렵다.

영화 속에 수용자의 상당수를 차지하는 10대와 20대의 청년들이 모두 영화의 주인공과 유사한 희망적 경험을 할 수 있을지에 대한 논의나 실마리는 어디에도 없다. 현재 청년 세대가 당면한 우리 사회의 문제는 훨씬 크고 복잡하며, 자기계발 등 개인의 노력으로 해결하기란 더욱 난망하다. 어쩌면 이 영화가 청년들에게 제공하는 메시지는 영화를 통해 '힐링'하라고 위무하거나, 드림클래스의 자원봉사에 참여하기 위해 이력서를 제출하는 기회 정도일지 모른다. 그러나 이들이 만날 소외계층의 상황은 엄혹하고, 이들이 직면한 문제는 사회복지 제도나 외부의 한시적 관심과 온정만으로 해결하기는 더욱 어려운 것이다. 또한 이상화된 소외계층의 모습은 지원 대상의 모습을 정형화하고 사회복지라는 제도적 측면에서 그 자격을 부여하기도 한다. 영화가 그리듯 착하고 순수한 마음으로 노력하는 '설정된' 인물이 아닌 대다수 '현실의' 소외계층은 그러한 사회적 기대나 정상성에서, 그리고 지원 대상의 기준에서 벗어나 있다.

〈별리섬〉과 같은 텍스트를 통해, 기업은 자사 사회공헌 프로그램의 의미와 효과를 제시하며 자사를 사회적 책임감을 가지고 효과적인 사회공헌 활동을 통해 사회에 기여하는 주체로 브랜딩하고 있다. 일례로 현대자동차는 아이들을 위한 놀이공원을 사재를 털어 운영한 연예인 임채무를 자사의 사회공헌 광고에 기용해 공개했다. 이 광고는 사회적으로 존경받거나 화제가 되는 인물을 자사 사회공헌 프로그램의 기획 의도와 연결시키며 기업의 이미지도 비슷한 인격을 지닌 주체로 의인화하는 문법과 전략을 사용한다. 이러한 방식은 기업사회공헌 커뮤니케이션의 전형적 문법이자, 이것이 전파하고자 하는 사회공헌 담론의 의미를 보여준다. 이 과정에서 언론을 비롯한 미디어는 기업의 윤리적 경영이나 사회적 책임을 성찰적으로 다루기보다 사회공헌 보도자료를 '받아 적는' 단순한 역할에 머물고 있다. 대중들도 기업의 사회적 책임과 기업 시민의식을 요구하는 대신에 잘 만들어진 사회공헌 홍보물의 매력적 언술을 통해 의구심과 분노를 누그러뜨리는 경향을 보인다. 기업사회공헌은 우리 사회의 소외된 이들을 돕고 사회문제를 전문적인 방식으로 해결하려 한다는 점에서 중요하고 의미가 있다. 이 과정에서 기업의 사회공헌에 대한 체계적이며 적정한 평가를 포함해 그 철학과 관점, 전략과 수행을 재점검하는 진중한 사회적 논의와 상응하는 실천이 수반되어야 한다.

4장

미디어와 대중문화 담론

쿡방의 정치경제학과 통치성

1. '쿡방'의 전성시대 혹은 범람

최근 방송의 예능과 리얼리티 프로그램을 장악하고 있는 콘텐츠는 단연 음식이고, 이는 요리 프로그램이라는 독특한 포맷을 탄생시켰다. 이전에도 줄곧 시대를 풍미하던 방송 포맷의 주류적 흐름이 존재했다. 과거 연속극, 가요 순위 프로그램, 시트콤, 초창기 리얼리티 프로그램으로부터 서바이벌 프로그램, 오디션 프로그램, 서바이벌과 오디션이 혼합된 서바이벌 오디션 프로그램, 미션 수행 위주의 〈무한도전〉, 〈런닝맨〉, 〈정글의 법칙〉, 그리고 〈아빠, 어디가〉, 〈슈퍼맨이 돌아왔다〉 등 육아 프로그램, 최근에는 의뢰인의 집을 구하거나 주거 공간을 정리하거나 수리해주는 일종의 메이크오버(make over) 프로그램 등으로 진화해왔다. 그렇지만 이러한 방송 트렌드의 인기나 변화의 양상을 뚜렷하게 상호배제적인 것이라 보기는 어렵고, 오히려 다종다양한 장르와 포맷이 혼재하는 가운데 서서히 공진화(共進化, coevolution)해온 것이라 보아도 좋을 것이다.

그러나 어느새 전례 없이 가시적이고 전방위적인 추세로 '음식의, 음식에 관한, 음식을 위한' 방송이 각종 미디어와 대중문화의 대세로 굳어졌다. 이른바 '먹방'을 거쳐 '쿡방'의 전성시대 혹은 범람이라 불릴 만한 이러한 이례적인 현상은 단순히 기존에 유행하던 맛집 소개나 음식을 만들고 먹는 행위를 넘어, 최현석, 샘킴, 이연복 같은 스타 셰프들과 〈집밥 백선생〉(tvN)으로 국민적 유명 인사가 된 백종원을 탄생시켰다. 이들 중 일부는 〈인간의 조건〉(KBS2)이나 〈일밤-진짜 사나이〉(MBC) 등 음식과는 무관한 예능 프로그램에 출연해 왕성하게 활동했고, 이후 주요 미디어를 통해 이른바 '셀럽(celebrity의 축약형)'

으로 등극했다. 대중들은 일상에서 쿡방에 얽힌 이야기로 화제를 이어가고, 사회관계망서비스(SNS)에서는 쿡방에 대한 소감과 비판뿐 아니라 스타 셰프의 특정 레시피(recipe)대로 요리를 한 사람들이 경험을 공유하고 댓글을 주고받는 등 일상과 문화 전경의 변화도 가져왔다.

이외에도 〈맛남의 광장〉(SBS), 〈정글의 법칙〉(SBS), 〈힐링캠프, 기쁘지 아니한가〉(SBS), 〈해피선데이-1박2일〉(KBS2), 〈놀라운 대회 스타킹〉(SBS) 등 기존에 독특한 구성과 내용으로 차별화되었던 프로그램들마저 이러한 음식 방송과 콘텐츠의 인기와 시대 조류에 편승해 음식 만들기와 요리를 주요 제재로 적극적으로 차용하게 되었다.[1] 음식과 요리 콘텐츠의 인기를 보여주는 또 다른 예화로, JTBC의 〈냉장고를 부탁해〉에 출연했던 남성 셰프들은 이 프로그램이 끝난 후 다른 채널의 프로그램에서 동시다발적으로 등장하기도 했다. 그야말로 쿡방과 셰프들이 대세이지만, 어느새 많은 방송 제작자들이 별 고민 없이 음식과 요리를 재활용하는 듯해 참신함도 흥미도 느끼기 어렵다.[2]

이러한 음식 관련 프로그램이 물론 새로운 것은 아니다. 과거 〈6시 내 고향〉(KBS1), 〈VJ 특공대〉(KBS2), 〈공감! 특별한 세상〉(MBC), 〈생활의 달인〉(SBS) 등에서도 전국의 맛집과 유명 식당을 소개하는 프로그램들이 인기를 끌었다. 하지만 이들은 엄밀하게 말해 프로그램을 구성하는 한 코너로 주말의 여가나 문화생활을 위한 외식과 특정 지역에 대한 정보 제공의 성격이 강했다.

---

1 류웅재 (2015. 8. 4). "쿡방 전성시대와 음식의 물신화". 〈경향신문〉.

2 이는 개별 콘텐츠의 질적 완성도나 내러티브의 문제라기보다 방송 포맷이라는 미디어의 생리와 기제를 보여주는 것이기도 하다. 음식뿐 아니라 서바이벌 오디션이나 미션 수행, 육아나 여행 등 하나의 소재를 차용한 포맷이나 장르의 주기는 보통 4, 5년 단위로 혹은 그보다 더 빠르게 변화한다. 새로운 포맷이 등장하며 기존 포맷을 활용하는 클리셰(cliche)는 참신성을 잃거나 가시화한 진부함으로 인해 수용자의 외면을 받고 다른 포맷으로 대체되곤 한다.

이에 반해 최근의 '먹방'과 '쿡방'은 음식으로 시작해 음식으로 끝나는, 즉 음식에 관한, 음식을 위한, 음식에 의한 방송이라는 차원에서 이들과는 뚜렷하게 구별되는 전혀 다른 방송 포맷이라 볼 수 있다.

2. '쿡방'의 문화정치학

한 예로 다수의 '쿡방' 프로그램들은 출연자의 냉장고에 방치된 오래된 식재료를 활용한 창의적인 경연의 형식, 또는 이종의 리얼리티 텔레비전 포맷과의 혼성화 전략을 차용해 특정한 임무를 수행하는 방식으로 요리에 관한 흥미로운 재현 작업을 생생하게 전달하기도 한다. 이 과정에서 대중은 평범한 재료로 그럴듯한 맛과 스타일을 창조해내는 셰프들과 그들의 음식을 통해 고단하고 궁핍한 시대, 여유 없고 치열하게 내몰리는 삶 속에서 일정한 위안과 공유되는 체험, 즉 공감과 연대를 경험한다는 분석[3]은 상당한 설득력을 지닌다.[4] 더 나아가 이는 강퍅하고 치열한 한국사회에서 대중이 일말의 회의나 의심의 여지 없이 성취감과 만족감 또는 자기 효능감을 체험할 수 있게 해주는 음식 만들기

---

3 이기형 (2015. 6. 10). "먹방과 쿡방… 음식 이상을 먹다". 〈경향신문〉.

4 류웅재 (2015. 8. 4). "쿡방 전성시대와 음식의 물신화". 〈경향신문〉.

와 먹기가 신자유주의 시대의 고단한 삶을 위로해주는 역할을 한다는 문화적 분석에 힘을 싣는다.

무엇보다 자기 자신 또는 가족의 입에 들어가는 음식을 청결하고 자유롭게, 또 믿을 수 있는 방식으로 요리하는 일은 다양한 측면에서 미덕을 지닌다. 간이 세고 자극적인 맛의 외식보다 소박하지만 건강한 음식을 직접 요리할 수 있는 재능은 '웰빙'과 '힐링', '자기계발'과 같은 신자유주의의 문화 논리와 무리 없이 조응한다. 그리고 '집밥'이나 '어머니의 손맛' 등 개인적 차원에서 추억과 향수의 기호로 전이되어 대중에게 일종의 위안과 권능을 선사한다. 뿐만 아니라 '에코(eco)'나 '그린(green)'[5] 등 친환경 담론을 비롯해 '마을 사회'나 '공유경제' 같은 보다 확장된 사회적 담론과 상승 작용을 일으킬 수 있는 가능성을 담지하며, 느슨한 연대에서 출발하는 대중의 문화적 실천이나 참여 문화적 속성을 드러내기도 한다.

비록 느리고 서툴지만 내 손으로 음식을 만들며 무언가를 창조해내는 기쁨은 모든 것이 빠른 속도로 내달리고 변화하는 불확실성의 시대, 일상의 영역에서 확실성을 체험하게 해주는 좀처럼 드물고 귀한 경험이 되기도 한다. 이를 단순히 신자유주의가 강제하는 허위의식의 산물이거나 미디어가 확산시킨 소비주의의 환영이라 단죄함은 온당치 않아 보인다. 또한 이는 '쿡방'과 '요리', '음식'과 '먹는 것'에 관한 대중의 열광에만 국한되는 것은 아니고, 아웃도어나

---

5 에코(eco)는 원래 생태계(ecosystem)나 이를 연구하는 학문인 생태학(ecology)에서 온 신조어다. 그러나 지식 생태계(학)나 미디어 생태계, 경제 생태계 등 최근 환경에 대한 사회적 관심과 더불어 경제적으로나 문화적으로 그 어의가 확장되었고, 오늘날 특히 기업의 유력한 마케팅 담론을 포함해 일상의 용어가 되었다. 조금 다른 예이긴 하지만 '그린 워시(green wash)'란 개념 또한 이러한 시대적 변화의 한가운데에서 생겨났다. '녹색 세탁'이나 '녹색 분칠' 정도로 번역될 수 있는 이 용어는 기업이 실제로는 환경에 무관심하거나 유해한 활동을 하면서 마치 친환경적인 것처럼 자사를 홍보하거나 자사 제품을 광고하는 행위로, 이러한 사례 중 하나로 볼 수 있다.

캠핑, 명품 소비나 해외여행 등에서도 이처럼 물질에 대한 욕망이 '과잉으로' 드러나는 사회문화적 현상을 찾아볼 수 있다. 이러한 물질문화를 그저 신자유주의 시대의 광고와 미디어를 비롯한 기업의 마케팅 담론과 전체주의적 문화산업 등 다양한 장치에 '무기력하게' 호명된 수동적 소비자의 직접적 원인이라는 인과론적 도식으로 우리 시대에 깊숙이 뿌리내린 소비주의를 마냥 비판하기란 난망하다. 소비는 우리의 삶은 물론 우리 자신과 분리할 수 없는 인간의 존재 조건 중 하나인 이유에서다.

이러한 문맥에서 과시적 소비나 다양한 취향 문화에서 드러나는 과잉 물질문화 역시 구조화된 장기 불황과 직업 불안정성, 편재하는 경쟁과 만성화된 피로 혹은 불안이라는 자본주의적 삶의 양상에 대한 개인적 차원의 대응과 해법이라는 견지에서 설명될 수 있다. 또한 이는 소비를 통한 창의적 삶이나 연대 혹은 공동체의 변화 등 새로운 삶의 가능성을 견인하거나 추동하지 못하고 '과잉의' 그 무엇으로 존재하다 증발해버릴 암울한 전망도 보여준다.[6] 이는 동시에 지루함과 소비가 상호 의존하는 소비사회의 한 단면을 보여주기도 한다. 가령 끝나지 않는 소비는 지루함을 무마하기 위한 것이지만, 동시에 지루함을 만들어낸다. 지루함은 소비를 촉진하고, 소비는 지루함을 낳는다. 여기에 한가함이 들어설 여지는 없고, 이러한 소비사회에서 인간은 스스로를 소외시키는 존재[7]이다.

이러한 문화적 현상은 '쿡테이너'를 비롯해, 한 쿡테이너의 '설탕 듬뿍'이라

---

6 류웅재 (2015). "물질문화로서 아웃도어에 관한 연구 아날로그적 물질문화에 관한 소고". 〈한국방송학보〉, 29권 4호, pp. 290–321, pp. 301–302.

7 Koichiro, K. (2011). *An ethic of boredom and leisure.* 최재혁 역 (2014). 《인간은 언제부터 지루해했을까?》. 한권의 책.

는 신조어까지 탄생시키고 '집밥 없는 집밥'이라는 집밥의 역설을 낳는다. 오늘 날 대학생이나 직장인 대부분은 외식으로 끼니를 해결하고, 특히 이들 중 상 당수의 1인 가구 젊은이들에게 집밥은 단순한 유행이나 트렌드라기보다 집에 좀 보내달라는 소원이나 절규에 가깝다.[8] 기민한 자본은 이러한 정서를 놓치 지 않고 파고든다. '집밥'이나 '집밥 스타일'을 내건 식당들이 성업 중이고, '소 박한 밥상'이나 '제철 식재료' 또는 '자연식'을 강조하는 대기업 한식 뷔페는 어 느새 외식업계의 대세로 자리 잡게 되었다. 집밥과 이를 표방하는 모든 언술은 장시간 노동과 실업, 가족 해체와 디지털 사회 등으로 제대로 된 집밥을 먹기 어렵고 매일 외식으로 '대충' 끼니를 해결하는 세대[9]에게 망실된 그리움을 소 환하고, 만성적 허기를 달래주며, 깊은 고독감을 위무하는 우리 시대의 기표이 다. 경쟁과 불안이 일상이 되어버린 유동하는 현대 그리고 속도와 효율이 조직 의 통치 전략을 넘어 하나의 이념이자 시대정신으로 군림하는 시대에, 스타 세 프의 레시피를 모방하면서도 새로운 창의와 상상력 그것을 구현하는 일정한 노동, 그 과정에서의 집중력과 인내심은 단순히 한 끼를 때우거나 삼시 세끼를 해결하는, 즉 '먹고사는' 문제를 포괄하면서도 이를 훌쩍 넘어선다.

이러한 현상은 한때 크고 원대한 꿈을 꾸었다가 좌절을 맛보거나 애초에 이러한 꿈을 꾸기조차 어렵게 되어버린 시대를 살아가는 청년 세대가, 이제 작 고 하찮으며 소소한 것이라도 자신들의 손끝 감각을 살려 실제로 이룰 수 있 는 것에 집중하기 시작한 일종의 문화적 실천이나 '셀프 힐링'[10]으로 볼 수도 있다. 또한 2020년 초, 전 지구적으로 촉발된 코로나19(COVID-19)라는 글

---

8 "세상 속으로-집밥 없는 집밥 시대" (2015. 8. 8).〈경향신문〉.

9 "세상 속으로-집밥의 역설" (2015. 8. 8).〈경향신문〉.

10 "다 큰 어른이 왜? 손끝에 온 정신 쏟으면 무기력증 싹" (2015. 7. 23). 〈한국일보〉, 18면.

로벌 팬데믹(global pandemic)으로 인해 안전하고 깨끗한 집밥의 중요성과 이를 둘러싼 일상의 문화적 실천은 사회적으로 폭넓은 정서적 공감대를 확장하는 계기가 되었다. 조금 다른 시각에서 비록 정태적이고 본질적인 문화적 관점이긴 하지만, 오랜 역사에서 이웃의 강대국들로부터 무수한 외침을 당한 한국인에게 음식이 가지는 의미는 사뭇 각별하다고 할 수 있다. 이 때문에 일상의 안부 인사도 "식사하셨습니까?"라는 독특한 언어 습관을 가지게 되었다. "금강산도 식후경", "구더기 무서워 장 못 담글까", "굶기를 밥 먹듯 한다", "밥 먹을 때는 개도 안 때린다", "먹다 죽은 귀신은 때깔도 곱다" 등 음식과 관련된 한국 속담들의 연원도 이러한 신산한 역사적·문화적 삶의 체험(lived experience)과 무관하지 않을 것이다.

3. '쿡방'의 정치경제학

다만, 오늘날 한국사회의 특수성에 대한 보다 정교한 정치경제학적 시각의 차용이나 두터운 사회문화적 분석 없이, 음식과 이것을 차용하는 미디어 콘텐츠에 관한 대중의 관심과 열기를 적절하게 설명하고 이해하기란 그리 간단한 일이 아닐 것이다. 이는 이미 대부분 한국인의 일상과 (무)의식의 심연에 깊숙이 침윤된 만성적인 피로감과 허기, 근원적인 외로움과 이로부터의 탈주 또는 위안을 갈망하는 사회적 욕망이나 시대정신에 맞닿아 있다. 지난 20여 년간 한국사회를 설명하는 대중의 욕망과 감정의 구조(structure of feeling), 나아가 이것들이 재현된 언어들과 담론 구성체(discursive formation)들은 일견 상이하지만, 또 상당히 유사한 양상으로 변화되어왔다.

일례로 1990년대의 웰빙에서 2000년대의 힐링을 거쳐 오늘날 음식에 대한 관심은, 이것이 주는 안온함과 확실성, 몸과 오감이 체험할 수 있는 구체적이고 분명한 감각에 대한 집단적이며 사회적인 욕망과 무관하지 않다. 이러한 욕망은 물론 어느 시기, 어느 사회에나 존재하지만, 그 위세와 가시성, 정도와 방향, 대중의 선호와 산업적 트렌드를 고려할 때 매우 이례적이라 할 만하다. 이전에도 마이클 샌델(Michael J. Sandel)의 《정의란 무엇인가(Justice)》란 철학서가 베스트셀러가 되는 이례적인 현상이나 갑을(甲乙) 문화 논쟁에서 드러나듯, 한국사회에서 '정의'나 '공정 사회'에 대한 사회적 욕망이 상당히 구체적으로 발현되거나, 또 다른 한편에서 다양한 형태의 '자기계발' 열풍이나 취향과 몸을 둘러싼 문화정치 등이 공적이고 사적인 영역을 대표하는 시대적 화두이자, 문화적 키워드로 등장하기도 했다. 그렇지만 오늘날 음식에 대한 대중의 열기와 유사한 양상으로 가시적이면서도 광범위하게 지속적으로 대중문화 콘텐츠로써 개인과 사회에 취향 문화를 형성시키고, 관련 산업을 촉진시킨 사례는 찾기 힘들다.

이러한 현상의 이면에서 정형화된 유사한 방송 프로그램들과 시류에 무임승차하는 나태한 방송사들의 쏠림 현상은 자족적이며 획일화된 대중문화를 양산할 것이라는 우려도 존재한다. 그렇지만 그간 예능프로그램의 큰 흐름이었던 야외 버라이어티 프로그램보다 제작비가 70퍼센트 수준이고 간접광고(product placement, PPL)도 비교적 수월하며 많은 인기 충족 요건을 갖추고 있는 '쿡방'을 방송사들이 쉽게 포기하진 않을 것이고, 산업으로서 방송의 기제와 작동 원리를 고려할 때 이러한 현상은 당분간 지속될 것이다. 더 큰 문제는 단순히 획일화된 방송 포맷에 대한 우려를 넘어 이러한 트렌드가 음식에 관한, 음식을 둘러싼 욕망을 '과잉으로' 재현하고, 이로 인해 다른 것들에 대한 대중의 관심을 약화시키는 가능성에 대한 것이다. 나아가 음식에 대한 음미와 감사는 과도한 식탐문화와 경쟁으로, 음식의 소중함은 음식의 물신화로 이어질 수 있다는 우려가 전혀 근거 없는 것은 아닐 듯하다.

'쿡방'에서 과거 우리가 가지고 있던 음식을 함께 나누는 행위의 살뜰함이나 신비로움, 사람을 이어주는 경이와 경건함을 발견하기는 어렵다. 음식과 만드는 이가 주가 되는 이 과정은 불편할 정도로 화려하고 세밀하며 자극적이다. 간혹 음식이 사람을 위해 존재하는 것이 아니라 사람이 음식을 위해 존재한다는 착각마저 들게 한다. 그럼에도 우리는 시간대와 주제, 방송사를 불문하고 '쿡방'에 몰입해 화면 앞을 떠날 줄 모른다.[11] 이는 이른바 '푸드 포르노(food pornography)'란 용어에서 드러나듯, 음식 프로그램을 통해 허기진 욕망을 채우는 일종의 대리만족이며, 그러한 이유에서 결코 채워지기 어려운 물신화한 식탐문화를 양산하고 심화된 허기를 재생산한다고도 볼 수 있다.

즉, '쿡방' 현상은 마이크 페더스톤(Mike Featherstone)이 진단했듯 '일상생활의 미학화(aestheticization of everyday life)' 측면을 보여주고, 이는 우리의 삶을 예술의 경지로 승화시킬 수 있다는 차원에서 반길 만한 일이긴 하다. 하지만 동시에 이러한 가능성은 마치 '포스트모더니즘 혹은 후기자본주의의 문화논리(postmodernism, or the cultural logic of late capitalism)'와 유사하게 일상에서 좀처럼 삶과 사회를 추동하는 동력으로 전이되지 못하고, 현대사회의 화려한 기호와 이미지들에 의해 대체되거나, 사용가치(먹는 행위와 그로 인한 효용)가 상징가치(보는 행위와 그로 인한 대리만족)에 의해 압도되는 소비사회의 한

---

11 배병문 (2015. 7. 13). "아침을 열며-쿡방 시대 단상". 〈경향신문〉.

단면을 여실히 보여준다.[12]

과거 지역의 특산물이나 요리, 유명 음식점 등을 소개하던 방송 미디어 역시 오늘날의 '먹방'이나 '쿡방'과 비교할 때 그 상업성이나 물신화의 정도가 약하다고 말할 수는 없다. 다만, 과거 방송에서 음식은 전적으로 물신화되었다기보다는 하나의 매개체로 기능했던 측면이 강하다. 가령 음식이 특정 지역을 소개하거나 지역의 장소성, 사람들 및 그들 삶의 다채로운 이야기와 애환을 풀어내는 미디어로서 선별적이며 제한적으로 '활용'되었지, 프로그램의 시작과 끝이 음식은 아니었다. 그러한 이유에서 몇 해 전까지만 해도, 맛집 소개 프로그램의 촬영 현장에서 종종 등장하곤 했던 반응 중 대표적인 것이 몇 대를 거쳐 장인의 경지에 오른 음식점 주인들이 "더 이상은 안 된다, 여기까지다"라며 음식 비법의 공개 요청에 완곡 어법을 사용해 거절하는 것이었다.[13] 이는 한 고추장 광고의 "(고추장 맛의 비밀은) 아무도 몰라, 며느리도 몰라"라는 카피의 정서와도 맞닿아 있다. 여기에는 장인의 자부심이 섞인 프로페셔널리즘(professionalism)뿐 아니라, 먹는 것과 파는 것에 있어서도 법도를 지켜야 한다는 일종의 신성성 혹은 은근한 절제와 겸손의 미학이 녹아들어 있다고 볼 수 있다.

---

12 Featherstone, M. (1998). *Consumer Culture & Postmodernism*. Thousand Oaks, CA: Sage. pp.66–67; 류웅재 (2015. 8. 4). "쿡방 전성시대와 음식의 물신화". 〈경향신문〉, 25면.

13 배병문 (2015. 7. 13). "아침을 열며-쿡방 시대 단상". 〈경향신문〉.

4. 위로의 매개자 혹은 자기통치의 테크놀로지

음식은 우리에게 중요하고, 하루도 이것 없이 사람다운 삶을 영위하기란 난망한 일이다. 이 때문에 음식은 인류의 영원한 주제이고, 언어와 문화가 달라도 사람과 사람을 이어주는 훌륭한 매개자 역할을 수행한다. "언제 밥 한 끼 합시다"란 인사말은 화자의 진정성 여부를 떠나, 인간관계에서 일정한 윤활유 역할을 하는 중요한 수행적 발화(performative utterance)로 기능한다. 김훈이 말하듯이 밥에는 대책이 없는데, 한두 끼를 먹어서 되는 일이 아니라 죽는 날까지 때가 되면 반드시 먹어야 하는 것이다. 그러므로 밥벌이나, 벌어놓은 밥을 진절머리 나게 먹는 일이나 쉽지 않은 일이다.[14] 동시에 이는 밥이 그만큼 신성하고 보편적이며, 이것 없이는 생을 유지할 수 없는 절대적인 어떤 것임을 보여준다. 그래서 대중은 이 혹독하고 곤고한 불확실성의 시대에 이처럼 순수하고 일말의 의심도 할 수 없는 밥의 문화정치에 더욱 열광하는 것일까?

이러한 문맥에서 '먹방'과 '쿡방'은 일정한 자기통치의 테크놀로지로 기능하기도 한다. 아무도 이를 보고, 즐기고, 소비하라 권면하지 않지만, 대중은 기꺼이 '쿡방'을 시청하고, 이야기하고 따라하는 데에 주저함이 없다. 이는 단순히 방송 자체나 스타 셰프들의 이미지와 환상을 갈망하고 소비하는 것을 넘어, 산업적으로는 식재료와 요리 도구의 매출 상승으로 연결된다. 일상에서는 쿡

---

14 김훈 (2007).《밥벌이의 지겨움》. 생각의 나무. p. 36.

방을 창의적인 방식으로 활용하고 먹는 행위 또는 파티 음식이나 캠핑 음식과 같이 다양한 방식으로 전유하거나 변주하는 행위[15]로 연결되는데, 이는 문화적 실천 차원에서 대중의 자발성, 선택, 참여를 전제로 한다. 누군가의 강요와 억압 없이 대중은 자신이 선호하는 셰프의 레시피와 스타일, 식재료를 '자발적으로' 선택하고 모방하는 가운데 이러한 이미지와 라이프스타일을 소비하면서 적잖은 위안과 원기, 삶의 활력을 얻기도 한다.

　이처럼 직접적이고 개인화된 '쿡방'의 인기와 참여문화는 푸코가 이야기하는 자기테크놀로지의 방식과 유사한 양상을 보인다. 푸코에 의하면 자기테크놀로지란 "개인이 자기 자신의 수단을 이용하거나, 타인의 도움을 받아 자기 자신의 신체와 영혼, 사고, 행위, 존재 방식을 일련의 전략과 작전을 통해 효과적으로 조정해줄 수 있는 장치"[16]이다. 이러한 맥락에서 음식 방송에 탐닉하고 일상에서 이야기 나누며 요리하고 먹는 주체의 탄생은, 자신을 향상시키고 생의 의미를 발견하며 새로운 시도를 하는 가운데 삶에 일정한 변화를 추동하는, 그리고 이 모두를 자연스럽고 능동적인 방식으로 수행한다는 점에서 신자유주의적 주체의 전형성을 보여주기도 한다.

15　이처럼 음식과 관련된 일상의 변화 중 하나로 아르준 아파두라이(Arjun Appadurai)의 분석처럼 지구화 시대, 음식을 둘러싼 정경(scape)의 변화를 들 수 있다. 주지하는 바와 같이 한국의 자장면이나 미국의 피자가 원산지(중국, 이탈리아)의 그것과는 사뭇 이질적인 양식(mode)으로 지역성에 따라 상상되고 변용되어 접합된, 혼성적(hybrid)인 것처럼, 한국의 식문화 역시 근래 10여 년 사이에 빠른 속도로 변화하고 있음을 볼 수 있다. 근래 기존의 카레와는 다른 인도식 커리나 베트남 쌀국수 또는 터키식 케밥 등 잘 알려진 외국 음식 외에도, 미국식 브런치(breakfast+lunch, brunch) 식당, 일본식 라멘, 할랄 음식을 파는 중동식 식당, 영국식 피쉬 앤 칩스(fish and chips), 나아가 태국이나 멕시코, 그리스 등 다양한 국적을 내세우거나 마케팅하는 음식점들이 급증하고 있는 데에서 글로벌 시대 음식 정경의 변화를 볼 수 있다.

16　Foucault, M. (1997). *Technologies of the Self*. 이희원 역 (2002). 《자기의 테크놀로지》. 동문선. p. 36.

이러한 신자유주의적 주체 논의의 연장선상에서 현대사회를 소진 사회로 볼 수도 있다. 오늘날 우리는 도처에 우리 자신을 소진하게 하는 환경에서 효과적인 제어장치나 사회적 안전망이 부재한 상태에 던져져 있다. 이처럼 불안정한 경제구조에서 일상적 삶의 영역에서 많은 대중들이 직면하는 삶의 불안정성과 유동성은 그들로 하여금 극심한 피로감과 소진 혹은 병리적 징후를 체험하게 한다. 이것은 줄곧 일탈이나 폭력으로 발현되거나 때로는 자살 등 파국으로 치닫기도 한다. 일례로 주창윤은 어느 사회에서나 다양한 문화의 패턴이 존재하고 이는 정형화된 특징으로 나타난다고 주장하며, 현재 한국사회의 문화적 특징 아래에 깔려 있는 것으로 '정서적 허기(sentimental hunger)'를 들어 이러한 현상을 설명한다. 허기란 말 그대로 하면 배고픔이지만, 정서적 허기란 단순히 배고픔이나 욕구만을 의미하지 않고 우리 사회 구성원 다수가 겪고 있는 갈증의 배고픔을 의미한다. 그는 탐식 환자의 사례를 들어, 아무리 먹어도 해결되지 않는 식욕, 즉 자신의 무기력증이나 욕구불만으로 대변되는 마음의 문제를 든다. 우리 사회는 이처럼 밥을 먹어도 채워지지 않는 '정서적 허기' 혹은 욕망에 의해 그 허기가 더 큰 허기를 낳는다[17]고 진단한다.

이러한 상황에서 한편으로 힐링이나 치유 문화가 유행한다. 힐링은 1990년대의 웰빙을 대체하면서 어느새 산업이 되었고 문화가 되었다. 나아가 좀 더 넓은 의미의 코칭, 상담, 심리치료 등 마음을 터치하고 힐링하는 배려경제(care economy) 및 이와 관련된 산업도 빠르게 늘어나고 있다. 이처럼 힐링이란 문화 코드가 유행한다는 것은 산업적으로는 몸의 마케팅에서 정서의 마케팅으로 전환 및 확대됨을 보여주는 것이며, 또 자본이 어떻게 인간의 정서를 상품화하고

---

17 주창윤 (2013). 《허기사회: 한국인은 지금 어떤 마음이 고픈가》. 글항아리.

있는가를 보여주는 것이다. 미국에서 치유산업은 자기계발 서적, 고통을 겪고 이를 극복해낸 유명 인사의 자서전, 심리치료 프로그램, 일반인들의 문제를 해결하는 리얼리티 토크쇼, 각종 격려 집단, 온라인 데이트 등을 통해 확장되었다. 특히 치유산업은 자기계발 내러티브를 성공적으로 상품화하여 오늘날 수지 맞는 장사이자 번창하는 산업[18]으로 자리 잡았고, 이는 우리가 경험하듯 한국에서도 예외가 아니게 되었다.

이처럼 힐링이 하나의 문화 코드이자 정서적 마케팅의 대상이 되고 있는 이유는 위에 언급한 소진이라는 징후와 무관하지 않을 것이다. 소진은 말 그대로 '타서 없어지는' 즉 번아웃(burn-out)이다. 타서 없어지는 것은 사회와 주체 사이의 적절한 긴장관계로서 삶의 불가피한 한 단면이지만, 문제는 역동적인 한국사회에서 열정이 식으면서 침체가 나타나고, 좌절이 오면서 소진의 징후가 발생하고 있다는 점이다. 이렇게 소진되어 나타나는 허기는 정서의 상품화란 과정을 거쳐 무언가로 판매되고 있다. 근래의 쿡방 열풍은 이러한 우리 사회의 정서적 허기를 매개로 이의 치유라는 담론이 상품화되고 산업적 이해관계와 맞아떨어지는 가운데 생성된 것이라 보아도 좋을 것이다. 이는 궁극적으로 다양하고 구조적인 사회적 모순을 개인에게 축소하거나 환원해 해결하려 한다는 차원에서 심미적이고 심리학적이며 그러한 면에서 마술적인 해법이다.[19]

그런데 이는 단순히 쿡방이라는 음식을 제재로 한 방송의 개별 콘텐츠나

---

18 김정운 (2012). 《남자의 물건》. 21세기북스. p.31; 주창윤 (2013). 《허기사회: 한국인은 지금 어떤 마음이 고픈가》. 글항아리. pp.9-10, p.21; Illouz, E. (2007). *Cold intimacies: Making of emotional capitalism*. 김정아 역 (2010). 《감정자본주의》. 돌베개.

19 주창윤 (2013). 《허기사회: 한국인은 지금 어떤 마음이 고픈가》. 글항아리. p.27; 류웅재 (2015). "물질문화로서 아웃도어에 관한 연구 아날로그적 물질문화에 관한 소고". 〈한국방송학보〉, 29권 4호, pp.290-321, pp.303-304에서 재인용.

미디어 포맷 혹은 장르에만 해당되는 이야기가 아니다. 차이와 다양성, 개성과 문화적 다원성이라는 이름으로 새로이 부상하는 방송과 미디어의 포맷들은 예외 없이 음식과 요리를 차용하는 방송을 빠르게 대체해나가고 있다. 이는 〈윤식당〉(tvN)이나 〈삼시세끼〉(tvN)처럼 여행과 요리를 혼합한 것일 수도 있고, 〈구해줘, 홈즈〉(MBC)처럼 제한된 예산으로 도심 역세권의 원룸이나 아름다운 풍광을 자랑하는 서울 근교의 전원주택을 구해주는 '집방'일 수도 있으며, 〈신박한 정리〉(tvN)처럼 집 정리나 수리를 소재로 차용해 집의 변화가 집주인에게 새로운 출발 혹은 삶과 일상의 변화라는 일종의 위무나 힐링을 선사하는 프로그램일 수도 있다. 다만, 이 새로움 또는 신선함이라는 신화화된 이데올로기의 이면에서 그것은 누군가의 이해에 기민하게 복무하거나 자본주의라는 광의의 시스템과 메커니즘(mechanism)을 큰 균열이나 잡음 없이 원활하면서도 유연하게 추동하는 동력으로 활발하게 작용한다.

5. 나가며

변화나 성공을 위해 끊임없이 개인 스스로의 가치를 함양하고 스스로 변화해야 한다는 자기계발의 논리[20]와 주체의 테크놀로지가 '쿡방'이란 가시적인 문화 현상의 이면에서 작동하고 있다. 한국사회는 지난 몇십여 년간 고도의 압축 성장을 통해 물질적으로 풍요로운 사회를 만들었지만 그러한 성장이 경쟁과 폭력, 돈과 상품의 물신숭배와 양극화라는 고통스러운 부산물을 낳았다. 젊은 세대는 사회 발전의 역동적인 에너지를 분출한다고 하지만, 만성적인 구직난과 실업, 스펙 쌓기에서 기인하는 실패와 좌절에 익숙해져 있다. 이러한 양극화한 신자유주의체제는 물질뿐 아니라 감정의 양가성을 낳게 한다. 가령 정서가 시장에서의 가치와 연관되는 세계에서 행복·성공·웃음·친절 등의 긍정적 정서는 시장에서 거래되는 상품이 되고 있으며, 슬픔·우울·무기력·나태·절망 등 부정적 정서를 가진 사람들은 치료·돌봄·정서관리 산업의 주요한 소비자로 부각되고 있다.[21]

그러므로 오늘날 '먹방'과 '쿡방'으로 대변되는 음식 만들기와 먹기에 대한 대중의 관심, 그리고 욕망은 이전의 힐링이나 자기계발 열풍과 유사하면서도 훨씬 더 직접적이고 원초적인 삶(生) 정치적인 측면을 보여준다. 이는 나아가

---

20 이은아·류웅재 (2014). "멘토 권하는 사회: 신자유주의시대, 멘토는 어떻게 생산되는가?". 〈스피치와 커뮤니케이션〉, 24호, pp. 141-179.

21 이동연 (2010). "감정의 양가성: 연예인에 대하여". 〈문화/과학〉, 64호, pp. 86-106, pp. 87-88.

위에 인용한 이동연의 진단처럼 감정과 정서구조의 양가성을 드러낸다는 차원에서, 신자유주의의 비가시적이고 유동적이며 세련된 자기 통치적 기능과 더불어 상존(尙存)하는 적대와 모순, 억압과 이데올로기, 장치와 전략을 무화하거나 자연화(naturalization)하는 미디어적 속성 또한 지닌다.

이제 '쿡방'을 제작하는 방송사뿐 아니라, 이를 무심코 즐기는 우리 자신에게 먹고, 마시고, 사는 법에 대한 고민과 성찰, 그리고 진지한 탐문이 필요한 시점이다. 이는 스테판 에셀(Stephane Hessel)식으로는 인간의 소외와 차별, 불평등에 대한 분노의 표출이나 사회적 발화도 하나의 방법이 될 수 있을 것이다. 그러나 단순히 이러한 운동의 성격을 넘어, 삶의 안정성을 파기하고 만성적인 불안과 피로, 일상화된 무관심과 나르시시즘, 자연 생태계와 인간이 공존할 수 없게 만드는 물질적 탐욕과 유연적 축적체제와 생산양식에 대한 분노로 확장해나가야 한다.[22] 나아가 이러한 사회적 공감대와 공유된 정서의 지속적 환기, 창의적이며 실험적인 공유경제나 마을사회 등 사회적 연대와 새로운 형태의 경제를 사유하고 실천하며 제도화할 때 궁극적으로 우리의 의식·문화·사회 변화로 이어질 수 있을 것이다.

---

22 Hessel, S. (2013). *No os rindais!*. 조민현 역 (2013). 《포기하지 마라》. 문학세계사. p. 104.

5장

세계화, 신자유주의, 주체 담론

위험한 불확실성의 시대, 쓰레기가 되는 삶들

1. 글로벌 신자유주의와 타자화의 문화정치

2016년 11월, 부동산 재벌이자 리얼리티 텔레비전(reality television)의 주인공으로 잘 알려진 독특한 이력의 기업가이자, 공화당 내에서조차 문제아 취급을 받던 도널드 트럼프(Donald Trump)가 미국의 제45대 대통령으로 선출되었다. 경제적 불황의 장기화 국면에서 부상한 미국 내의 '정치적 올바름(political correctness)'을 거부하는 대중의 정서 및 사회 변화, 그리고 이에 기반한 트럼프의 포퓰리스트(populist)적 정책과 수사들이 상당수 유권자들의 마음을 얻은 결과란 정치적 해석들이 쏟아졌다. 특히 과거 멜팅팟(melting pot)으로 상징되는 다인종, 다문화, 다원주의적 가치를 지닌 미국 사회에서 그간 사회적 금기나 불문가지(不問可知)로 받아들여졌던 '정치적 올바름'으로 인해 상대적 박탈감을 느끼던 백인 저소득층이나 중산층, 특히 대학 교육을 받지 못한 남성 유권자들에게 트럼프가 호응을 얻었기 때문이라는 분석은 일정한 설득력을 지닌다.

이는 타자(他者) 혹은 타자라 여겨지는 대상들에 대한 사회적 상상, 특히 부정적 감정이나 혐오의 정서를 기반으로 하는 포퓰리스트적 정치인의 수사와 공약에 대중이 정서적으로 반응한 것을 의미한다. 더 나아가 오늘날의 세계가 지난 30여 년간 영향력 있는 사회과학의 이론적 자원이자 견고한 담론 구성체로 인식되던 '글로벌라이제이션(globalization)'에 균열이 일어나고 있는 동시에 이를 대체하거나 보완할 새로운 인식론적 접근과 개념적 틀거리의 등장이 필요함을 보여준다.[1] 트럼프는 신자유주의하 만성적 경기침체에 대한 불만과 더불어 '정치적 올바름'이라는 규범 때문에 불만을 표출할 수 없었던 미국 사회 내 소외된 다수의 중산층과 노동자 계층을 대변해주는 존재라고 볼 수 있다(이택광, 2016. 5. 16). 그러나 유사한 극우 보수정치의 등장은 단지 미국뿐만이 아니라 유럽의 많은 국가들과 일본과 중국, 그리고 한국을 포함한 세계 도처에서 그 정도를 달리하며 목격되고 있다.

트럼프의 당선을 두고 트럼프 개인의 인기라기보다 미국 선거 제도와 정치 시스템에 대한 대중의 불신, 나아가 미국을 비롯한 서구 민주주의의 종언을 알리는 신호탄이라는 분석도 설득력을 지닌다. 전임 대통령이었던 버락 오바마는 "세계화, 기술발전, 이민 등으로 파편화되고 있는 세계에서 정치 지도자가 할 일은 인류가 하나 될 수 있도록 이야기를 들려주는 일"이라고 한 인터뷰에서 밝혔다(《한국일보》, 2017. 1. 27). 이처럼 보편적 지성과 덕성을 갖춘 철인(哲人) 정치인이라 평가되는 오바마 대통령과 비교해, 돈만 많은 기업가로서 대통령직의 수행에 요구되는 최소한의 지성과 덕성은 물론, 시민적 윤리나 인

---

1 일례로 글로벌라이제이션의 정치경제적·사회문화적·이데올로기적 영향력을 설명할 때 광범위하게 통용되는 사회과학적 정의로 아파두라이(Appadurai, 1996)의 '정경들(scapes)'이란 개념을 들 수 있다. 이는 전통적으로 개별 국가들의 물리적이며 배타적인 경계를 초월해 자유로이 이동하고 월경(越境)하는 사람과 기술, 자본과 미디어, 이미지와 이데올로기 등에 의해 지난 30여 년간 지구적 층위에서 가속화된 경제와 문화 영역의 변화, 나아가 이와 연관된 정경들이 급격한 변동을 겪게 되었다는 주장이다. 이는 지구적 차원의 금융자본과 테크놀로지, 미디어와 대중문화, 사람과 라이프스타일의 유통과 교류, 소비 역시 일국적 경계를 넘어서는 규모와 이면의 동인들, 특히 글로벌 초국적 기업들(TNCs)의 역할과 이것이 야기한 삶과 일상, 사회적 정경의 변화를 중심으로 설명한다. 특히 교통과 통신, 커뮤니케이션 기술의 비약적 발전, 그리고 이들이 자본과 상품, 문화의 전 지구적 생산과 소비를 가능하게 하는 환경을 생성하는 데에 큰 영향력을 미쳤다는 입장을 견지한다. 반면 이 개념은 최근 다양한 양상으로 급증하고 있는 지역적·국가적 층위에서의 배타적이며 수구적 문화정치 및 무차별적인 테러와 난민 등과 연관된 국가 간의 외교 분쟁과 긴장, 갈등 등을 설명하는 데에 일정한 인식론적 한계를 드러낸다.

간적 교양마저 결여되어 있는 것처럼 보이는 인물이 미국의 대통령이 되었다는 사실은 많은 사람들이 선거가 한참 지난 후에도 납득하거나 수용하기 어려운 사건이다. 특히 사회적 소수자에 대한 차별적 발언을 쏟아낸 트럼프가 승리한 원인을 백인 남성 노동자들의 전폭적인 지지보다는 힐러리 클린턴(Hillary Clinton)의 잠재적 지지자들이 투표를 하지 않은 데에서 찾아야 한다는 해석도 나오고 있다. 일례로 민주당 경선에서 버니 샌더스(Bernie Sanders)를 지지했던 적잖은 민주당원들과 사회적 소수파들은 대선에서 투표를 하지 않거나 오히려 트럼프를 지지하기도 했다. 즉, 기성 정치 시스템에 대한 불신과 냉소가 오늘날 미국 사회에 만연되어 있는 것이다(〈한겨레〉, 2017. 1. 27).

그간 공고하게 유지되던 미국식 민주주의에 대한 믿음 또는 환상이 산산이 깨져버린 이유로, 멈춰버린 경제성장을 들 수 있다. 미국식 민주주의는 원래 반민중성이 내포된 시스템이었지만, 그것이 그런대로 작동해온 것은 크게 보면 경제가 성장을 계속해왔던 덕분이었다. 경제학 용어로 '낙수 효과(落水效果, trickle down effect)'[2]로 설명할 수 있는 이러한 성장의 혜택은 불완전하게나마 대다수의 중산층과 사회적 소수자들에게까지 미치고 그들의 불만을 어느 정도 잠재울 수 있었다. 문제는 과거의 '좋은 시절'이 이제 사실상 끝났다는 데에 있다. 일차적 원인은 자본주의의 발전에 불가결한 '변경(비자본주의적 영역)'이 거의 다 소멸된 데에 있다. 자본주의는 끊임없이 확장되지 않으면 존속이 불가능한 시스템이다. 신자유주의는 이 변경의 소멸을 경제의 '금융화'로 극복하려는 시도였지만, 지난 수십 년간 계속된 그 '금융화'는 극소수 부유층에 부가 집중

---

2 대기업 등 거대 자본의 이익과 성장이 촉진되면, 중소기업과 소상공인은 물론 소비자를 포함한 국가 경제 전반에도 그 이익과 성장의 수혜가 돌아가 총체적이며 장기적인 관점에서 경기와 경제를 활성화시킨다는 경제 이론이다.

되는 극심한 경제적 양극화 또는 불평등화로 귀결되고, 정치는 거의 전적으로 부유층의 이익에 봉사하는 도구로 변질되어버렸다(〈한겨레〉, 2017. 1. 27).

트럼프는 선거 유세 과정에서 자국민의 실업의 원인을 이민자들에게 돌리고 이에 대한 해법으로 배타적이고 강경한 이민 정책을 실시할 것을 주장했다. 더불어 여성과 무슬림 등 사회적 소수자들에 대한 혐오의 수사(rhetoric)를 전략적으로 활용했다. 그는 결국 중서부의 쇠락한 공업지대(rust belt)의 백인 노동자 계층 및 중산층의 지지를 기반으로 대통령에 당선되었다. 즉, 다수의 미국인들은 불안한 경제 상황과 이에 따른 개인의 지위 하락을 이민자 등 사회적 소수자들의 탓으로 전가하고, 이들을 타자화하는 프레임을 내세운 극우 포퓰리스트적 정치인을 지지했다. 그런데 이러한 극우 포퓰리즘의 부상과 이에 대한 대중의 반응은 지난 한 세기 제국으로서의 굳건한 지위와 아성에 균열이 일어나고 있는 오늘날 미국만의 국내적 문제가 아니다. 이는 현재 전 지구적으로 유사한 양상으로 드러나고 있고, 더욱이 복잡한 실타래처럼 얽힌 정치경제적·국제관계적 문맥에서 좀 더 분명하게 설명될 수 있는 현상들이다.

또 다른 예로 2016년 미국 대선보다 몇 달 먼저 있었던 영국의 브렉시트(Brexit)[3] 결정도 트럼프 현상과 유사성을 지닌다. 영국 국민들의 경제적 불안감은 유럽연합(EU) 탈퇴를 결정하는 중요한 요소였다. 그간 세계화정책으로 인해 외국인 노동자들이 영국으로 많이 유입되었고 일자리에 대한 불안감이 커진 영국의 중산층과 빈곤층은 브렉시트에 동의하게 되었다. 또한 현재 유럽 각지에서 발생하고 있는 IS[4]의 테러 역시 심화하는 경제적 불평등과 무관하지

---

3 영국(Britain)과 탈퇴(Exit)의 합성어로, 유럽연합 EU의 회원국이었던 영국이 EU 탈퇴 찬반 여부에 대해 국민투표를 실시하고 이것이 가결되면서 생겨난 용어이다.

4 이슬람 국가(Islamic State)라는 이름으로 각종 테러 활동을 벌이고 있는 국제 테러 조직이다.

않은 사건이라 볼 수 있다. 유럽 내의 여러 국가에서 이슬람 문화권의 사람들이 사회로부터 격리되고 이로 인해 온전하고 인간적인 삶을 영위하기 어려운 상황으로 내몰리는 와중에, IS의 테러는 이슬람에 적대적 정책을 시행한 국가들을 겨냥하고 있다(장소연·류웅재, 2017, pp.47-48). 이 같은 무차별적인 보복으로 불특정 다수의 무고한 시민들이 희생되는 암울한 정치적 상황은 현재진행형이다.

이 장에서는 유연한 서평의 형식을 차용해, 유럽의 사회학자[5]이자 사상가인 울리히 벡과 지그문트 바우만의 이론을 통해 현대사회와 현대성이 야기하는 다양한 개인적·사회적 징후와 문제들에 관한 예언자적 진단과 해석과 전망을 일련의 개념적 자원들을 중심으로 살펴보고자 한다. 이를 토대로 이 장에서는 오늘날 지구화한 신자유주의를 대면하는 개인들의 신산한 삶과 분투, 특히 경제와 정치를 비롯한 거대한 구조적 힘들에 조응하거나 순치하는, 또는 이를 창의적으로 접합하고 전유하는 과정에서 새로운 정치적 가능성을 탐문하고 모색하려는 주체들의 실천과 전략에 관해 시론의 형식을 빌려 논의하고자 한다.

---

5 '위험사회론'으로 유명한 울리히 벡은 독일의 사회학자로, 2015년 1월 1일에 타계했다. '유동하는 현대(성)'에 왕성하게 천착해온 지그문트 바우만은 폴란드 출신의 사회학자로 2017년 1월 9일에 타계했다. 이 장에서는 두 학자의 대표적 개념적 자원인 '위험사회론'과 '유동적 현대'를 중심으로 논의를 풀어나가고자 한다.

2. 개인화와 과잉 긍정성 혹은 신자유주의의 문화 논리

전 지구적 신자유주의하 경제적 위기와 불평등의 문제는 문화적 영역에서도 연관 징후들을 유발한다. 여러 징후들은 서로 상이한 듯 보이지만, 신자유주의 체제의 경제적·정치적 위기와 내파에 나름의 방식으로 대응하려는 주체의 전략이라는 관점에서 상당한 유사성을 지닌다. 첫 번째 징후는 전술한 바와 같이 다문화, 다인종, 다종교, 외국인, 성 소수자 등 일상에서 접하는 타자(성)에 대한 혐오와 배제의 문화정치이다. 두 번째는 신자유주의하에서 무한경쟁 사회를 견뎌내는 주체들의 만성화한 소진과 불안의 징후이다. 이 과정에서 다채롭게 발현되는 각자도생(各自圖生)의 삶의 양식이 탄생한다. 가령 과잉 긍정화와 끊임없는 자기계발, 이를 산업화하는 힐링과 여가 같은 소비문화의 부상 등이 그것이다.

한국사회에서는 전자의 징후인 경우, 일베와 메갈리아의 경우에서 드러나듯, 특정한 온라인 커뮤니티나 인터넷 사이트에서 촉발된 논쟁들이 일상에서 타자성을 지니거나 그렇게 '상상된' 상대방에 대한 맹목적인 혐오와 배제의 언어들로 물성화(物性化)한다. 가령 이질적 젠더는 물론 성 소수자와 다문화 사회구성원들을 비롯한 전라도 등 특정 지역에 대한 차별과 배제의 언어들, 세월호 유가족들에 대한 근거 없는 비난과 독설, 그리고 증오의 수사(rhetoric of hatred)들이 인터넷 등 온라인은 물론 오프라인에서도 강력한 문화정치의 형식으로 부상하고 있다. 특히 이러한 혐오와 배제 및 타자화는 일종의 문화 또는 '정체성의 정치(identity politics)'로 최근 지구적으로 많은 국가들에서 상이하면서도 유사한 양상으로 발현되고 있다. 물론 이러한 혐오의 문제는 과거에도 인종, 종교, 여성, 성소수자, 정치사상, 지역 등 다양한 대상들을 향해 개별적이거나 집단적 층위에서 다기한 형태로 존재했다(장소연·류웅재, 2017, p.48, p.55). 다만 최근 글로벌 경제 위기의 한가운데에서 '무거운' 구조의 문제를 일상에서 마주치는 타자에게 '손쉽게' 전가하고, 대중은 이에 동조하거나 용인하는 희생양(scapegoat)의 문화정치가 한 국가의 지도자 선출은 물론 국가의 정책 수립과 운용 등 제도정치에 반영되거나 수렴되는 것이 일종의 지구적 트렌드(trend)처럼 확산되고 있다는 점에서 차이점을 드러낸다.

후자의 징후인 경우 역시 무거운 구조의 문제를 개인화하거나 사사화해 돌파할 것을 권면하는 문화의 부상과 확산이라는 점에서 전자와 유사성을 지니지만 문제는 더 복잡하다. 일례로 벡은 그의 저서 《위험사회(Risk Society)》에서 윤리성을 상실한 과학기술과 탐욕스러운 자본이 지구의 환경을 파괴하고, 정치적·경제적으로 소외되고 억압당한 개인과 집단들의 반발로 인해 가속화되어가는 세계의 무질서와 정보사회의 위험성에 대해 경고한다. 이는 곧 사회 구성원들이 신뢰와 안전망이 무너진 위험사회 속으로 내던져짐을 의미하고, 무수한 주체들의 대안 없는 불안으로 연결된다고 진단한다. 벡은 마셜 매클루언(Marshall McLuhan)이 세계가 하나로 연결된 '지구촌(global village)'이란 개념을 통해 설명한 방식과 유사하면서도 상이하게, 오늘날 원전 사고에서 기후변화에 이르기까지 다양한 위험으로부터 비롯된 불안이 세계 시민으로서 우리 삶을 구성하는 한 요소가 되었다고 말한다. 즉, 벡의 위험사회란 개념은 위험이 사회의 중심적 현상이 되는 사회를 지칭하고, 이의 핵심적 특징으로 측정 가능한 위험과 측정 불가능한 불확실성 간의 경계, 객관적 위험 분석과 사회적 위험 인식 간의 경계가 불분명해진다는 점을 들 수 있다. 벡은 현대사회가 위험사회라는 새로운 단계로 진입해 들어왔음을 주목해 모더니티(modernity)의 연속과 단절에 대한 새로운 이론화를 모색하고자 했다. 벡의 '위험사회론'은 학문적으로 논쟁을 일으켰고, 현대사회의 탐구에 큰 영향을 미쳤다(Beck,

1986; 김호기, 2016. 9. 7).

벡의 위험사회론은 지진 등의 자연재해, 원전 사고나 환경 파괴 또는 전쟁이나 테러 등 가시적으로 드러나는 위험들 외에 전술한 바와 같이 오늘날 전 지구적으로 발생하고 있는 다양한 인위적 위험들과 불확실성의 증대, 가령 개인의 원자화에서 기인하는 주체의 고독이나 소외를 설명하는 데에도 유용하다. 일례로 한국의 자살률은 인구 10만 명 당 33.5명으로 경제협력개발기구(OECD) 국가 중 가장 높은 수치이다(이주연, 2013. 11. 3). 또한 청년 실업자나 비정규직, 노인 빈곤층이 급증하는 현상은 '헬조선'이나 '흙수저'라는 자조 섞인 담론들에서 드러나듯 또 다른 위험사회의 단면을 여실히 보여준다. 그리고 앞서 사례로 든 미국과 유럽의 극우적 포퓰리즘의 부상과 타자로 상상된 개인과 집단에 대한 혐오와 배제의 문화정치가 후기산업사회하에서 점증하는 새로운 종류의 위험이라는 점에 있어, 벡의 위험사회론은 시간이 지날수록 그 중요성을 더하고 있다고 볼 수 있다. 즉, 도처에 다른 형식으로 편재한 인위적 위험이 안전을 기존의 평등이나 민주주의의 가치 대신 사회의 주요한 관심사로 등장시켰다는 그의 전제[6]는 오늘날 상당한 울림을 준다.

이를 정교하게 설명하기 위해 벡은 산업사회가 해체되며 산업사회를 대체

---

6 트럼프의 반(反)이민 정책으로 인해 미국의 워싱턴, 뉴욕, 보스턴, 시카고, 아틀란타 등의 주요 국제 공항에서는 무슬림 국가들로부터 입국하는 사람들에 대한 전례 없는 과잉 통제와 감시가 행해졌다. 심지어 미국 시민이거나 그들을 방문하러 입국하는 가족들마저 잠재적 테러리스트로 취급해 수갑을 채우고 장시간 구금하여 인권유린을 많이 당한 국가들로부터 거센 항의와 외교적 마찰이 발생해 국제적 쟁점이 되었다. 한 예로 워싱턴의 관문인 버지니아주 덜레스 국제공항에서는 이란 출신의 미국 영주권자 어머니를 방문한 다섯 살 꼬마까지 억류되었다가 4시간 만에 풀려났다. 또한 예멘 출신의 두 형제는 미국의 아버지를 만나러 왔다가 수갑을 찬 채 붙들려 있다가 결국 예멘이 아닌 에티오피아로 돌려보내졌다. 이와 관련해 트럼프 대통령의 반이민 행정명령 효력을 정지하라는 미국 연방법원의 결정이 나왔는데, 이 행정명령의 효력을 복구해달라는 트럼프 정부의 요청은 연방항소법원에 의해 거부됐다(〈경향신문〉, 2017. 1. 31; 2017. 2. 6).

하는 사회로 '성찰적 현(근)대성(reflexive modernity)'이란 개념을 제시했는데, 그 주요 특징들 중의 하나를 '개인화'에서 찾고 있다. 이 개념은 벡 자신이 오해의 소지가 있다고 밝히고 있듯 양가적이라 볼 수 있다. 가령 그는 성찰적 현대화가 일차적으로는 현대화의 토대와 결과, 과정과 문제점에 대한 지식, 즉 성찰과 연관되어 있지만, 동시에 조금 다른 시각에서 성찰적 현대화가 현대화의 부작용에서 비롯되었다고 주장한다. 특히 후자, 즉 현대화의 부작용의 경우, 현대화의 성찰성을 넓은 의미로 이해하고 사용할 수 있는데, 그것은 성찰성이 반성(지식)과 함께 반사, 즉 무지와 예방 효과로 이해되는 반사의 뜻도 포함하기 때문이라 설명한다. 이 지점이 앤서니 기든스(Anthony Giddens)와 스콧 래쉬(Scott Lash) 등 다른 성찰적 근대성론자들과 벡을 구별해준다고 볼 수 있다. 가령 기든스와 래쉬는 성찰적 현대화를 단어의 본래 의미와 일치하는 방향으로 '성찰'이라는 반성적 의미로 사용하고 있고, 여기에는 부작용이나 무지의 의미가 배제되어 있다. 특히 래쉬는 이마누엘 칸트(Immanuel Kant)에서 시작되고 에밀 뒤르켐(Émile Durkheim)과 위르겐 하버마스(Jürgen Habermas)를 통해 계승된 계몽사상의 전통에 서 있는 성찰적 근대성을 보편자(지식 능력을 갖춘 행위자)에 의한 개별자(현존하는 사회조건들)라는 비판을 전제로 하며, 이 점에서 성찰성이 본질적으로 인지적이라는 점을 전제한다고 주장한다. 이러한 포스트주의적 시각에 입각해 래쉬는 성찰성의 인지적 차원보다는 미학적 차원을 강조하며, 성찰의 과정이 보다 진일보한 근대화의 기능적 전제조건이 될 것이라 진단한다(Lash, 1994, pp. 164-165; Beck, 2007, pp. 213-215).

또한 기든스는 사회가 현대적일수록 이 사회는 자신의 토대와 구조, 동역학, 갈등 등에 관해 더 많은 지식을 생산한다고 주장한다. 이 사회가 스스로 지식을 더 많이 소유하면 할수록, 이 지식을 더 많이 사용하면 할수록 전통에 따른 행위 대신, 지식에 의거하거나 과학을 통해 전 지구적으로 사회구조와 제도를 재구성하려는 움직임이 더 강하게 나타난다고 본다. 이러한 문화는 전통사회의 궁극적인 권위를 배제하며 이는 곧 다종다양한 권위들이 지배하는 세상으로의 변화를 의미한다. 이 상황에서 개인은 구조의 제약에서 풀려나지만, 생산된 불확실성의 조건 아래에서 '성찰적 현대화'의 형식과 전략으로 자신의 행위 상황을 새로 규정해야 한다. 그런데 벡은 불특정한 지식, 의식, 반성, 의사소통, 자기관찰이 현대사회에서뿐만 아니라 전통사회에서도 존재했다는 점을 들어 이러한 지식관을 문제적이라 보고 있다. 즉, 벡은 현대화가 사회의 구조적 변화만이 아니라, 사회적 구조와 사회적 행위자 사이에서 역동적으로 변화하는 관계와 연루된다고 본다. 한 예로 근대화가 어떤 수준에 이르면 행위자가 더 개인화한다. 즉, 구조에 의해 점점 덜 제한받게 되는 경향을 지닌다. 사실상 구조적 변화로 인해 사회적 행위자는 구조에서 점차 더 자유로워질 수밖에 없다. 그리고 근대화가 성공적으로 진척되고 착근하기 위해서 행위자는 자신을 구조적 제한에서 풀어놓아야 하며, 근대화 과정을 능동적으로 구체화해야 한다(Beck, 1986, pp. 19-20; Beck, 2007, pp. 213-215; Giddens, 1994, pp. 133-136).

이러한 개인화는 중세에서 근대로 이행하는 데에서 나타난 현상으로, 봉건적 예속, 왕, 귀족, 교회, 신분제도 등으로부터 인간이 해방됨으로써 시작되고, 자본주의 성립 이후에도 가족, 이웃, 직장, 계급 등의 소속 집단으로부터 사람들을 끊임없이 분리시키는 원심력을 의미한다. 실제로 후기근대사회에 이르게 되면, 근대 이후 출현하게 된 계급 개념 역시 개인화로 인해 희미해져간다. 표준화된 완전 고용 체계는 유연하고 다원화된 불안정 고용 체계에 자리를 내주었고, 사람들의 일생도 과거의 표준적인 계급 유형을 따르기보다는 개인 스스로가 계획하고 선택하고 실행하며 책임져야 하는 것(do-it-yourself biography)으로 개별화되었다. 즉, 출생, 교육, 취업, 결혼, 은퇴 등 일련의 생애 주기에 따라 정립된 근대사회의 보편적 삶의 양식이 무너지면서 개인들은 각자 자신의 삶을 기획하고 실행하며 수정해가지 않으면 안 되게 되었다(정지웅, 2016. 10. 4).

이처럼 벡의 위험사회론에서 주목할 중요한 통찰 중 하나는 위험사회의 도래가 가져오는 개인의 변화다. 즉, 위험사회의 등장은 위험의 개인주의화를 낳는다. 모더니티의 진행 결과, 개인은 점차 독립적인 주체로 변모하지만, 그 독립은 새로운 대가인 전문가에 의존하고 개인의 '인지적 주권'이 위협받는 상황에 노출된다. 이제까지 사회적으로 규정되었던 생애가 이제 개인 스스로 생산하고 거의 모든 것을 책임져야 하는 생애로 변화하는 개인화 또는 개인주의화의 증대야말로 위험사회의 새로운 풍경이자 제2의 현대성(second- or reflexive modernity)[7]의 대표적 징후라는 것이다. 이는 사회적 위험의 개인주의화를 넘어 사회 불평등이나 구조적 모순의 개인주의화로 연결된다. 이러한 사회적 문맥에서 안전이라는 가치는 자유나 평등, 인권이나 사회정의라는 가치를 몰아내거나 주변화한다. 또한 사회적 위험의 개인주의화는 무거운 사회문제를 더욱 심리학적 성벽의 견지에서 개인적 부적응이나 죄책감, 불안, 갈등, 노이로제, 분노조절장애 등과 같은 사적인 것으로 주변화하여 치료와 교정이 필요한 병적 징후로 인식하게 만든다. 이처럼 불안이 삶의 느낌을 규정하게 되고, 그로 인해 위험으로부터의 보호를 위한 전체주의가 등장할 수 있다(Beck, 1986, p. 151, p. 160, pp. 170-171; 김호기, 2016. 9. 7; 정지웅, 2016. 10. 4).

그러므로 글로벌 위험사회의 맥락에서 등장한 문화 중 하나가 바로 과잉긍정성을 기반으로 한 문화이다. 일례로 신자유주의하 자기계발 문화를 들 수 있다. 상기한 벡의 진단, 즉 산업사회의 신분제와 계급사회가 철폐되면서 개인을 돌보던 공동체가 약화되어 과거 가족이나 국가가 수행하던 거의 모든 사회 안전망과 부조 기능들이 오롯이 개인에게 부과된 후기산업사회 또는 신자유

---

7 뒤에 다시 다루겠지만 이를 바우만은 '유동적 현대성(liquid modernity)'이라 명명한다.

주의하 주체들의 분투와 삶의 신산함을 여실하게 보여준다. 이는 전례 없는 양상으로 개인의 개성과 자유가 극대화되었다는 측면에서의 순기능에도 불구하고, 동시에 과거 개인이 기대거나 의지하고 있던 정주의 기반과 공동체의 안정성이 급격하게 붕괴되었다는 점에서 기인하는 불안, 고독감, 개인화가 가속화되는 현상이라는 측면에서 새로운 정치적·사회적 문제들을 잉태한다. 모든 시행착오나 실패의 원인과 책임, 이에 대한 진단과 처방 모두 고스란히 개인의 몫으로 남고, 그 누구도 좀처럼 관심을 기울이지 않는다.

특히 이러한 개인주의화는 우리 삶의 모든 차원이 시장에 종속됨을 의미한다. 이는 주류적인 존재 형태들이 자각되기 어려운 고립된 대중시장이며, 미디어를 통해 시작되고 채택되는 여론, 습관, 태도, 생활양식과 함께 총괄적으로 설계된 주택, 가구, 일상재화의 대중소비가 이를 잘 보여준다(Beck, 1986, pp. 216-217). 이러한 문화는 미국 유명 스포츠 브랜드의 "Just Do It"(or "You Can Do It")이란 광고 문구처럼 어떤 난관에 봉착해도 일단 한번 시도하고, 실패하더라도 좌절하지 말고 끊임없이 도전함을 통해 자신이 처한 어려움을 극복하고 삶과 운명을 자신이 스스로 책임져야 한다는 시대정신을 정상화한다. 한국사회 역시 태어나 자라나는 대부분의 사람들은 평범한 직장인, 노동자나 영세 자영업자 또는 중간관리자가 된다. 그런데 이 사회는 평범한 사람이 헤쳐 살아가야 하는 자본주의 사회의 실제 메커니즘과 윤리는 가르치지 않는다. 유럽의 어떤 나라들처럼 중·고등학교 때부터 노동자의 권리와 근로기준법 같은 진짜 삶의 규범을 가르치지는 못할망정, 위험사회의 개인화한 문화는 막연히 '꿈을 이루어야 한다'거나 '성공해야 한다'는 바람을 집어넣는다. 평범한 사람들의 노동과 연대에 대한 경멸과 증오도 불어넣는다. 그것은 '타인의 욕망'과 자기 경멸을 가르치는 것에 다름 아니다(천정환, 2017. 2. 8).

이처럼 자수성가(self-made)한 사람의 신화가 한 사회의 기율이나 시대정신으로 일반화한 상황에서 연관된 믿음의 체계는 정치적·경제적·사회적 요인들이나 구조적 동인의 중요성을 지우고, 성공에의 의지와 열망, 사적 동기, 자신을 알리고 드러내고 연출하는 능력과 노력 등 모든 것을 개인의 심리와 개성의 차원으로 손쉽게 환원한다. 이러한 상황에서 개인들은 '심리학의 포로'가 되어 사회를 가볍게 여기고 자신과 자신들의 의지력이나 개성 등을 복잡다기한 문제들의 효과적인 혹은 유일무이한 해법으로 과신하거나 이러한 가치들을 물신화한다. 스스로의 힘으로 성공해야 하고, 누구든 그러지 못한 사람은 바로 그 자신에게 책임이 있으며, 실패의 원인은 좋은 전략과 방안, 의지력, 매력적 인격 등의 결핍에 있다는 생각은 현상과 체제 유지를 위한 일종의 부르주아적 이데올로기이지만, 사회를 소유하고 통제하는 누군가에게는 꽤 쓸모 있는 것이다(Berger, 2000, p. 125).

더욱이 이러한 과잉 긍정성을 기반으로 한 자기계발 문화와 거기에서 파생하는 문제가 누군가의 지적처럼, 우울증 등 병리적 현상으로 고통받는 주체들이 회피하기 어렵고 지속적으로 의존해야 하는 항우울제 혹은 일종의 아편과도 같은 것이라는 데에 있다. 이는 우울증 자체를 발본색원(拔本塞源)하고 치유하기보다, 고통의 지속화 내지는 만성화에 대한 일시적 처방이거나 도구적 합리성에 기반한 주술적 해법이라는 점에서 또 다른 부수적이거나 새로운 문제들에 잠재적으로 노출되어 있다. 결국 그칠 줄 모르고 더욱 확장된 자기계발의 끊임없는 매진과 몰입 등, 주체들로 하여금 현재의 고통과 불안을 일시적으로 누그러뜨릴 수 있는 더 강한 약을 찾게 하는 악순환의 반복 또는 재귀(再歸)를 낳는다.

3. 유동하는 현대사회의 쓰레기들

바우만 역시 현대사회의 불확실성, 억압적 근대화가 낳은 개인주의화의 문제에 관해 벡과 유사하면서도 그 강조점과 결에서 보다 미시적이고 농밀하게, 사회와 사회에서 배제되거나 부적응한 혹은 그럴 수밖에 없는 운명의 개인들 및 그들의 삶에 관해 일관된 어조로 날카로운 분석을 내놓는다.[8] 바우만은 우선 현대성에 관해 '모든 것을 잃지 않으려면 누군가가 명령을 내려야 한다는 감각'에 의해 촉발되고 유지되는 영속적 비상사태라 정의한다. 가령 "우리가 없으면 대홍수가 난다, 예방 조치나 선제공격이 없으면 파국이 온다. 미리 설계된 미래 말고 달리 택할 수 있는 길은 혼돈의 지배뿐이다. 인간적인 것을 간섭 없이 내버려두어서는 안 된다" 등과 같이 현대성은 설계 강박증과 설계 중독에 빠진 상태이다(Bauman, 2004, p.64). 이는 앞서 언급한 트럼프 대통령하 미국 내 반외국인, 반이민 정서를 벡의 위험사회론만큼이나 진중하고 정교하게 설명하는 틀거리라 볼 수 있다.

---

8 바우만은 일련의 저작들, 특히 '유동성'을 제재로 하는 시리즈인 《액체근대(Liquid modernity)》(2000), 《리퀴드 러브(Liquid love)》(2003), 《모두스 비벤디(Liquid Times: Living in an Age of Uncertainty)》(2005), 《유동하는 공포(Liquid fear)》(2006), 《유동하는 시간(Liquid times)》(2007) 등에서 일관되게 사용되는 개념과 일부 논의의 유사성 내지는 중첩으로 인해 자기표절(self-plagiarism) 논란에 휩싸이기도 했다. 그러나 바우만의 유동성 개념은 후기현대사회의 다양한 동인과 국면들을 정교하게 분석하기 위한 일종의 은유적 표현(metaphoric expression)으로, 경제와 테러, 불평등과 기후변화는 물론, 불안과 고독, 소비와 유행 등 사회적이며 사적인 관계 등을 설명하는 데에 유용하고 포괄적으로 사용되고 있다.

그런데 역설적으로 이렇게 촘촘하게 직조된 질서에 대한 전망 혹은 강박은 필연적으로 자기 둥지로부터 혼돈이라는 괴물을 소환한다. 혼돈은 질서의 분신이며, 마이너스 기호가 붙은 질서이기 때문이다. 즉, 이는 어떤 것이 제자리에 놓여 있지 않고 제 기능을 수행하고 있지도 않은 상태를 의미한다. 이는 필연적으로 잉여화한 주체들 혹은 쓰레기가 되는 삶들을 낳는다. 이는 조르조 아감벤(Giorgio Agamben)이 묘사한 호모 사케르(homo sacer), 즉 '신의 법의 영역으로 들어가지도 못하면서 단순히 인간의 법정 밖으로 내쫓긴' 존재와 유사하다. 호모 사케르의 삶은 인간적 관점에서 보나 신의 관점에서 보나 아무런 가치도 없다. 그러므로 호모 사케르를 죽이는 것은 법으로 처벌받는 범죄가 아니었고, 호모 사케르의 생명은 종교적 제물로도 쓰일 수 없었다. 오직 법만이 부여할 수 있는 인간적·신적 의미를 박탈당한 호모 사케르의 생명은 무가치한 것이다. 이를 현대의 세속적인 용어로 바꾸어 말하면, 오늘날의 호모 사케르는 어떤 실정법에도 규정되어 있지 않으며, 법규에 선행하는 인권도 보유하고 있지 않다. 호모 사케르는 현대에 들어와 질서 정연한(법을 준수하거나 규칙이 지배하는) 주권 영역을 생산하는 과정에서 배출된 인간쓰레기의 일차적 범

주이다(Agamben, 1995; Bauman, 2004, pp. 65-68).[9]

　이러한 인간쓰레기는 가족과 함께 시리아 내전을 피해 유럽으로 탈출하려다 바다에 빠져 터키 해변에서 숨진 채 발견된 세 살배기 소년, 아일란 쿠르디(Alan Kurdi)처럼 가시적으로 드러나는 정치적·경제적 난민일 수도 있고, 미국 내 공항에 억류되어 한동안 그리운 가족이나 삶의 터전으로 돌아가지 못한 채 불편을 겪어야 했던 중동 출신의 합법적 시민들일 수도 있다. 더 나아가 기성 언론과 탐욕스런 월가(Wall Street)의 지지를 등에 업은 힐러리 클린턴이 대표하고 표상하는 엘리트 계층에 반기를 들어 트럼프를 지지하고 선거에서 트럼프에게 투표했지만, 실제로 그 삶이 나아지기는 난망한 수많은 미국의 노동

9　아감벤의 호모 사케르와 벌거벗은 삶(sheer life) 등 일련의 개념적 자원과 논의에 관해 현실 변화의 가능성이 부재한다거나, 나아가 과도하게 비관적이거나 회의주의적이라는 비판이 제기될 수도 있다. 이를테면 아감벤의 논의 중 모호하거나 적극적으로 발화되지 않는 부분 중 하나로 담론 영역에서 협상이나 적대 또는 투쟁의 공간이 부재하거나 위축되어 있다는 점을 지적할 수 있다. 그러나 이러한 회의주의의 그림자는 벡이나 바우만에게서도 그 정도를 달리하며 종종 발견되는 것이다. 이러한 혐의는 조망과 비전, 경험과 숙명적인 속성을 드러낸다. 가령 '대안 없는 비판'이나 '해독의 다의성에 따라 다채로운 해석이 가능한 것임에도, 수많은 비판 이론(가)들이 공통적으로 안고 있는 딜레마(dilemma)와 유사한 상황과 그러한 이론들의 본성을 가감 없이 보여준다. 즉, 구체적 대안의 제시보다는 자유롭고 창의적인 문제 제기, 당대와 자신이 속한 사회를 비롯한 모든 친숙하고 관습적인 것들에 대한 의식적인 '거리 두기' 혹은 '낯설게 하기'라는 비판 이론의 기능과 존재 근거에서 연유하는 것일 듯하다. 동시에 이는 인문학과 사회과학을 포괄하는 비판 이론이 안고 있는 본질과 숙명적인 속성을 드러낸다. 가령 '대안 없는 비판'이나 '해법 없는 비판'이라는 비판 이론에 대한 과잉 혹은 인상 비평적 비판에 대해 비판 이론이 담지하고 있는 본원적 속성과 기능이 그것이다. 가령 '쓸모없음의 쓸모'나 칸트식으로 '부동(不動)의 동자(動者)'라는 실천적 정체성에 대한 무지나 피상적 이해 또는 의도적 평가절하나 확증편향에 기인하는 것이라는 반(反)비판을 제기할 수 있다. 바꿔 말해, 아감벤은 물론 푸코와 슬라보예 지젝(Slavoj Zizek), 벡과 바우만 등 비판 이론(가)의 회의주의는 냉엄한 현실인식을 토대로 한 자기 성찰, 심연을 알 수 없는 철저한 추락과 실패, 절망과 분노의 체험을 통해 다시 일어서고 갱생과 쇄신을 위한 투쟁에 있어 필수불가결한 인식론적·존재론적 실천이라고도 볼 수 있다.

자 계급이나 중산층일 수도 있다.[10] 또는 장기화한 경제 불황의 이면에서 제대로 된 일자리를 찾지 못하고 떳떳하게 사회의 구성원으로 편입되지 못한 무수한 일본의 히키코모리(은둔형 외톨이) 세대나 니트(NEET: Not in Education, Employment, or Training. 교육과 노동, 직업 훈련, 어느 것에도 참가하지 않는 상태를 가리키는 조어)족, 단군 이래 최고의 스펙을 갖춘 것으로 평가되면서도 몇 해가 될지 알 수 없는 긴 시간 동안 학교와 도서관 또는 고시촌을 떠날 줄 모르는 한국사회의 취준생(취업 준비생)이나 장삼이사(張三李四) 흙수저 들일 수도 있다.[11] 또한 과학과 의학의 눈부신 발달로 인해 직업 전선에서 은퇴한 이후에도 예전과는 비할 수 없이 오랜 여생을 영위해야 하는 수많은 노년 세대는 일찍 죽는 위험보다는 장수에 수반되는 사회적 위험(강상중, 2012, p.22, p.30)에 준비되지 못한 상태로 노출되어 있다.

---

10 일례로 트럼프 대통령은 지난 대선 때 월가 개혁을 핵심 공약으로 내걸었으나, 이와는 달리 집권 후에는 월가 출신 인사들을 내각에 대거 발탁한 데 이어, 최근에는 금융규제법인 '도드-프랭크법' 완화를 골자로 하는 행정명령에 서명하는 등 '친(親)월가(Wall Street)' 행보를 보였다. 특히 2017년 2월 3일 도드-프랭크법의 타당성을 검토하라는 행정명령에 서명한 것을 두고 글로벌 금융위기의 재발을 막기 위해 전임 오바마 정부에서 어렵사리 만든 규제를 무너뜨리려는 시도라는 비판이 제기되고 있다. 민주당 대선 경선에 나섰던 버니 샌더스 상원의원은 트럼프가 선거 유세에서 월가 개혁을 강조했던 점을 거론하며 "월가 개혁을 한다더니 월가를 위해 일하는 트럼프는 사기꾼"이라고 주장했다(〈아시아경제〉, 2017. 2. 6).

11 부자들은 부자이기 때문에 점점 더 부유해지고, 빈자들은 단지 가난하기 때문에 더 가난해지는 현상은 물론 새로운 일은 아니지만, 최근 전 지구적으로 광범위하게 목도되고 있다. 특히 국가 경제들 간의 불평등은 계속해서 줄어들고 있는 데에 반해, 세계 최상위 부자들과 세계 최하위 빈자들 간의 간격은 계속 벌어지고 있고 각국 내의 소득 격차도 계속 확대되고 있다. 더욱 심각한 문제는 중산 계급들의 광범위한 '프리카리아트(precariat)'로의 전락이 일반화되고 있다는 점이다. 프리카리아트란 '불안정한(precarious)'과 '프롤레타리아(proletariat)'를 합성한 조어로 불안정한 고용과 노동 상황에 놓인 비정규직, 파견직, 실업자, 노숙자 들을 총칭한다. 신자유주의 경제체제에서 등장한 신노동자 계층을 지칭하는 것으로 2003년 이탈리아에서 처음 사용되었다(Bauman, 2013, pp.20-22).

이로부터 무수한 주체들의 고독과 불안이 생성된다. 이러한 고독과 불안의 정서는 대개 상실감과 불운의 고통스러운 경험에 의해 조성된다. 우리만 그러한 것이 아니며, 누구도 통제할 수 없고, 누구도 내막을 모른다. 언제 어디에서 다음 번 재난이 닥칠지, 그 파장은 어디까지 미칠지, 그러한 격변이 얼마나 치명적일지 알 도리가 없다. 이러한 불확실성과 그로 인해 생긴 괴로움은 지구화와 신자유주의의 주요 산물이다. 국가 권력은 불확실성을 박살내기는 고사하고 진정시키기도 힘들다. 국가 권력이 할 수 있는 일이라곤 기껏해야 불안의 초점을 손에 닿는 대상으로 다시 맞추는 것뿐이다. 손을 쓸 수 없는 대상으로부터 적어도 그들이 다루고 통제하는 척이라도 할 수 있는 대상으로 초점을 옮기는 것이다(Bauman, 2004, p. 124).

그래서일까? 트럼프 정권의 문제적 외교정책들은 실제로 미국과 온 세계가 직면한 신자유주의라는 구조적 문제에 대한 용기 있는 대면과 발화 대신에 무고(無辜)하며 무연(無緣)한 '상상의 적(imagined enemy)'들을 내세워 복잡다기한 문제들의 원인과 결론을 뒤섞어버리고 이를 마술적으로, 해결하려고 했다. 트럼프 정권은 보다 엄밀하게 말해, 오직 그러한 환상을 국가의 구성원들에게 심어주고 이를 통해 집권하고 정권을 유지하려는 정치공학을 취했다. 마치 리얼리티 쇼(reality show)에서나 등장할 법한 가상현실과 이를 차용한 통치 행위 혹은 이미지 정치(image politics)가 현실에서 힘을 발휘했다.¹² 이는 기존의 글로벌라이제이션 관련 이론들에서 세계화가 과거와는 비교할 수 없이 국민국가(nation-state)의 입지와 역할을 현저하게 축소시켰음에도 불구하고, 외교나 국방은 물론 경제와 문화, 나아가 일상적인 삶에서도 개별 국가의 역할이 여전히 중요할 것이라는 특수한 사례들과 그러한 대중적 정서에 급진적인 방식으로 편승하거나 포퓰리스트적으로 추동하려는 데에서 기인하는 불협화음이며, 이는 종국에 예기치 못한 파국적인 결과를 야기할 수도 있다.

한편, 현대사회의 불확실성이 커지면서 쓰레기 혹은 잉여가 되는 주체들은 다양한 방식으로 이러한 체계에 저항하기보다는 이를 용인하거나 순응하는 가운데, 생명을 지속하고 또 삶의 의미를 발견하기 위해 분투한다. 그중 하나가 여가와 소비문화이며 이는 미디어에 의해 매개 및 확장된다. 이는 과거 종교나 제례 혹은 축제가 했던 역할을 대신하는 구원의 매개자이다. 가령 옛날 신전이 수행했던 역할을 현대에는 욕망의 소비 공간들이 수행하고 있는데, 이 신전들에 모신 신이 세칭 소비의 신이다. 1852년 프랑스 파리에서 개점한 세계 최초의 백화점 봉마르셰를 두고, 에밀 졸라는 "백화점은 현대의 신전이다"라

---

12 실제로 트럼프 대통령은 자신의 반이민 정책에 반기를 든 샐리 에이츠(Sally Yates) 법무부 장관 대행을 취임 후 얼마 지나지 않은 2017년 1월 말에 전격 해임했다. 이를 두고, CNN에 출연한 한 패널은 "백악관이 리얼리티 쇼로 변했다"라고 논평했다. 이는 트럼프가 과거 출연해 인기를 끌었던 NBC의 리얼리티 쇼 '견습생(The Apprentice)'의 유명한 대사였던, "넌 해고됐어(You are fired)"라는 말을 유행시킨 것에 빗댄 것이다(〈조선일보〉, 2017. 2. 1). 이를 두고 최근 미국 언론과 다양한 온라인 매체를 통해 "우린 모두 해고됐어(We are all fired)"라는 자조 섞인 유머가 회자되기도 했다. 이 말은 가깝게는 트럼프 정권하, 미국 대중의 엄혹하고 힘겨운 일상을 풍자하는 패러디(parody)이지만, 일국의 경계를 넘어 세계화와 신자유주의의 그늘에서 일상적으로는 피로와 소진을 체험하고 더 나아가 사회로부터 소외되거나 추방된 모든 잉여적 주체들의 패러디이자, 이 글의 제목이 차용한 바우만식 표현으로 '쓰레기가 되는 삶들(wasted lives)'의 비참함을 설명해주는 촌철살인(寸鐵殺人)이다.

고 정의했는데, 이러한 예언은 오늘날 국민의 대다수가 절대 빈곤으로부터 벗어난 나라들에서 예외 없이 실현되었다. 대량문화와 대중소비 시대의 최고신인 '지름신'은 그 신자들에게 어떤 윤리적 계율이나 금기도 요구하지 않는다. 이 신을 모시는 신전에 들어가기 위해 투명 봉투 따위에 넣을 헌금을 미리 준비해둘 필요도 없다. 이 신전의 문은 누구에게나 활짝 열려 있으며, 그 안에서는 아무도 양심을 긁는 따분한 설교를 하지 않는다. 더욱이 이러한 소비문화는 유연하면서도 집요하게 '취향의 정치' 또는 '차이와 다양성의 정치'의 얼굴로 신자유주의의 탈(脫)정치적이며 자기통치적 속성을 자연화한다. 이는 바우만이 현대사회에서 모더니즘이 몰락하면서 '차이 그 자체'와 그것의 축적만이 남았다고 한 진단을 소환한다. 바우만은 오늘날 차이가 전혀 부족하지 않고 오히려 우리 세계의 쇠퇴하는 모든 지역의 거리 모퉁이마다 새로운 경계가 나타나는 것처럼 보인다고 말한다(Bauman, 2011, p. 129; 전우용, 2017. 1. 31).

이러한 개인화한 상상의 해결책은 바우만의 사유가 시종일관 상당한 비중을 두고 꾸준하게 제기하며, 우리의 주의를 환기하고자 하는 지점이다. 바우만은 개인들이 자신의 행동에만 시선을 맞추고 있는 탓에 이러한 개인적인 삶의 모순들을 집단적으로 빚어내거나 공모관계에 있는 사회 공간에서 주의를 돌리고 자신들이 처한 비극의 원인을 명백하고 개선 가능한 어떤 것으로 만들기 위해 그 곤경의 복잡성을 애써 축소하려 한다고 일갈한다. 이는 이러한 체제의 모순에 대한 전기적인 해결책들이 없기 때문이며, 개인들이 원하는 효과적 해결 방안이 부족한 것을 상쇄하기 위한 마술적인 상상의 해결책이 필요해진 이유이기도 하다. 그러나 해결책이 상상에 의한 것이든, 진정한 것이든, 모든 해결책이 합리적이고 실행 가능한 것처럼 보이기 위해서는 그 과제나 책임에서 '개인화'와 한편이거나 동등한 것이어야 한다. 이 과정에서 두려움을 느끼는 개인들이 비록 짧은 순간이나마 그들의 두려움을 집단적으로 의지할 어떤 개별적 말뚝들이 필요하게 되는 것이다. 그러므로 우리 시대는 희생양을 환영한다.

그 희생양은 사생활이 엉망인 정치가, 비열한 거리와 거친 구역들을 거니는 범죄자들 혹은 우리 안의 이방인일 수도 있다. 또는 상상의 해결책은 외부가 아닌 내면의 욕망, 가령 건강하고 아름다운 몸에 대한 강박관념에서 기인하는 피트니스(fitness), 신용카드의 사용과 할부 구매의 일반화 및 이로 인한 외상 거래와 빚의 급증 등 어느덧 사용가치를 넘어 강박이나 중독으로 바뀐 쇼핑 등을 들 수 있다. 이는 날카롭게 신경을 건드리는 불안과 괴롭고도 숨 막히는 불확실성에 대한 힘겨운 투쟁이다. 이처럼 소외와 불안, 혼돈을 완화시키려는 노력은 역설적이게도 물신화한 스펙터클과 소비문화를 촉진하고 이러한 문화는 우리로 하여금 민주주의나 공동체의 가치, 시민사회의 붕괴에 관심을 갖게 하기보다, 채워지기 어려운 개인적 나르시시즘과 환상에 집중하고 탐닉하도록 하는 정치적 임무도 수행한다. 이 과정에서 인간관계와 진짜 공동체는 축소되며 성과와 경쟁에 내몰리는 이 세계로부터 추출된 감정은 소비 가능한 것들에 재투자된다(Bauman, 2000, p. 63, p. 130; Bauman, 2004, p. 203, p. 238; Berger,

2000, p. 131).[13]

　친숙하고 낭만화한 일상성으로 포장되어 좀처럼 위험이라고 인식하기 어려운 위험들이 편재하고 유동성이 극대화한 현대사회에서 잉여가 되는 무수한 주체들은 어떤 방식으로 이러한 악의 평범성(banality of evil)과 용기 있게 대면하고 이를 지혜롭게 극복해낼 수 있을 것인가? 자본가도 아니면서 자본가의 언어를 내면화해 발화하는 주체들이 이에 대해 어떻게 효과적으로 저항하는 가운데 새롭고 참된 그들만의 언어를 발견할 수 있을 것인가? 타인에게 이용될 수 있는 동안만 타인에게 유용하며 더 이상 그러한 방식으로 이용당하고

13　이러한 소비와 여가, 힐링과 자기계발 문화에 관해 이를 전유하는 주체들의 입장에서 보다 온정적인 시선과 관대한 평가가 가능할 것이다. 가령 자기계발과 힐링은 그것이 필요한 사람들에게는 가치가 있는 것이지 왜 싸잡아 이를 사기라고 해야 하는지 또는 절박한 처지에 놓인 개인들에게는 일시적인 위로나마 소중한 것(강준만, 2014, pp.82-83)이라는 문제 제기는 신자유주의하에서 유사하게 반복되는 개인화한 문화들이 단순히 주체의 '구별 짓기'나 '차이의 문화정치'를 넘어 '권능화(empowerment)' 또는 신자유주의 시대의 생존과 직결된 문제라는 차원에서 상당한 설득력을 지닌다. 동시에 그렇기에 더욱 이러한 모든 구조적인 문제들의 개인화한 해법과 각자도생식 주체의 전략과 삶의 방식에 대한 사회적 각성과 환기가 필요한 것일 듯하다. 이를 두고 평범한 소시민에게 운동가나 지식인처럼 생각하고 행동해달라고 요구할 수 없다(강준만, 2014, p.83)는 주장은 이들을 본질적으로 화해하거나 소통하기 어려운 양자 대립적 존재들로 규정하며 개인은 물론 사회의 변화를 차단할 위험성을 지닌다. 더욱이 이러한 시각은 지식과 지식인 또는 운동가의 역할을 무용한 것으로 만들거나 축소해 중요한 영역에서의 목소리와 실천을 폐색하는 결과를 낳을 수도 있다. 물론 이는 개인적 차원에서의 생존과 성장을 위한 노력들이 모두 문제적이라거나 무의미하다는 주장을 하고자 함은 아니다. 다만 자기계발과 힐링을 통해 극소수의 개인적 성공담과 미담이 사회의 일반적 가치로 격상되고, 이 과정에서 모든 거시적·구조적 문제들이 축소되거나 은폐되며 새로운 신화 혹은 이데올로기가 제조되는 과정과 메커니즘에 대한 사회적 각성과 비판, 그리고 진지한 숙의가 필요하다는 말을 하고자 함이다. 또한 '큰 문제'들에 대한 관심이 급격히 위축되는 동시에, 이러한 결과로 필연적으로 개인들이 겪게 되는 산적한 문제들이 '개인의 노력에 의해' 자율적으로, 일거에 해결될 수 있을 것이라는 통치성이 일종의 시대정신이나 지식의 형태로 권력화한 현실에서, 이에 균열을 내고 대안적 지식을 생성하기 위해 체계적이고 지속적인 대항 담론을 조직할 필요성은 시급하고 절박한 문제이다. 하나의 예로 동성애나 페미니즘(feminism), 인종이나 지역 차별 등 사회적 소수자의 정치나 정체성 정치에 관해 목소리를 내는 순간, 비록 한시적으로는 강한 저항이나 반동적 움직임에 맞닥뜨릴지라도 우리는 보다 다양한 사회적 욕망들에 대해 비로소 '함께 상상하기'를 시작하는 것이다.

싫어 하지 않는 사람들이 쓰레기통이나 파놉티콘(panopticon)(Bauman, 2004, pp.240-241)이 아닌 곳에서 어떻게 보다 인간적이며 존엄한 삶을 영위할 수 있을 것인가? 신자유주의적 체제하에 산재한 무수한 위험과 배제를 개인화하는 전략들에 맞서 우리는 유대인 학살과 같은 끔찍한 악행을 국가의 명령이라는 내면의 정당화를 통해 의심 없이 수행했던 평범하고 인간적인 얼굴의 '예루살렘의 아이히만'(Arendt, 1963)처럼, 돌이키기 어려운 체계와 역사의 공범이 되지 않을 것인가? 이러한 질문들에 대한 대답은 이 글의 규모나 범위는 물론 필자의 능력 저 너머의 문제이다. 다만, 이는 이 글이 애초에 질문의 형식으로 던지고 대답을 구하고자 했던 공간에서 필연적으로 조우하거나 중첩되는 문제들이기에 향후 학문 공동체의 지속적인 논의를 위한 과제로 남겨둔다.

4. 사회적인 것의 복원과 창발을 사유하기

그렇다면 벡과 바우만이 유사한 문제의식에서 진단하고 답을 구하고자 했던 사회적 위험의 개인화, 사회 불평등이나 구조적 모순의 개인화를 어떻게 대면하고 그에 대한 처방이나 대안을 모색할 수 있을 것인가? 과거 산업사회의 사회적 삶과 인간(형)이 급격하게 위축되는 후기산업사회 혹은 신자유주의적 기업사회의 자장에서 경제적 주체들이 점점 고립되고 원자화되어가고 있다. 그 결과, 어디에서도 환대받지 못하는 잉여들이 확산되는 사회적 위험을 어떻게 극복할 것인지, 나아가 '사회적인 것(the social)'의 복원을 어떻게 이루어낼 수 있을 것인지에 대한 진지한 물음을 던지고 이에 대해 함께 고민하고 목소리를 내는 가운데 이제 사회적 해법을 모색할 때이다.

힐링이나 자기계발 문화에서 암시하듯, 누구가로부터 어떤 충고나 조언을 들었든 또는 어떤 삶의 고난과 좌절을 겪었든 간에 개인의 구원이나 행복이 자신만의 자유로운 결단과 실천, 의지와 노력에 의해 '본질적으로' 해결되기 어렵다는 공통감각의 복원을 통해 그 긴 여정을 비로소 시작할 수 있다. 노력하면 무엇이든 할 수 있고, 무엇이든 될 수 있다는 시대정신은 개인적이며 일상적인 피로와 소진을 구조화하고, 나아가 사회화한다. 또한 우리의 관계를 단절시키고, 감당하기 어려운 고독과 불안의 심연으로 추락시킨다. 이러한 개인화의 통치성과 자기 테크놀로지를 정상화한 사회는 바우만의 표현을 빌자면 냉혹하고 각박한 사냥꾼의 세계이다(Bauman, 2000). 사냥꾼이 되어 끝없이 펼쳐진 사냥터에서 짐승들을 잡아야 하며, 그러지 않으면 사냥감이 되고 만다. 즉, 신자유주의의 무한경쟁 시대에 우리는 죽이거나, 죽임을 당해야 할 운명이다. 위에서도 언급했듯이, 이를 극복하기 위한 보편적이고 항구적인 해법 또는 대안적 전망을 찾는 것은 불가능한 일이며, 그것은 이 글의 의도와 목적을 넘어선다. 더욱이 그 구체적 대안에 대한 정책적·문화적 밑그림이 있다고 할지라도 이를 현실에서 추동해내는 것은 매우 지난한 일이다.

다만 아주 가끔씩 일어나지만 그로 인해 큰 경이와 충격을 체험할 수 있는 예외적인 정치적·사회적 변화의 단초를 통해 이러한 꿈을 키워나가는 가운데, 채 도래하지 않은 미래를 좀 더 명징하게 그려나갈 수 있을 것이다. 가령 이러한 불확정적이고 미완의 맹아는 2016년 말에 시작되어 2017년 초까지 이어진, 한국 정부의 광범위한 국정농단에 연이은 대규모의 촛불집회와 평화로운 시위의 형식으로 대응했던 창의적이며 용기 있는 주체들의 집합적 움직임에서 발견될 수 있을 것이다. 무엇보다 이러한 시민운동이 함의하는 정치적 가능성은 권력을 특정인이나 특정 세력 또는 제도적 힘에 집중화되거나 닫힌 체계로 보지 않고, 시민들의 희망과 분노와 그들의 사회적이며 집단적 상상력이 발현되고, 이를 토대로 과거 강하고 단단한 것이라 여겼던 권력에 불가역적인 균열이 생기거나 안정적 지형이 변화할 수 있는 것 또는 그러한 과정으로 인식할 수 있게 되었다는 데에서 찾을 수 있을 것이다.

이는 국가 권력 또는 국가 자체가 하나의 단일한 중심을 갖는 것이 아니라, 미시적이고 다양한 권력들이 작용하는 복합적인 수준과 층위의 결합체로 보는 푸코의 시각과도 맞닿는 지점이다. 즉, 푸코가 현대사회를 규율사회로 볼 때, 여기의 규율이란 기구나 제도와 동일한 것은 아니며, 권력의 한 유형으로서 기구들과 제도들을 가로지르면서 기구와 제도를 연결시키거나 복합적으로 작동시키는 일종의 테크놀로지이다. 또한 푸코는 권력이 본질을 갖지 않으며, 조작적인(operational) 것이며, 속성이 아니라 관계라고 본다. 나아가 그는 권력이 억압하기 전에 특정한 실재를 만들어내고, 이데올로기화하기 전에 진리를 생산한다고 본다. 이는 자기 배려나 자기의 테크놀로지를 포괄하기도 하며, 의식적이든 무의식적이든 이들과 연계될 수 있는 가능성을 내포한다. 여기에서 실천적 진리, 대안적 진리, 처방적 진리가 발아하고 움틀 수 있는 공간이 마련된다. 왜냐하면 지식을 생산하고 담론을 증식시키고 그것을 작용 지점으로 삼아 권력을 작동시키는 메커니즘의 출현과 작용 조건은 힘 있는 자들만의 것이 아니다. 모든 지식에는 의지가 있고 그 안에 모든 권력의 전략이 있기 때문이다(Foucault, 1995; 양운덕, 2011, p. 63, p. 69).

그러므로 새롭고 창의적인 권력을 꿈꾸고, 발견하고, 실천하는 가운데 전취(戰取)해나가기 위한 공감과 연대, 실천의 경험은 중요하면서도 절박한 과제이다. 물론 촛불집회에 참여했던 무수한 개인들의 희원과 갈망이 동질적인 것일 수 없기에 어떻게 연대할 것인가에 대한 물음은 중요하다. 우리는 광장에 모여 한국사회의 뿌리 깊은 구조적 적폐와 부조리에 분노했다. 또한 세월호 희생자와 유가족, 2016년 구의역에서 작업 중 사망한 비정규직 노동자, 같은 해 말

강남역에서 무고하게 살해된 여성을 기억하고 애도하는 촛불 시민들의 정서적 유대뿐 아니라, 탄핵된 대통령을 두고 "우리 근혜, 불쌍해 죽겠네"라거나 "우리 목숨을 바쳐 대통령을 지켜내자"라고 외치는 지지자들의 정서적 유대 또한 분명하게 목도했다.

공감은 타인의 목소리를 완전하게 대변하는 것도, 내가 그 타인의 위치에 설 수 있다고 생각하는 것도 아니다. 다만 경험을 전유하려고 하지 않고, 대표하려고 하지도 않으면서도 그 사람의 입장에 공감할 수 있을 것이다(김수아, 2015, p.363). 가령 세월호 참사와 세월호 유족 탓에 국가 경제가 심각하게 위협받는다는 경제 프레임이나 국가의 품격에 손상을 입을 수 있다는 수구적 위기 담론에 대해 내가 정확하게 그 위치에 있지 않더라도 누군가와 함께 분노하고 저항하며 공감을 표현할 수 있을 것이다. 세월호나 메르스 같은 국가적 재난이나 공공적 사건, 나아가 박근혜 전 대통령의 탄핵 등을 단순히 단기적인 비용과 이익 분석 등의 경제지표나 무디스나 S&P 같은 국제 신용평가 기관의 국가 신용등급 평가로 끊임없이 환원하려는 경제적 담론들, 그리고 정치 문화와 풍토를 바꾸고 바로 세우지 못한다면 앞으로도 이러한 유사한 일들을 방지하기 어려울 뿐 아니라 공공성을 담보하는 좋은 국가와 사회에 대한 사회적 상상은 요원한 일임을 느끼고 함께 발화하는 일은 중요하다. 나아가 우리는 성찰적 내면이 결여된 채 안락과 편리가 주어진 육괴적(肉塊的) 삶과 생존에 대한 만족만을 느끼며 타인의 욕망에 의해 자신의 욕망이 계획되고, 추동되고, 소비되는 속물적·타인 지향적·자본주의적 자아와 삶(김홍중, 2011, p.58)을 진지하게 다시 생각해보고, 이에 저항하거나 창의적으로 전유할 수도 있을 것이다.

여기에서 중요한 점은 이러한 연민과 공감, 동일시와 연대를 위한 사회적 상상과 노력이 반드시 개인의 일방적인 헌신이나 희생을 전제로 하는 것은 아니며, 더욱이 이를 강요해서는 곤란하다는 것이다. 모든 개인은 사회적 개인이며, 모든 개인은 독자적이면서도 동시에 보편적이다. 즉, 개인은 보편과 특수가 동시에 통용되고 교차되는 배리(背理)의 범주이며, 양자택일의 논리는 이 배리의 범주나 법칙을 인정하지 않는다. 개인이 이러한 배리의 범주에 속하는 존재임을 인정하지 않을 때, 개인은 개인주의와 집합주의라는 양극으로 용해되어버린다. 개인주의로 용해된 개인은 '행복'이라는 '가상'에 집착하는 주체가 되며, 집합주의에 용해되어버린 개인은 진리나 대의를 위해 행복을 저당 잡히는 금욕주의적 주체가 되고 만다(노명우, 2010, p.89). 이제 이러한 양자택일적 관계를 지양하고, 개인과 사회가 양립할 수 있고 선순환할 수 있는 상상력, 즉 개인과 사회에 대한 새로운 해석 및 개인과 개인의 새로운 관계망에 대한 고민이 필요한 때이다.

물론 이 글이 논의한 현대사회의 다양한 위험들, 바우만의 은유를 빌리면 기존의 고체적이고 딱딱한 것이 빠르게 액화하거나 증발해버리는 상황에서, 특히 상시화하고 만성화한 개인들의 불안과 피로 속에서 생존을 위한 처절한 각자도생의 개인화한 삶의 양태가 일종의 시대정신으로 등극한 오늘날, 어느새 학문적 키치(kitsch)가 되어버린 연대와 협력, 공감과 정동(情動, affect) 등의 개념을 규범적·당위론적 차원에서 다루는 것과 별개로, 현실에 적용하고 구체적 쓸모로 만드는 일은 어렵고도 지난한 일이다. 가령 이 개념들의 인식론적·존재론적 함의와 그 실천적 유용성에도 불구하고, 이것이 내포하는 개념적 모호성이나 상당한 수준의 추상성으로 인한 현실 적용력의 문제, 나아가 이를 주장하는 이론가의 편견과 한계 등은 이를 현실의 변화를 추동하는 운동의 지침으로 삼고 동력으로 활용하거나 방향성을 제시하기에는 일정한 간극이 있다. 그러한 점에서는 일종의 인식론적 신기루와 같다.

하나의 예로 근래 '정동'이란 용어가 한국의 진보적 지식 담론 영역에서 자주 등장하고 이와 관련된 학술서도 활발하게 소개되고 관련된 논문들도 양산되고 있다. 이 개념은 기존의 서구에서 유입된 개념이나 이론적 자원들과 유사하게 번역어로서 공통어를 갖지 못한 개념임에도 불구하고, 최근 빠른 속도로 연구자들의 관심을 흡수했다. 특히 정치학과 사회학, 문화 이론 등에서 이 개념을 적극 활용하고자 하는 움직임이 보이고, 이는 그만큼 우리 사회의 작동 방식이나 그 내면까지 분석해 장차 도래할 미래의 가능성을 응시하려는 이론의 부재에 목말라 있음을 보여주는 한 방증이다. 그렇다고 해서 정동 개념을 외래에서 일방적으로 이식되었거나 하나의 전체 혹은 총체적인 개념으로 바라볼 필요는 없다. 정동이란 개념은 이것이 더욱 복잡해진 권력의 작동 방식을 이해하는 담론적 성좌로 우리 안에서 자라난 것일 수 있다는 해석도 가능하다. 또한 정동은 단순한 감정과 달리 몸과 마음을 동일하게 가리킨다는 차원에서 이 개념을 경유해 신자유주의하 노동이나 자본을 분석할 때 감정의 자본화뿐만 아니라 여기에서 분리할 수 없이 결속된 신체적 자본화의 문제를 지시하는 생명정치적 함의를 길어 올릴 수도 있을 것이다. 즉, 정동의 인지적 측면이나 본질적 정의에 과도하게 천착하기보다는 그것의 유용성이나 기능을 상상하는 생산적 작업으로 선별적으로 활용할 수 있을 것이다(박현선, 2016, pp. 70-71, p. 73; 최익현, 2016. 7. 6).

반면, 최원이 지적하듯, 정동과 관련된 '정서 이론'이 국지적 이론의 영역으로 재위치된다는 조건하에서, 그리고 완전히 다른 전제 위에서 재구성된다는 조건하에서, 여전히 어떤 의미를 가질 수 있다고 할지라도 보다 정교하고 과학적인, 나아가 인식론적이며 사회존재론적인 차원을 포괄적이며 총체적으로 다룰 작업을 필요로 할 수 있다. 하나의 예로 기존의 정통 마르크스주의적 시각이나 알튀세르의 이데올로기론을 오늘날의 상황과 문맥에 부합하게 재전유할 수도 있을 것이다. 가령 이데올로기를 개인들이 실재 존재조건에 대해 맺는 상상적 관계를 가공하고 채널링(channeling)하고 통제하는 사회적 실천, 다시 말해 개인들의 상상에 개입해 들어오는 사회적 실천으로서 인식론적·실천적으로 전유 및 활용할 수 있을 것이다. 이를 통해 사회적 실천으로서의 이데올로기가 경제나 정치 등 다른 사회적 실천들과 역사적으로 접합되어온 방식들에 대한 구체적 연구, 그러한 접합이 해체되거나 새롭게 조직되는 방식들에 대한 구체적 연구, 그리고 이로부터 도출되는 다양한 대중의 실천 및 투쟁의 목표와 방법론에 대한 연구로 확장될 수 있을 것이며, 이는 단지 정서나 정동에 대한 연구로 환원될 수는 없다(최원, 2016, pp. 111-112).

이를 위해 앞서 언급한 벡과 바우만의 성찰적이며 회의주의적 현실 진단과 비판적 작업은 인문사회과학의 학문적 트렌드나 키워드로서 충분한 성찰성과 맥락화, 그리고 지역적 층위와 개별적 구성원들이 맞닥뜨린 구체적 상황에 부합하는 방식으로 접합 및 재전유의 과정이 결여된 채 빠르게 남용되기도 하는 정동이나 다른 포스트모던적 사유들의 한계에 대한 인식론적 대안이 될 수 있을 것이다. 여기서 더 나아가 이러한 사유와 이론화 작업들의 지류나 일부가 되어 이들을 변증법적 과정을 통해 질적 전환을 이룰 수 있도록 추동하는 유용한 실증적 토대나 경험적 화두로 기능할 수 있을 것이다.

5. 나가며

오늘날 개인들은 리처드 세넷(Richard Sennett)이 적절하게 진단하듯 그들 자신의 불안감의 노예가 되어 친숙한 것에서 안정감을 찾으려 애쓴다. 이러한 개인주의는 단지 그러한 개인적 충동만이 아니라 사회의 부재도 함께 의미한다. 인류의 모든 문화에서 의례가 맡은 역할은 공유된 상징적 행동 속에서 사람들의 눈을 바깥으로 돌림으로써 불안을 덜어주고 해소시키는 것인데, 현대사회는 이러한 의례적 연대를 약화시켰다. 더욱이 신자유주의적 자본주의의 여러 새로운 형태는 단기적 노동과 제도적 파편화를 강조한다. 이러한 시스템은 노동자들 사이에서 상호 지원적인 사회관계가 유지되기 어려운 결과를 낳는다. 일례로 서구에서 엘리트와 대중 간의 거리는 점점 더 멀어지고 있고, 불평등은 미국이나 영국과 같은 신자유주의체제에서 더욱 현격해진다. 사회구성원들이 공통된 운명을 누릴 여지는 갈수록 적어진다. 특히 경제적 위기하에서 평범한 사람들은 혼자서 모든 것을 감당하고 감내하도록 내몰리는 상황이기에 그들이 어떤 식으로 연대하거나 연대를 갈망하는 것은 자연스러운 일이다. 더 중요한 것은 사회적 동물로서 우리는 기존의 사회적 질서가 보여주는 것보다 더 깊이 협력할 능력이 있고, 잔혹한 시대가 이러한 우리의 능력을 전부 지워버리지 못할 것(Sennett, 2012, pp. 441-442)이라는 믿음을 가지고 살아야 한다는 점이다.

2017년 3월 대통령의 탄핵에 이어 신속한 구속 수감으로 귀결된 전대미문의 국정 농단과 촛불 정국을 두고 바우만의 지적처럼 분노한 대중이 복잡다기하고 구조적인 비극의 단순화를 위해 모든 것을 '마녀사냥' 하듯 한 개인에게 돌린 결과라는 해석도 가능할 것이다. 하지만 이보다는 이례적이며 역동적인 현재 진행형의 정치적·사회문화적 격변 속에서 주체들이 단순성에서 벗어나 실타래처럼 얽히고설킨 구조의 문제를 비로소 사유하고 발화하기 시작했다고 볼 수 있는 사건[14]이다. 이러한 해석은 상당한 설득력을 지닌다. 이러한 인식과 연대를 위한 공감과 협력 혹은 새로운 관계의 경험은 우선 인간의 소외와 차별, 불평등과 불의, 부조리와 구조적 악에 대한 푸념이나 불평이 아니라 '함께 목소리 내기'를 통한 용기 있는 분노와 일상에서의 끈기 있는 실천을 통해 촉발될 수 있을 것이다.

이는 닉 콜드리(Nick Couldry)가 논구한 바와 같이 사회에서 목소리가 얼마나 중요한지 보여주는 한 예라 할 수 있다. 즉, 일련의 정치적 변화와 이를 위한 행동을 조직하는 데 있어 일상의 공간과 시간에서 어떤 방식으로 집단적 내러티브(narrative)를 조직하는가 하는 문제는 매우 중요하다. 실천으로서 목소리는 체화되며 그러한 목소리의 맥락은 종종 다른 신체의 존재이다. 가령 말하거나 기억하는 경우, 이야기를 교환할 기회 및 해석이라는 공유된 행위 같은 것이 그 맥락을 이룬다. 우리가 신자유주의를 비롯한 체계나 구조에 대한 저항 담론이나 저항의 문화를 통한 변화를 모색하거나 이 과정에서 대항 합리성 혹은 대안적 합리성의 구축(Couldry, 2010, pp. 238-240)을 진지하게 고민한다면, 이러한 통찰력은 상당한 인식론적·실천적 유용성을 담지한다.

---

14 물론 한국에서 일어난 대통령의 탄핵과 이 과정에서 대중의 창발적 저항, 이후에 치러진 대선의 결과로 인한 새 정부의 출범은 유럽과 미국, 일본과는 표면적으로 이질적인 정치적·사회적 변화의 경로를 보여줌으로써 국제적으로도 큰 뉴스거리가 되었다. 이러한 한국의 정치적 상황과 변화의 특수성을 들어 이를 지구적 현상으로 일반화하기 어렵다는 해석도 어느 정도 타당성을 지닌다. 반면, 최근 도널드 트럼프 미국 대통령이 이른바 '러시아 커넥션' 수사와 관련해 제임스 코미(James Comey) 연방수사국(FBI) 국장을 해임한 이래로 이전과는 다른 양상으로 거센 탄핵 여론에 직면한 것, 그리고 2017년 5월 치러졌던 프랑스 대선에서 중도신당 '앙마르슈'의 에마뉘엘 마크롱(Emmanuel Macron)이 극우정당 '국민전선(FN)' 마린 르 펜(Marine Le Pen)에 예상보다 큰 표 차이로 승리한 것은 각 국가와 지역이 처한 특수성에도 불구하고 대중의 사회적 상상 혹은 위기의식, 그리고 이를 현실에서 추동하려는 정치적 열망과 실천에서 일정한 유사성을 드러냄을 보여주기도 한다.

수많은 외신들이 찬탄해마지 않았던 평화로운 광장의 천만 촛불과 그 동력은 삶과 일상으로 전이 및 확장되어야 한다. 그럼으로써 직장과 학교, 가정 등에서 그간 우리 사회 내부에 뿌리 깊게 착근한 극단적 위계와 폭력이란 적폐와 권위주의 문화, 우리 자신의 내면에 깊숙하게 침윤된 타자 지향적이며 물신화한 나르시시즘(narcissism)적 욕망과 스노비즘(snobbism)을 담담하게 응시하고 교정하는 가운데 새로운 공동체로 나아갈 수 있는 현장과 생활세계의 민주주의로 승화되어야 한다. 그리고 이러한 광장정치와 직접 민주주의에서 얻은 소중한 경험과 자신감을 제도권이나 정당정치를 올바르게 작동할 수 있게 하는 또 다른 동력이자 양자 간의 지속적인 긴장관계와 견제·협업·공조를 유지할 수 있는 정치·사회문화적 가치로 타오르게 해야 한다. 이 과정에서 한나 아렌트(Hannah Arendt)가 말한 소명으로서의 공동체적 삶, 즉 참여자들 모두가 동등한 입지나 위치에 서 있는 정치적 공동체(Arendt, 1963)를 꿈꿀 수 있다. 더 나아가 타인을 향해 내던지기 하고 끊임없이 말걸기 하는 가운데 우리 자신을 권능화하고 자기 효능감을 극대화하는 실천적인 공동체를 경험할 수 있을 것이다. 이를 통해 우리가 세계 속으로 들어가는 과정 또는 개인들이 관계의 한계를 모두 실현하는 과정으로서, 보다 인간적인 온기를 느낄 수 있는 공동체(Sennett, 2012, p.432; 류웅재, 2017. 4. 30)에 한 걸음 가까이 다가갈 수 있기를 소망한다.

6장

대학의 연구문화 낯설게 하기

대학과 교육 담론

1. 들어가며

오늘날 학계의 논문 쓰기와 심사, 그리고 이를 통한 채용과 승진, 승급 등 대학의 연구문화와 관련해 대학 안팎에서 의미 있는 비판과 문제 제기가 이루어지고 있다. 일례로 한국연구재단 등재 학술지만 2,300종 이상이 쏟아져 나오지만 이러한 외형적인 양적 성장이 자동적으로 질적 전환을 보장하지 못할 뿐아니라, 정작 저자와 심사자를 제외하곤 그 누구도 읽지 않은 채 잉여로 흘러넘치는 논문이 많다는 사실은 이미 공공연한 비밀이다. 그럼에도 불구하고 여전히 이러한 논문 쓰기를 비롯해 연구자에 대한 평가와 관련한 대학의 연구문화에 있어 구체적인 변화나 장기적 시각에서 개선의 움직임은 보이지 않고 있는 실정이다.

학술논문은 학술적이면서도 동시에 사회의 요구를 일정 부분 충족할 수 있는 매체라는 점에서, 나아가 대학이 상아탑이라는 이름 아래 현실적 필요에 무관심하거나 산업적 변화를 견인하지 못하고 정체되는 현상을 타개한다는 차원에서 일면 순기능을 가지고 있음을 인정할 수 있다. 그러나 논문 쓰기의 관행, 연구자에 대한 평가를 비롯한 대학의 연구문화가 과도하게 계량화되고 가시적 성과와 업적 위주로 이루어지고 있는 현상은 대학은 물론, 국가의 미래와 사회의 전반적 지적 역량 등에 부정적으로 작용하고 있음 또한 주지의 사실이며, 이 문제에 대한 대학 내외부의 우려와 구성원들의 공감대 또한 확산되고 있다. 가령 교원 채용이나 승진과 승급 시, 일괄적으로 환산된 점수나 표준화된 자격 요건을 충족시키는 기준으로 삼는 것은 논문의 내용이나 질이 아니라, 한국연구재단등재지 또는 SCI나 SSCI, A&HCI 등 소위 해외 유명저널로 분류되는 곳에 일정 수의 논문을 (대학과 전공에 따라 그 기준이 상이하지만) 정량화된 점수에 맞추어 써내야 한다는 것이다.

이처럼 국가와 기업으로 대변되는 대학 외부의 제도나 구조적 요인들이 대학 내부의 연구자를 조밀하게 통제하는 방식으로는 진정한 의미에서 학문의 발전이나 사회적 공헌 여부를 담보하기 어렵다. 학계 내부의 성장과 진화가 사회의 발전 및 사회 구성원들의 삶과 연동하고 선순환하기 위해서는 현재의 획일화되고 정량화된 평가 위주의 논문 쓰기, 그리고 연구자와 심사자 외에 거의 읽지 않는 논문 쓰기에서 과감히 탈피해 새로운 대안의 모색이 필요한 시점이다. 이는 논문의 편수나 계량화한 점수를 충족시키는 관행에서 벗어나 특정 연구가 학계와 사회에 실제적으로 공헌할 수 있는 방향으로 전환되어야 함을 의미한다.

2. 글로벌라이제이션, 신자유주의, 대학의 변화와 문제들

조금 다른 문제이긴 하지만 지난 10여 년간 정치인과 스타 강사 등 유명 인사들의 논문 표절 문제가 우리 사회에서 뜨거운 논의의 대상이 되었고, 이는 현재 진행형이다. 그러나 대부분의 여론은 상당히 획일적이며 포퓰리즘적 양상으로 표절 의혹을 받은 사람들 개인에 대한 인신공격과 책임 추궁에 머무를 뿐, 근본적 해결을 위한 제도적·사회문화적 논의로까지는 이어지지 못하고 있다. 여기에서 제기되는 의문은 왜 이러한 표절의 문제가 지속적으로 반복되는지, 또 불명예스러운 혐의를 받거나 이로 인해 현실적인 불이익을 감수하는 이들은 왜 위험천만한 가능성 앞에서도 좀처럼 이해하기 어려운 실수를 반복하는지에 대한 깊고 넓은 사회적 공론이 부재하다는 점이다. 이제 대학 내부는 물론, 사회적으로 이 문제에 대한 보다 근원적이고 제도적 개선의 가능성을 여는 진전된 논의가 필요하다. 다시 말해 언론을 통해 문제가 가시화된 몇 명의 개인을 희생양으로 만들고는 얼마 지나지 않아 아무 일도 없었다는 듯 평온한 일상으로 복귀하는 데에 대한 성찰과 차분한 공적 담론이 필요한 때이다.

　이는 비교적 자명하게 오늘날 우리 대학이 요구하는 결과, 지향형의 평가 및 대학 구성원들을 무겁게 짓누르는 성과주의와 이에 상응하는 평가제도 및 연구문화에 기인하는 교육과 학문의 근원적인 위기의 문제이기도 하다. 일례로 대부분의 대학, 특히 수도권에 근접한 유명 대학일수록 신임 교수 채용이나 승진·승급 시 전술한 바와 같이 SCI, SSCI, A&HCI 등 영미권 학술기관이 요구하는 국제인용색인에 등재되어 있는 소위 해외 유명 논문—특히 대부분이 영어로 씌어진—을 요구한다. 그러므로 오늘날 우리 대학, 특히 인문사회 분야의 연구문화 중 가장 큰 문제는 타자의 언어와 시선에 의존해 '지금 이곳', 그리고 자신의 문제를 우회해서 풀어나가는 것의 역설과 비애라 할 수 있을 것이다. 그 이유는 우선적으로 강의와 학생 지도 및 각종 행정적 업무의 과중함 속에서 영어로 논문을 쓰는 것이 매우 어려운 일이라는 데에서 찾을 수 있다. 그러나 이보다 더 중요한 점은 연구자로서 우리가 당면한 현안과 문제에 대해 모국어를 통한 깊이 있는 논구와 통찰 대신에 타자의 관점과 관심을 반영하는 주제와 글쓰기의 관행에 천착하는 인식론적이며 실천적 오류로부터 자유롭지 못하다는 것이다. 이는 나아가 일종의 자기 검열로 연결되고 또 적절한 현실 설명력과 대안을 제시하거나 사유의 깊이를 담보하는 양질의 연구를 생산해내기 어려운 문제를 낳는다. 특히 공학이나 자연과학에 비해 언어의 사용이 연구

주제와 이론, 그리고 방법론 등과 유리되기 어려운 인문사회과학 분야에서 더욱 그러하다(류웅재, 2012).

이와 연결되는 유사한 문제로, 오늘날 많은 대학들이 강조하는 국제화 지표를 향상시키기 위한 일련의 정책 중 가장 큰 비중을 차지하는 영어 강의를 들 수 있다. 이는 한국인 교수들에게 주요 전공과목을 영어로 강의하게 함으로써 학생들의 영어 실력은 물론 전공 지식을 국제적 시각에서 습득해 급변하는 글로벌 사회에 대처하게 한다는 나름의 취지를 가지고 있다. 그러나 현실에서 많은 교수들은 영어 강의의 실효성에 대해 반신반의하고 있으며 이미 대학 내부적으로 이에 대해 상당한 문제 제기[1]가 이루어졌지만, 아직 이에 대한 제도적 보완은 전무하거나 미미한 실정이다. 물론 영어 강의를 통해 교육에 실질적 도움을 줄 수 있는 일부 과목들이 존재하는 것은 분명하다. 문제는 소수의 해외 평가기관과 국내 언론사의 대학평가를 의식해 유용성이 검증된 과목들 외에, 인문학과 사회과학 등 언어의 깊고 자유로운 활용이 지식 전달과 공유에 필수적인 분야들까지도 영어 강의로 진행되거나, 반드시 모국어로 이루어져야만 하는 핵심 전공과목들까지 영어 강의가 획일적 양상으로 강제되고 있다는 데에 문제가 있다.[2] 나아가 교원 개인의 업적 평가는 물론, 학과 평가와 대학

---

1 일례로 국문학이나 영어 외의 타 어문학 분야에서 영어 강의의 실효성에 대한 문제 제기가 이미 언론을 통해 보도된 바 있다. 이외에도 인문사회과학의 대부분의 주요 전공과목이 다루는 내용이나 이론의 추상성으로 인해 또는 사례나 예화의 활용을 통한 적확한 개념 전달과 학습자의 이해도 제고라는 차원에서, 영어 강의의 한계에 관해 대학 내부에서 학생들은 물론 강의를 담당하는 교수들 역시 비판적인 문제의식을 가지고 있음을 발견하기란 그리 어렵지 않다.

2 이에 대해서는 커뮤니케이션학 내부에서도 몇 해 전 "영어강의를 논하다"라는 제목으로 한국언론학회 정기학술대회에서 라운드테이블 형식으로 진지한 성찰적 논의가 이루어진 바 있다. 필자도 이 자리에 패널로 참석했는데 질과 내용에 대한 섬세한 고려가 부재한 상황에서 국제화 지표를 충족하는 도구로 활용되는 대학의 영어 강의에 관해 많은 참석자들과 유사한 문제의식을 공유할 수 있었다.

평가의 국제화 지표 부문에 있어서 영어강의의 비율은 상당한 비중을 차지하는 것을 들 수 있다.

또한 학술논문보다 서너 배 혹은 그 이상의 시간과 수고로움을 요구하는 전문서적, 번역서, 교양서 등의 저술은 교원 채용이나 업적 평가 시 아예 반영되지 않거나, 지극히 미미한 점수만을 인정받는 현실은 대학교수와 그들의 사회적 역할이나 책무가 '논문 찍어내는 기계' 혹은 '논문 제조기'로 환원되어도 좋은가라는 의구심과 자조를 낳기도 한다. 이는 오늘날 우리 학문의 발전을 저해하는 악폐 중 하나라는 데에 많은 교수들이 공감하고 있음에도 이러한 논문 쓰기에 대한 성찰적 문제 제기가 일부 언론에 의해 이른바 '철밥통'을 지키려는 교수들의 직업 이기주의로 손쉽게 매도되곤 하는 상황에서 제도적 대안과 해결의 전망은 요원하기만 하다. 왜냐하면 이처럼 계량화된 실적 위주, 특히 영어 논문에 압도적으로 높은 평가 점수를 부여하는 관행과 제한된 시간 내에 할당된 논문 편수를 채워야 하는 제도는 평가를 의식한 성과 달성 위주의 전투적 논문 쓰기를 양산하고, 아무도 읽지 않는 '논문을 위한 논문'을 양산해 논문 자체의 질은 물론 교육과 학문 자체의 질 하락을 가속화하기 때문이다. 또 책을 쓰기 어려운 연구문화를 확대재생산하여 종종 우리 시대의 분서갱유(焚書坑儒)에 비견될 만하다.

물론 오늘날 학제 간 융합이나 통섭이 강조되는 시대적·학문적 트렌드를 인정한다고 할지라도, 이것이 만족스럽게 구현되기 어려운 학제 간 특수성, 나아가 교육과 연구에서 유연하고 다양해야 할 내용적 특성을 고려하지 않고 대학과 교수의 능력을 획일적이며 동질화된 잣대로 평가하는 것은 이 자체로 대학의 정체성과 존재 방식을 전면적으로 부정하는 일일 뿐 아니라, 나아가 이것이 야기할 의도하지 않은 결과의 파괴력을 가늠하기 어려운 일이 될 수 있다. 어느 곳에나 현실을 운용하는 최소한의 보편적 기준이 필요하지만 특정 언론사의 대학 평가를 과도하게 의식해 교육과 연구의 실제성과 유용성, 이를 통한 대학의 사회 공헌이라는 큰 명제를 소홀히 한다면, 오늘날 대학의 존재 근거를 찾을 수 있는 이유는 매우 취약하다고 보아도 무방할 것이다. 우리 대학사회에서 이러한 이상한 일들이 '글로벌 경쟁력' 제고라는 유력한 담론의 자장 내에서 진지한 의심이나 도전 없이 (푸코의 개념을 빌자면) 일종의 정상성을 획득하고 있다. 이는 오늘 우리 대학의 위기이며 한국사회가 당면한 지적 역량의 위기이자, 국가의 미래에도 어두운 그늘을 드리우는 것이다(류웅재, 2012). 그런데 더 큰 문제는 이러한 대학의 왜곡된 연구문화에 대해 상당히 많은 대학 내 구성원들이 인지하고 어느 정도 유사한 문제의식을 공유하고 있음에도, 의미 있는 사회적 공론으로 발화되지 못하고 있다는 점이다. 이는 오늘날 대학이 지식생산자로서 가지는 한계와 변화하는 시대상을 보여준다고 볼 수 있다. 르네상스와 인쇄술, 그리고 과학기술의 발달 이후 본격적으로 시작된 근대사회는 세속적 근대 고등교육기관인 대학에 의해 더욱 가속화되었다. 또한 근대적 지식인의 전위 역할을 해온 근대 초기 대학의 전통이 바로 오늘날의 대학의 모습으로 이어져왔다고 볼 수 있다. 그런데 이러한 근대적 지식 체계가 소위 네트워크 시대에 이르러 또 다른 패러다임 전환의 위기를 맞고 있다는 점은 역설적이기는 하나 주지의 사실이다. '개방(open)', '공유(sharing)', '참여(participation)' 등 웹 2.0 시대의 가치들을 앞세우고 디지털 혁명과 네트워크 시대의 도래와 함께 등장한 새로운 지식생산의 주체는 기존 지식 체계의 주체였던 대학과 근대적 지식인을 대체하는 새로운 지식인 그룹으로 급부상하고 있다(마동훈, 2011).

더욱이 2021년 현재 55만여 명에 달하는 국내 대학 입학정원이 10년 후가 되면 40만 명 이하가 될 고교 졸업자보다 많아지는 상황에서 대부분의 대학은 대학정원 감축은 물론 부실대학 퇴출이라는 정부의 구조조정 계획에서 자유롭지 않다. 이러한 정원 감축은 대학을 5단계로 분류한 교육부의 대학평가를 통해 최상위 1등급을 제외한 나머지 4개 등급의 대학에 일률적으로 적용된다(〈경향신문〉, 2014. 1. 9)는 점에서 단지 일부 지방대학의 문제가 아니라 국공립대를 포함한 전체 수도권 사립대학에도 해당되는 것이다.

이러한 대학의 변화는 지식의 속성과 지식생산자의 변화, 학령인구의 감소에 따른 대학의 구조조정 등 대학 외부의 외생적 맥락에 더해, 대학 내부적으로는 교수와 연구자 등 기존 대학 구성원의 급격한 변화에 대한 두려움, 직업적 무사안일주의, 자기 쇄신과 성찰의 의지가 약한 데에서도 그 원인을 찾을 수 있을 것이다. 그러나 더욱 결정적인 요인은 대다수 대학 구성원의 의사와 요구, 내부적 성찰의 목소리에 선행하는 구조적이며 제도적인 문제들인데, 가령 전술한 지식생산과 학령인구의 거시적 변동 외에 교육부의 중장기적 대학교육정책, 한국연구재단의 연구지원 제도, 그리고 대학에 대한 언론의 탈맥락화한 도덕주의나 당위론적 거대 담론 등에서도 찾을 수 있다. 물론 위에서 언급한 바와 같이 대학 외부의 구조적이며 제도적인 문제를 교정하려는 대학 내부의 자정 노력의 부족과 개별 대학을 넘어 정치권, 언론, 시민사회 등을 통해 보다 광범위한 사회문화적 공감대가 이루어지지 못한 이유에서 기인한다. 이는 대학 내부와 사회구조적 요인 간 순환의 고리를 통해 더욱 견고하게 상호작용하는 것이다.

일례로 점점 더 많은 기업에서 신입사원 채용 시 기존의 토익(TOEIC) 점수나 학점 등 과거의 표준화된 스펙을 고려하지 않겠다는 움직임이 사회적으로 확산되고 있는 시점에서, 대학은 학제와 세부 전공을 불문하고 여전히 특정 학문의 획일화된 기준에 의거한 평가 방식을 고수하고 있다. 가령 실험 연구를 위주로 하는 공학이나 자연과학은 적게는 3명에서 많게는 10명이 넘는 인원이 공동 작업을 통해 상대적으로 언어의 제약을 적게 받고 해외 유명저널에 연구 결과를 게재하는 것이 가능하며, 이는 일정 부분 이들 분야의 학문적 특수성을 적절하게 반영한다고 볼 수 있다. 그러나 특수한 경우를 제외하고 인문학의 많은 전공은 SSCI나 A&HCI 등에 논문을 게재하기가 매우 어렵고, 그나마 상황이 나은 여타 인문학과 사회과학의 경우에도 일부 세부전공은 투고할 수 있는 등재지가 존재하지 않거나, 존재하더라도 극도로 제한되어 있는 구조적 제약을 안고 있음은 주지의 사실이다. 이를 위해 최근 일어나고 있는 논문의 임팩트팩터(impact factor, 피인용지수)를 고려하는 방식이나 한국연구재단에서 SCI의 한국형 색인인 KCI 제도의 개발과 도입 같은 절차·기술·제도의 획일적인 변화를 넘어서자는 대학 내부 구성원들의 설득력 있는 목소리가 제기되고 있다. 즉, 대학의 획일화된 연구문화에 대해 패러다임의 전환을 요구하는 목소리가 커지고 있는 것이다. 왜냐하면 이러한 객관적 지표의 개발과 제도적 도입은 학문의 질적 수준의 향상을 돕기 위한 보조적 성격에 머물러야 함에도, 새로운 제도의 정비가 또 다른 양적 경쟁의 수단으로 활용되거나 특정 전공에 유리하게 적용될 소지가 많은 이유에서이다. 논문의 임팩트팩터를 고려하는 방식은 한때 논문 편수 위주의 획일적이고 계량화된 평가 방식을 보완하는 대안으로 정책적인 주목을 받기도 했지만, 3,000여 종이 넘는 SSCI 저널에서 최근 가장 높은 임팩트팩터를 기록한 상위 20개 학술지들은 대부분 인지심리학이나 임상심리학, 정신의학 등과 같이 미시적 차원의 실증적 접근을 하는 심리학 분야의 미국 학술지들이라는 점에서 그 한계는 분명해 보인다. 결과적으로 이는 다양한 인문사회과학 분과학문의 질을 평가하기에 타당치 않은 지표라 할 수 있다(강명구, 2014).

이에 대한 대안으로 인문학과 사회과학 분야에서 연구 성과를 사회에 환원하거나, 대중과의 소통을 위해 (연구자의 주장을 풀어내는 데에 필연적으로 한계가 따를 수밖에 없는) 논문이라는 형식 외에도 다양한 매체를 실험적으로 활용하고 이를 장려하는 문화의 정착이 필요하다는 논의가 최근 상당수 전문가들과 대학의 구성원들로부터 제기되고 있다.[3] 일례로 학술논문에 비해 훨씬 대중적이면서도 보다 긴 호흡으로 연구 성과의 유용성을 극대화할 수 있는 단행본(학술서적은 물론 인문교양서와 번역서 등), 신문과 잡지, 계간지 기고문, 서평, 공공기관의 뉴스레터 등에 기고하는 글들 또한 평가 대상으로 인정되어야 학문의 현실 응용 및 사회 공헌도를 배가할 수 있을 것이라는 주장이 대두되고 있다. 이 주장은 연구자 개인에 대한 업적 평가 차원의 문제를 넘어, 연구 결과와 현실의 조응 및 학문과 대중의 소통 증대, 학문의 내생적이며 지속가능한 진화 등 연구문화의 질적이고 구조적인 전환이라는 명제에 대해 공론화가 필요한 현 시점에서 상당한 함의를 지닌다.

---

3 이에 관해 이 책을 위한 별도의 전문가 인터뷰를 수행하지는 않았지만, 이러한 문제의식은 필자가 동료 연구자 집단과의 학술서나 번역서 등 공동 저작의 과정이나 대학 구성원들과의 공적·사적 대화 및 교육과 연구의 현장에서 일련의 경험을 통해 상당히 광범위하게 공유된 것임을 확인할 수 있었다. 이러한 논의들 중 일부는 최근 몇몇 대학의 업적 평가와 관련한 제도 개선의 과정에서 실제로 제기된 것이기도 하다.

3. 논문 쓰기를 둘러싼 몇 가지 논쟁

보다 미시적이고 기술적인 논의의 한 사례로 커뮤니케이션학을 포함하는 인문사회과학 분야에서 그간 이론과 방법론의 적용, 논문의 구성을 포함한 글쓰기에 관한 문제가 꾸준히 제기되어온 점을 들 수 있다. 상이한 연구주제와 연구자의 문제의식을 적절하게 담아내기 위해서는 연구자가 차용하는 이론과 인식론 못지않게 이를 풀어내는 방법론과 글쓰기 역시 기존의 관행이나 틀을 깨부수고 새로운 실험을 시도해야 한다는 논의가 그중 하나이다. 사회과학의 실증주의적 패러다임 내에서 형성되어온 객관주의와 표준화된 논문 쓰기의 형식성이 갖는 문제점이 제기되기도 한다.

　일례로 박동숙은 표준화된 틀을 따르지 않는 글쓰기는 비과학적으로 치부하는 우리 학계의 뿌리 깊은 관습이 내포하고 있는 의미를 지적하며, 이러한 오도된 관습으로 인해 배제되고 있는 다른 방식의 글쓰기와 학문 영역의 정당성에 대해 주목해야 한다고 주장한다. 더욱 큰 문제는 이러한 학술논문 쓰기의 문제가 예비 연구자로서의 대학원생들이 그들이 하고자 하는 말과 논문식 서술에 허용되는 말 사이의 간극을 경험하고, 나아가 마치 이것을 학술논문 쓰기의 전범으로 수용하는 학습 효과를 대학원 교육현장에서 얻게 된다는 점이다. 이러한 과정의 반복을 통해 많은 연구자들이 '나'를 드러내서는 안 되는 글쓰기 방식에 젖어 나와 연구주제, 나와 연구현장의 관계나 관련성은 연구 전반에서 그리 중요한 의미를 갖지 못하고, 자신의 삶의 경험을 통해 얻은 앎과 소신 등은 뒤로 감추어놓고 현상에 대한 객관적 거리를 유지하며 연구문제를 만들어가는 과정을 지켜볼 때도 있다(박동숙, 2008, pp. 116-117).

문제는 이러한 논문의 형식이나 글쓰기 방식이 유일한 것이 아니라 특정 시점에 특정한 담론을 통해 정상성을 획득한, 즉 표준형으로 채택하기로 합의된 학술논문 쓰기의 한 방식일 뿐인 동시에 서구적 근대성의 구현물로서 한국의 지식인 사회와 학문의 식민성이 드러나는 공간이라는 점이다. 이처럼 논문 쓰기는 특정 시대와 공간에서, 그리고 제도 내 권력관계 속에서의 실천 행위이자, 특정한 과정을 거쳐 특정한 방식으로 짜여진 글의 양식이라는 면에서 역사적으로 생성되고 인위적으로 구성된 담론적 구성물이다. 즉, 이미 커뮤니케이션학을 비롯한 인접 인문사회과학에서 여러 연구자가 설득력 있게 제기했듯이 이러한 논문 쓰기의 형식은 누구든 자유롭게 선택하거나 폐기할 수 있는 하나의 방식이 아니라 학자로 행세하려는 자라면 반드시 따라야만 하는 하나뿐인 방식으로 이해되고 있다(김영민, 1996, p. 19; 신광현, 1997, pp. 11-13; 박동숙, 2008, p. 120; 주형일, 2011, pp. 137-139).

그런데 주형일(2011)이 적절하게 지적하고 있는 것처럼 이러한 비판이 겨냥하고 있는 지점의 모호함과 이 비판들의 불완전함은 — 이들이 제기하는 문제의식이라기보다 — 이들이 내놓는 대안적 전망의 부재에 맞닿아 있다. 그러나 보다 더 중요한 문제는 논문 쓰기라는 사회적 실천에 개입하는 다양한 맥락들, 가령 논문의 생산·유통·소비 등에 개입하는 복잡다기한 힘과 인자들에 대한 비판에서 출발해 이를 해소하는 과정에서 도출되어야 할 대안을 다시 논문 그 자체에서 찾으려 하거나, 일종의 환원주의적 해법을 요청하는 것처럼 보인다는 점이다. 이는 오늘날 형해화한 논문 쓰기의 문제에 대한 비판을 별로 새로울 것 없는 학문의 식민성 담론이나 단순한 글쓰기의 문제로 손쉽게 환원하고, 이러한 학술논문 쓰기를 가능하게 하는 논문 쓰기와 맥락 사이의 관계를 명확히 구분하거나 각각의 요소를 연결시키지 않은 채, 맥락과 결과물을 뒤섞어 뭉뚱그려 비판하고 단지 새롭고 대안적인 글쓰기를 해야 한다고 선언하는 것으로 자족하는 결과를 낳는다(주형일, 2011, p. 142)는 점이다.

이러한 견지에서 특정한 글쓰기 방식을 대안으로 제시하는 해법, 가령 기존의 연구자 대신 '나'라는 일인칭 화자를 주어로 하여 연구자 자신을 화자이자 연구대상으로 삼는 자전적이며 체험적인 민속지학적 글쓰기 또는 대부분의 계량적 방법이나 사회과학적 글쓰기가 차용하는 연구 문제, 이론적 논의, 방법론, 분석과 논의, 결론 등의 순서를 따르는 기존의 구조화된 논문 형식에서 벗어나 자유분방한 산문이나 에세이 형식의 자기민속지학(autoethnography)[4] 혹은 자기기술지, 유연한 참여 관찰이나 자전적 체험과 체화된 관점 혹은 전문성을 활용한 글쓰기의 방식들이 유일하고 이상적인 대안으로 제시될 때, 이는 또다른 형태의 논문 중심주의나 일종의 형식주의의 오류에 갇히는 결과를 낳을 것이다.

이러한 형식주의의 오류는 모든 문제의 본질을 글쓰기의 문제로 치환하는 데에서 불가피하게 생성되는 것으로, 특정한 학문적 전통의 습속이나 편견을 대변하고 마는 데에 그칠 수 있는 위험을 내장한다. 가령 일부 인문학자 혹은 문화연구자가 제기하는 차별화된 글쓰기의 형식이나 틀이 자기민속지학이나 역사주의적 연구 등 특정한 방법론과 분석 혹은 특정한 글쓰기의 스타일을 차용하는 데에 그칠 수 있다. 피에르 부르디외(Pierre Bourdieu)나 스튜어트 홀, 마셜 매클루언이나 위르겐 하버마스 등 그간 커뮤니케이션학을 포함한 사회과학의 영향력 있는 이론가들과 그들의 개념적 자원에 과도하게 의지하고 이를 유일한 대안으로 낭만화할 때, 다른 형태의 학문적 권력화나 식민주의 혹은

---

4 자기민속지학은 민속지학(ethnography)의 연구 전통에서 비롯되었다. 문화기술지로도 불리는 민속지학은 원래 문화인류학 등의 분야에서 선진국들이 미개사회 현지로 가서 연구를 수행하는 전통에서 시작되었고, 곧 다양한 사회문화적 현상을 관찰·기술하고 해석하는 데에 활용되었다(정재철, 1997).

경직된 형식주의[5]로 흐를 가능성이 높다.

논문은 연구의 결과물로서, 논문 형식의 문제는 연구를 관통해 흐르는 연구자의 세계관을 표현하는 데에 있어 최적의 도구 혹은 연장을 선택하는 문제와 연결된다. 그러므로 논문의 형식이란 구체적인 방법론을 통해 연구자의 세계관이 가시화되는 것으로, 연구자의 세계관을 적절하게 표현하는 기획이자 전략으로 각각 다른 형식의 논문을 요청할 뿐(주형일, 2011, p. 143)이라는 지적은 타당하다. 오히려 문제의 근원은 대학의 변화하고 있는 환경과 제도화된 연구문화의 풍토에서 찾을 수 있을 것이다. 나아가 이의 근본적 해결을 위해서는 논문 쓰기의 습속이나 형식, 글쓰기의 역할과 스타일의 문제를 포괄하면서도 이를 넘어서고 구조화하는 지식생산의 제도적·경제적·문화적 측면의 논의와 쟁점들을 중심으로 한 진지하고 성찰적인 고민과 깊이 있는 공론의 장이 필요한 시점이다.

이러한 문제들에 대한 제도적 대안으로 오늘날 인문사회과학 대학원생과 박사후과정의 연구자들을 지원하는 국가적 제도로 BK, HK, SSK, BK21플

---

5 이는 대학의 연구문화와 논문 쓰기의 문제에 대해 비판적 목소리를 제기해온 질적연구자 혹은 문화연구자들 또한 자유롭기 어려운 문제이다. 가령 미디어의 수용이나 활용에 정치경제학이나 산업적 분석을 접합한 질적연구에 대해 일부 문화연구자들이 갖는 생래적 거부감은 경험하기 어렵지 않은 사실이다. 복잡다기한 수용의 양상이나 미디어 전경 그 이면이나 후경에서 작동하는 힘을 섬세하고 깊이 있게 다층적으로 이해하기 위한 시도에 대해 일부 문화연구자들의 부정적 과민 반응은 필자 자신이 체험한 바이기도 하다. 일례로 논문 투고와 게재의 과정에서 같은 논문에 대해서 한 학술지는 매우 혹독한 잣대로 게재 불가로 판정한 것을 다른 학술지는 상당히 호의적으로 무수정 게재나 부분 수정 후 게재의 판정을 내리는 경우가 적지 않은 것이 그러한 경험들 중 일부이다. 또 같은 학술지라도 심사위원에 따라 최종 판정 여부를 떠나, 심사평을 통해 유추할 수 있는 논문에 대한 정서가 사뭇 다름 또한 잘 알 수 있다. 이는 재심 판정을 받고 수정된 논문에서 지적 사항을 충실히 반영한 경우에서도 예외가 아니다. 대개는 초심에 비해 더 짤막하고 감정적인 어조로 게재 불가 판정을 내리는 경우에서 논문의 구성적이거나 분석적 문제, 이론과 방법론의 완결성이나 정합성의 문제를 넘어 연구자와 심사자 간의 이념적·정치적·학문적 스탠스의 차이에 기인하는 적대나 소통 불가능성이 무시하기 어려운 하나의 요인으로 작동한다고 볼 수 있다.

러스 등을 들 수 있고 이 같은 지원제도는 큰 의의를 갖고 있다고 볼 수 있다. 이는 자본과 경쟁 논리에 의해 유지되는 한국 고등교육 시스템의 보완물 같은 것이지만 그늘도 꽤 깊다. 국민의 세금으로 유지되는 이 제도들이 지원의 알리바이를 확보하기 위해 끊임없이 가시적인 성과를 요구하기 때문이다. 그 요구는 때로 인문사회과학에는 잘 어울리지 않는 것들로, 이러한 지원 제도 안에서 연구자들은 성과주의의 노예가 되거나 지원 제도에 의존성이 커지기 십상이다. 대학의 인문사회과학이 점점 대중과 멀어지고, 깊이와 유용성을 두루 갖춘 인문학과 사회과학 서적들이 좀처럼 나오지 못하는 이유의 하나도 여기에 있다고 볼 수 있다. 따라서 현재 대학에 대한 국가 지원 제도[6]의 패러다임과 방식을 섬세하게 바꾸는 것은 미래를 위해 중대한 과제이다(천정환, 2013).

이와 연동하는 관행으로 오늘날 대학의 연구문화에 있어 한국연구재단을 비롯한 국가기관이나 기업에서 연구비를 받지 못하는 연구자는 대학의 각종 평가에서 불이익을 받거나 능력이 부족한 연구자로 치부되곤 하는 현상을 주목할 수 있다. 연구비 수주는 연구자 개인의 업적 평가 시, 객관적 자료로는 물론 학과 평가에 있어서도 중요한 지표로 활용되므로 대부분의 연구자가 크고

---

6 물론 이러한 제도적 장치만으로 오늘날 우리 대학이 직면한 연구문화와 평가, 그리고 교육의 문제를 근본적으로 치유할 수는 없을 것이다. 조금 다른 이야기이기는 하지만, 사상사적으로도 제도를 모든 산적한 문제를 해결할 수 있다고 보는 급진적이며 낭만적인 시각에 대한 뿌리 깊은 의구심이 새로운 것은 아니다. 일찍이 푸코나 아감벤 등은 제도를 기술이나 도구, 일련의 규약이나 시스템과 같이 현대사회를 구성하는 다양한 장치(dispositif)들 중 하나(푸코, 2003; 아감벤, 2010)라고 보고, 이의 불가피한 억압성이나 이것이 해결하려고 하는 문제와의 필연적인 거리감, 이격 혹은 소외 등에 대해 설득력 있게 논구한 바 있다. 아무리 좋은 제도라 할지라도 시간과 맥락을 초월해 어떤 경우에나 효과적으로 적용될 수 있는 흠결 없는 혹은 고정불변의 제도는 존재하지 않는다. 동시에 이러한 제도의 불완전성이나 억압성이나 특정 대상에 대한 불가피한 소외나 당파성 등의 부작용을 이유로 어떤 현안에 대한 일련의 사회적 공론과 이에 상응하는 제도적 해법 또는 최적의 대안에 관한 논의 자체를 회피하거나 억압하는 것은 매우 상이한 문제일 것이다.

작은 연구비를 수주하기 위해 사력을 다하게 된다. 또 이 과정에서 중요한 지표로 기능하는 연구 실적을 맞추고 부풀리기 위해 논문 편수를 늘리는 데에 골몰(강명관, 2013, p.29)하는 것 역시 오늘날 일반화된 우리 대학의 풍경이자 그 내부 구성원의 내면화된 습속이다.

이에 대해 정치학자 최장집은 한국 대학들은 외형적으로 이미 미국의 유명 대학들에 뒤처지지 않지만, 그 자신의 정신을 갖지 못했고, 학문의 위엄과 자율성도 없으며 사회정의를 추구하고 진리를 추구하는 열정도 찾기 어렵다는 점에서 내적 발전은 형편없다(손제민, 2008)고 지적한다. 이러한 상황 속에서 연구의 질이나 사회공헌 여부, 이 모든 것이 이루어지는 맥락을 거시적이고 구조적으로 사유하기보다는 자연스럽게 올해 논문 몇 편을 썼다거나 어디에서 얼마나 큰 연구비를 수주했느냐의 여부가 대학과 연구자를 지배하는 집단적 무의식과 욕망으로 자리 잡게 된다.

4. 나가며

그러므로 향후 대학과 학계뿐 아니라 언론과 미디어를 통해 이러한 대학의 연구문화에 대한 폭넓은 사회적 논의가 이루어져야 할 시기이다. 이는 지난 10여 년간 복수의 학자들과 지식인들에 의해 꾸준하게 제기되어온 문제이나, 이제 기존의 당위론이나 학문분과별 국지적 논의를 넘어 대학 당국과 교육부를 비롯한 정책 결정자들이 학문과 사회의 선순환과 공진화를 위해 우선순위를 두어 고려해야 할 시급한 현안이다. 특히 인문사회과학에 있어서 글쓰기의 기술적인 측면과 대학에서의 논문 쓰기와 정량적이고 획일화된 평가 제도가 야기하는 다양한 문제들을 포함해 지금 대학의 연구문화를 낯설게 하고, 이를 토대로 유의미한 정책적·문화적 쇄신의 계기로 삼는 성찰적 공론의 장이 요구되는 때이다.

나아가 이 주제와 연관되면서 보다 미시적인 주제들, 가령 평가의 대상이 되는 대학 내 연구자로 살아간다는 것 또는 그들의 의식과 관행, 공고한 자본주의 시스템하에서 자유롭기 어려운 학계 내 경쟁의 문제, 인문사회과학 분야에서 영어 논문 쓰기의 문제, 전공과 학제를 불문하고 영어 강의에 대한 과도한 집착, 국내 언론사는 물론 영국의 QS사나 〈타임스(The Times)〉 등 해외 기관의 대학 평가의 문제, 커뮤니케이션학을 비롯한 인문사회과학 분야의 신규 교원이나 학문 후속세대의 특정 세부전공으로 쏠림 현상, 교수 채용의 문제 등 다양하게 연관되거나 파생하는 주제들이 사회적·정책적 논의의 장에서 진지하고 전향적으로 논의되어야 한다. 아래의 주제들을 중심으로 이러한 깊고 성찰적인 사회적 논의의 장이 창발하고 확산할 수 있을 것이다.

- 대학 평가와 지식생산의 문제

현재 국내 대학들에 대한 외부의 평가 체계는 대학 내부의 지식생산을 어떤 방향으로 이끌어내거나 대안적 지식생산을 배제하도록 만드는가? 특히 언론사를 비롯한 국내외 각종 평가기관 등 학계 외부의 평가 시스템은 교육과 연구 기관으로서의 대학의 기능과 역할에 어떤 변화를 가져오고 있는가? 또 이로 인해 대학 내부의 지식생산자들은 어떻게 훈육되거나 관리되고 있나?

- **대학의 (탈)식민성과 지식생산자**

  한국 대학 내 특정 국가, 가령 미국과 영국 등 일부 국가에 치우친 서구 중심적인 이론과 개념적 자원의 과도한 수용, 미국 출신 박사의 압도적 비중, 커뮤니케이션학 내에서 특정 세부전공으로 쏠림 현상, 전공과 학제를 불문한 영어 강의와 영어 논문 쓰기에 대한 집착은 국내 지식(인)과 대학의 (탈)식민성과 어떤 관계를 형성하는가?

- **대학에서의 논문 쓰기와 지식의 한계**

  커뮤니케이션학을 비롯한 인문사회과학에서 특정한 형식을 강조하는 논문형 글쓰기, 공식화된 글쓰기, 주관성의 배제 원칙 등의 정형화된 글쓰기가 어떤 유형의 지식을 낳고 있으며, 이처럼 특정한 방향으로 정형화된 글쓰기는 저자와 독자, 지식과 현실, 이론과 실천을 어떻게 이격시켜놓는가?

- **도구화된 지식생산의 문제**

  정부와 정당, 공공기관과 기업 등 특수한 기관의 요구와 목적에 부합하는 도구화된 지식생산은 대학과 지식생산자를 어떤 상태로 만들어놓았는가? 과거 현실참여와 사회비판에 적극적이던 보편적·비판적 지식이 이처럼 특수한 목적에 봉사하는 방향으로 선회함은 어떤 문제를 지니고, 또 이러한 지식의 성격은 무엇인가?

  손석춘(2014)의 지적처럼 작금의 현실은 한국 대학의 도구화한 지식생산과 지식인의 역할에 대해 학문의 공론장에서 그 어느 때보다 자유롭고 평등한 숙의가 필요한 때이다. 이 역시 대학 구성원이라는 직업적 특수성이나 정파적 이해관계 혹은 단순한 직업윤리를 초월해 자신의 분과적 전문성이나 진영논리에 함몰되지 않으려는 지식인의 보편 지향성, 그리고 대학 밖 주체, 나아가 대중에게 끊임없이 말을 걸고 이것이 다시 사회적으로 울림이 되어 선순환하는 실천적 움직임으로 연결되어야 한다. 이를 위해 신자유주의와 세계화 등 지난 30여 년간 대학 외부의 거대한 힘들에 의해 심각하게 도구화되고 형해화한 대학의 연구문화와 일정한 거리를 두고 이를 낯설게 하는 작업이 선행되어야 할 것이다.

7장

아웃도어의 사례

물질문화와 소비 담론

1. 들어가며

몇 해 전 한국사회를 휩쓸었던 아웃도어의 열기는 현재 다소 누그러졌지만 이는 조금 모습을 달리 해 여전히 현재진행형의 현상이다. 즉, 아웃도어 현상은 한국사회에서 완전히 사라지거나 망실된 것이라기보다 아파트와 자동차 등 재산가치가 큰 구매는 물론, 힐링과 욜로, 소확행 등의 문화적 트렌드 속에서 대상을 달리하거나 완만한 이행기를 거치며 다르면서도 유사한 소비 행태나 트렌드를 만들어내고 있다. 등산 이외에 둘레길 걷기나 가벼운 트레킹, 자전거, 캠핑, 러닝, 필라테스와 요가, 휘게(hygge) 문화 등은 아웃도어 문화의 자장 내에서 새롭게 등장한 사회문화적 현상들이다. 이는 가깝게는 주 5일제 근무의 정착과 더불어 불기 시작한 한국인의 라이프스타일의 변화를 보여주고, 나아가 신자유주의 시대의 동조적·과시적 소비를 설명하는 소비문화의 맥락에서 설명될 수도 있는 현상이다.

특히 최근 등산을 포함한 트레킹과 캠핑, 직장인 러닝 크루나 자전거 혹은 바이크 동호회, 과거의 조기 축구회와 구별되는 보다 전문화한 동호인 축구와 야구 등 야외 활동 인구의 폭발적 증가는 변화의 과정을 거치며 성장하고 있는 아웃도어 문화와 그 트렌드를 압축적으로 설명해준다. 이제 동네 인근의 소담한 산을 오를 때에도 고기능성 소재의 등산복에 방수 처리가 된 고어텍스(Goretex) 등산화, 명품 배낭과 모자, 스틱, 고글 등 히말라야 오지 탐험에나 필요한 전문 산악인을 방불케 하는 차림을 한 행랑객들을 서울을 포함한 대도시 근교의 산과 둘레길 어디에서나 그리 어렵지 않게 볼 수 있게 되었다.

이러한 현상의 이면에는 크고 작은 산이 여기저기에 편재한 한국의 지리적 특성과 지자체마다 경쟁하듯 만드는 둘레길도 한몫할 것이다. 나아가 조금 다른 시각에서 우리 사회 여가의 질과 취향 문화의 콘텐츠가 그만큼 빈곤하다는 방증으로도 볼 수 있다. 또 주말은 물론 주중에도 산을 찾는 사람들이 급속하게 늘고 있다는 점은 단순한 여가와 취미 혹은 운동이나 건강관리의 차원을 넘어 오늘날 조기 퇴직이나 실업, 비정규직의 문제 등 전 지구적 신자유주의하 한국사회의 경제적 불황 등 쓸쓸한 단면을 보여준다. 또 많은 한국인들로 하여금 일상의 긴장과 불안, 피로와 허기 등 무언가를 배출하고 해소할 공간과 활동이 절실함을 반증한다고 볼 수도 있다.

상술한 바와 같이 등산 외에도 피트니스와 캠핑, 골프와 자전거, 명품 소비 등의 (코로나19 팬데믹으로 인해 한시적으로 위축되긴 했지만) 증가는 여가와 일상의 다원화를 암시한다. 동시에 이러한 현상들은 자본주의의 심화와 더불어 점증하는 개인화 혹은 취향의 문화정치(cultural politics of taste)와도 무관하지 않을 것이다. 바로 이 지점이 이 책을 기획하며 갖게 된 호기심이며 미디어와 커뮤니케이션 연구자로서 관심의 한 자락이다. 일견 역설적으로 보이는 디지털 시대, 아날로그적 물질문화의 부상은 가방, 시계, 보석, 만년필, 구두, 정장, 자동차[1]의 인기에서 목도할 수 있고, 아파트와 전원주택 등 다종다양한 분야에서도 찾아볼 수 있다.

이 책은 단순한 패션의 트렌드를 넘어 한국사회에서 매우 흥미로운 사회문

---

1 물질문화에 관한 연구는 인류학이나 사회학·관광학·문화연구 등의 분야에서 간헐적으로 수행되어 왔다. 일례로 인류학적 전통에서 마셜 살린스(Marshal Sahlins)나 다니엘 밀러(Daniel Miller), 사회학적 관점에서 로라 밀러(Laura J. Miller), 기호학과 문화연구적 시각으로 소비문화를 분석한 아서 아사 버거(Arther Asa Berger)의 작업들이 그중 일부이다. 국내에서도 물질문화를 대중문화 연구의 문맥에서 미디어적 관점을 차용해 분석한 연구들이 증가하고 있다. 강준만(2009)의 "자동차의 미디어 기능에 관한 연구"(〈언론과학연구〉, 9권 2호, pp. 5-46)와 강준만·오두진(2007)의 《고종 스타벅스에 가다: 커피와 다방의 사회사》(인물과사상사) 등이 그 예이다.

화 또는 일종의 미디어 현상으로 자리 잡은 아웃도어를 중심으로 오늘날 여가와 취향이 발현되는 지점이자, 주목 욕망 혹은 자기 현시 욕망이 매개되는 물질문화를 비판적으로 독해[2]하고, 이를 통해 동시대의 한국사회를 두텁게 읽어보고자 한다. 기존의 아웃도어와 관련된 소비문화 연구는 주로 브랜드와 이에 대한 소비자의 태도와 인식, 브랜드 애착이나 몰입, 착용 실태나 구매 행동 연구, 레저 활동과 자기 효능감 등 개인적·미시적 차원이나 심리학적·행태학적 연구들이 주류를 이루고 있다. 이 책은 부분적으로는 이러한 연구들의 성과를 계승 및 전유하고, 이를 넘어 아웃도어를 중심으로 소비를 둘러싼 실천과 문화정치, 그리고 물질문화가 매개되는 양상을 중층적으로 살펴보고자 한다. 즉, 계층적 정체성이나 주목 욕망 혹은 인정 욕구가 드러나는 지점이거나 일상을 영위하는 삶의 양식과 기회 및 실천과 한계라는 측면, 혹은 일종의 미디어로서의 아웃도어 현상을 탐색적으로 논의함으로써 가시화된 개인적 소비 이면의 사회구조적 맥락에 대한 성찰적 이해를 확장하고자 한다.

이와 동시에, 과도하게 단선적이거나 이분법적 논의를 지양하는 가운데 현대사회의 삶과 불가분의 관계를 맺고 있는 소비를 정태적이거나 도덕주의적 시

---

2 이를 위해 국내 아웃도어 시장의 매출 현황이나 시장 점유율 등 유용하고 기초적인 통계와 산업적 지표를 활용할 것이다. 다만 이 책은 물질문화 전반은 물론 아웃도어에 대한 체계적이고 포괄적인 분석을 담은 트렌드 보고서를 지향하거나 체계적인 산업적 분석 혹은 구조화된 경제학적 접근을 활용하지는 않을 것이다. 대신 관련 주제에 관한 개인적 관심과 오랜 관찰을 바탕으로 일련의 연관된 이론적 작업들, 가령 소스타인 베블런(Thorstein Veblen)의 과시적 소비, 프랑크푸르트학파의 물신화와 문화산업론, 마셜 매클루언의 미디어생태학, 지그문트 바우만의 액체성이나 공포의 메타포를 활용한 현대사회 진단, 기 드보르(Guy Debord)의 스펙터클 사회론에서 세계적 대중작가로 명성을 얻은 알랭 드 보통(Alain de Botton)과 에바 일루즈(Eva Illouz)까지, 이들과 관련된 다양한 사례를 들고 경험적이며 삽화적 접근을 통해 아웃도어의 미디어적 속성과 사회문화적 함의, 그리고 오늘날의 한국사회와 물질문화를 '낯설게 보기' 하고 두텁게 읽어내고자 한다.

각으로 재단함을 경계[3]할 것이다. 일례로 아웃도어를 포함하는 물질문화를 현대사회를 살아가는 대중의 정체성을 규정하거나 관계를 매개하는 일종의 상징적 소비로 보면서도, 이를 경험하는 주체들의 상상력과 창발성, 연대의 가능성이 드러나는 공간이라는 견지에서 접근하고자 한다. 이를 위해 아웃도어가 부상하게 된 경제적·사회문화적 분석과 더불어 나의 관찰과 경험, 사유와 성찰을 토대로 비정형적이며 반환원론적으로 분석한다. 이를 위해 우선 등산과 걷기 인구의 가파른 증가와 더불어 한국사회의 일상에 정착한 아웃도어의 풍경과 그 속살을 살펴보자.

---

3 이를 위해 간략하지만 글의 후반부에서 소비가 만들어낼 수 있는 새로운 삶과 사회의 가능성, 즉 소비가 담지하는 문화적 양가성에 관해 탐색적으로 논할 것이다. 대중사회의 소비는 자본주의적 대량생산을 전제로 하고, 또 광고와 같은 문화적 명령에 힘입어 자신이 필요로 하는 것보다 더 많이 소비하도록 학습되고 설득된다. 즉, 상품 생산의 팽창에 따라 현대사회에서 여가와 소비 활동이 두드러지게 성장했고, 이는 이데올로기를 조작하고 사회구성원들이 더 나은 사회의 대안을 설정하지 못하도록 유혹적으로 봉쇄하는 능력을 증가시킨 것으로 평가된다. 동시에 이러한 현상은 인류의 평등과 개인의 자유를 확장하는 것으로 환영받기도 한다. 일례로 제레미 리프킨(Jeremy Rifkin)은 '무게 없는 경제'란 개념으로, 부동산, 점포, 사무실 등의 공간과 화폐를 포함하는 물리적 자산이나 정보와 물질의 소유보다, 이를 개방적이며 수평적으로 공유하는 네트워크 형태의 접속과 탈물질화라는 개념을 사용해 이러한 변화를 설명한다(Featherstone, 1991; Berger, 2010/2011; Rifkin, 2000/2001, pp. 49-51).

2. 여가의 일상화와 아웃도어의 정치경제학

최근 경제협력개발기구(OECD)가 집계한 '행복지수'에서 한국은 34개 회원국 중 26위로 우리나라 국민은 대체로 자신이 행복하지 못하다고 여긴다고 보도한 기사가 있다. 한국은행이 한국경제의 세계 순위를 집계한 결과 2013년 명목 GDP(미국 달러화 기준)는 1조 3,043억 달러로 세계 14위였다(〈서울경제신문〉, 2014. 7. 13). 세계 14위 수준의 경제력을 가진 국가의 국민 행복지수가 이처럼 하위권인 이유는 무엇일까? 무엇보다 객관적 지표와는 별개로 국민들이 현실에서 체감하는 구체적 삶의 질이 부족한 이유에서일 것이다. 한국의 자살률이 OECD 국가 중 1위라는 불명예스러운 현상은 언론에 여러 차례 보도되었으며 그 주된 이유로 경제적 어려움을 꼽을 수 있다. 일상에서 행복을 느끼기에는 턱없이 부족한 한국의 사회 환경도 무시할 수 없다. 호주나 미국처럼 많은 공원과 곳곳에 푸른 잔디를 접할 수 있는 환경이 부족하고 인구밀도는 높다. 과열된 경쟁심리가 초등학교부터 중·고등학교, 대학까지 이어지며 이에 따라 사회생활도 자유롭지 못하다. 어찌 보면 행복해지고 싶어도 그러기 어려운 환경이다. 그래서 산을 찾는 사람들이 많은 것일까(임종섭, 2011).

등산 인구의 증가와 이에 따른 아웃도어 산업의 급성장을 국가 경제의 외형적 성장에 걸맞지 않은 삶의 질 하락과 부족한 사회문화 인프라, 신자유주의하 심화된 경쟁체제 탓만으로 돌릴 수는 없겠지만, 양자 간의 상관관계가 전혀 없다고 보기도 어렵다. 그러니 삼포 세대를 넘어 N포 세대[4]란 신조어가 생겨난 오늘날, 집은 못 사도 외제차를 타고 정기적으로 해외여행을 하는 인구가 과거와 비할 수 없이 늘었다. 이에 대한 포괄적이고 정교한 분석은 한국사회의 아파트로 대변되는 부동산 경기의 변화, 급증한 비정규직 문제 등의 경제적 변화, 청년 세대의 구직 문제 및 세대 담론 등 다기한 요소를 고려해야 할 것이다(류웅재, 2014). 가령 불안정한 고용을 반증하는 조기 퇴직자나 문화생활에 많은 투자를 하기 어려운 대도시의 중산층에게 가까운 산행만큼 저렴한 비용을 들이면서 만족감을 줄 수 있는 놀이와 건강관리를 위한 여가는 많지 않을 것이다.

더욱이 전술한 것처럼, 주 5일 근무제의 정착과 관련되는 노동 및 소비 조건의 변화, 자동차 보급률의 증가, 신용카드 사용의 일상화, 저축의 감소와 신용 대출의 급격한 증가, 활용할 수 있는 가처분 소득을 놀이와 여가에 사용하는 계층의 증가 등도 아웃도어 열기를 설명해주는 유의미한 요인들이라 볼 수 있다. 한 예로 2004년 7월, 법정 근로 시간을 주 40시간으로 개정함으로써 주 5일 근무제 사회로 들어선 이후, 한국사회는 휴일이 늘어남에 따라 가족과 자기계발을 위해 보낼 수 있는 여가 시간이 증가했다. 또한 1995년을 기점으로 해 한국사회의 자동차 보급률 또한 급격히 증가해 현재 가구당 자가용 대수는 0.78대로 나타났다(박정은, 2014, p.50). 이는 경험적으로도 확인할 수 있는 사실로 맞벌이를 하는 부부가 늘어나며 한 집에 자가용이 두 대 이상 되는 가구도 빠르게 증가하고 있다.

---

4 삼포 세대(三抛世代)는 연애와 결혼, 출산을 포기한 청년 세대를 지칭하는 용어이다. 2011년 경향신문 특별취재팀의 기획 시리즈인 〈복지국가를 말하다〉에서 처음 사용된 신조어로, 이후 각종 미디어를 통해 확산되었다. 최근에는 여기에 취업이나 인간관계까지 포기한 세대를 더해 N포 세대라 지칭하기도 한다. 이는 현재 한국사회가 직면한 문제를 상징적으로 보여주는 용어라 볼 수 있다.

국내 아웃도어 시장은 세계에서 두 번째 규모로 2012년에 6조 원에 육박하면서 미국의 뒤를 잇는 것으로 알려져 있다. 2007년 1조 원에 불과했던 국내 아웃도어 시장은 이후 급격히 성장했고, 현재 인구가 8,000만 명을 넘는 독일과 프랑스보다도 규모가 크다. 한국은 세계 최대 시장인 미국(11조 원)에 이어 세계 2위 수준(이동진, 2013, p. 144)으로, 국토의 면적과 인구, 소득 등을 고려할 때 매우 이례적인, 명실공히 세계 최고의 아웃도어 소비국이라 할 만하다. 특히 최근 캠핑 열풍이라고 할 만큼 캠핑 활동에 대한 관심과 관련된 캠핑용품 시장의 성장은 괄목할 만하다. 캠핑용품 시장은 2008년 700억 원 규모에서 향후에는 4,000-6,000억 원대 규모로 성장할 것으로 보이며, 콜맨(Coleman), 코베아(Kovea), 스노우피크(Snowpeak) 등 캠핑용품 시장의 빅3 브랜드의 시장점유율이 전체 시장의 70퍼센트에 육박하는 것으로 추산된다(박정은, 2014, pp. 59-60). 이는 나아가 SUV(스포츠유틸리티 차량), RV(레저용 차량) 등 자동차 시장, 자전거 시장, 다양한 캠핑용 의류와 침구, 캠핑 요리를 위한 간편 식품, 캠핑 관련 전자, 가전, IT 제품 등 아웃도어 산업의 외연을 빠르게 확장시켜나가고 있다.

일례로 자전거 시장은 아웃도어 산업의 유망한 분야 중 하나로 2010년을 기점으로 매년 큰 폭의 성장세를 보이고 있다. 2015년 현재 3,000억 원 수준인 국내 자전거 시장은 지난 5년 새 3배 이상 성장한 것으로 추정된다. 특히 자전거 보급률이 포화 상태인 네덜란드(98퍼센트), 독일(87퍼센트) 등 선진국에 비해 잠재적 성장 가능성이 높아 향후 몇 년 동안 큰 폭의 성장세를 보일 것으로 전망된다. 또한 자전거는 코로나19라는 이례적 상황에서 감염 위험이 상대적으로 높은 대중교통을 대체하는 친환경적 이동 및 지속적인 항역과 사회적 거리두기에 기인하는 정신적 스트레스를 이완할 야외 활동의 수단으로 더 각광받게 될 전망이다.

이처럼 처음에는 건강관리 차원 또는 취미 삼아 가벼운 산행이나 둘레길 걷기를 즐기던 사람들은 차츰 '제대로 된' 장비를 갖춘 고산 등반, 종주 산행, 산악 트레일 러닝, 산악 사이클링, 캠핑 등 한층 전문화된 아웃도어 활동으로 눈을 돌리는 경우가 많다. 또한 이러한 트렌드는 〈정글의 법칙〉, 〈1박 2일〉, 〈아빠, 어디가〉 등 야외에서 진행되는 체험 형 리얼리티 TV 프로그램 혹은 캠핑형 버라이어티 프로그램 등 미디어를 통해 확산되기도 했다. 최근 한국경제의 성장세가 둔화되고 일부에서는 일본과 같은 장기 불황에 접어들었다는 관측도 나오고 있다. 이에 따른 소비심리 위축으로 백화점과 홈쇼핑 부문의 매출이 감소하고 있는 시점에도, 아웃도어 시장은 다양화와 세분화를 통해 계속 확대될 것으로 전망된다(〈매일경제신문〉, 2014. 12. 26; 머니투데이, 2015. 2. 3; 조선비즈, 2015. 3. 6). 가령 기존의 스포츠 분야 외에 자연친화적이거나 스트레스 해소를 위한 가벼운 아웃도어 또는 스트리트 패션으로서 기존 아웃도어의 고기능과 소재에 패션과 디자인이 융합된 새로운 아이템이 인기를 끌게 될 것이라는 전망도 가능하다.

실제로 한국사회의 아웃도어에 대한 선호와 열기는 최근 다양한 경로를 보여주지만, 백화점의 한 층이나 섹션이 아웃도어 의류와 장비의 전용 매장일 정도로 여전히 큰 시장이고 이는 일상에서 경험적으로도 확인할 수 있는 사실이다. 한 예로 고어텍스 같은 고기능성 소재로 된 고가의 재킷과 바지, 모자와 신발, 배낭을 같은 브랜드로 '빼입은' 사람들을 험한 산이나 강, 주말 산행이 아니라 완만한 둘레길이나 천변, 동네 공원이나 일상에서 만나는 일이 그리 어렵지 않게 되었다. 이러한 아웃도어 브랜드 중에서도 부모의 등골을 휘게 만든다고 해 일명 '등골브레이커'나 '국민교복'이라는 별칭을 지니게 된 노스페이스(Northface)뿐 아니라 컬럼비아, 코오롱스포츠, 네파, 라푸마, 블랙야크, 밀레, K2, 아이더, 에이글, 몽벨, 도이터, 살레, 디스커버리, 내셔널지오그래픽 등 아웃도어 브랜드의 인기는 매우 높다. 특히 노스페이스, 코오롱스포츠, K2, 블랙야크, 네파 등 상위권 5위 내 브랜드들의 2013년 매출 합계는 약 3조 900억 원이며, 이들 외에 컬럼비아, 밀레, 라푸마, 아이더, 레드페이스를 포함하는 10대 브랜드의 시장 점유율은 70퍼센트를 차지하는 것(이동진, 2013, p. 144)으로 알려져 있다.

최근 몇 해 전 중·고교생들의 압도적인 지지를 받던 아웃도어 브랜드의 최강자 노스페이스의 아성이 흔들리고 있다. 이러한 시장 변화의 원인은 크게 두 갈래인데, 아이돌 톱스타를 기용해 인지도를 높인 후발업체들의 공세와 하이엔드(high end) 마케팅을 내세운 초고가 수입 브랜드들의 성장세가 겹친 데에서 찾을 수 있다. 노스페이스는 최근 백화점 아웃도어 부문 1위에서 밀려났고 과거 '노페 현상'이란 신조어까지 만들어내며 인기를 끌었지만, 몇 해 전 학교폭력의 주범으로 몰리는 등 역풍을 맞으면서 수요가 분산되고 있다는 분석도 나온다. 일례로 전체 아웃도어 브랜드 매출에서 노스페이스의 비중은 2009년 30.1퍼센트에서 2012년 상반기 18.2퍼센트로 떨어졌다. 이에 따라 매출 비중 순위도 바뀌었다. 4년간 1위 자리를 놓치지 않았던 노스페이스는 2012년 들어 처음으로 코오롱스포츠(19.0퍼센트)에 선두를 내주었고 상반기 신장률로 따져도 8.6퍼센트 성장하는 데에 그쳤다.[5] 반면 경쟁 업체인 코오롱스포츠(17.1퍼센트)와 K2(14.3퍼센트) 등은 10퍼센트 이상 성장세를 유지했다(〈동아일보〉, 2012. 7. 11).

이러한 산업적 변화의 이면에는 기능성 아웃도어가 아니라 일상생활에서도 착용할 수 있는 라이프스타일 아웃도어의 확산도 한몫하고, 기존 노스페이

---

[5] 물론 이러한 매출이나 시장 점유율과 관련된 지표와는 별개로 특정 제품의 브랜드 파워가 갖는 이미지의 지속성 또한 무시하기 어려운 것이다. 일례로 몇 해 전 노스페이스의 검정색 패딩이 청소년 사이에 선풍적 인기를 끌었지만 최근 2~3년 사이 흰색 롱패딩(벤치파카)을 유행시켰고, 2020년 이른바 코로나 시국에도 과거의 '등골 브레이커'란 별칭을 소환하듯 청소년들 사이에 고가의 롱패딩이나 숏패딩 제품들이 다시 인기를 얻고 있는 현상도 볼 수 있다.

스를 중심으로 한 아웃도어 '오강다중(五强多中)' 체계가 최근 깨지며 시장이 재편되고 있는 점도 있다. 이는 남들이 다 입는 옷 대신 차별화된 스타일을 원하는 수요자가 늘었기 때문이기도 하고 이러한 맥락에서 브랜드 갈아타기 움직임도 있다고 한다. 중·고교생의 소위 '노페 충성도'는 여전히 높은 편이지만, 노스페이스가 인터넷 등을 통해 '노스페이스 계급' 등으로 희화화되면서 많은 성인, 특히 중년 고객들이 빠져나갔다. '중·고교생 일진이 입는 옷'을 입는 데에 불편함을 느낀 중장년층이 상대적으로 기능성이 강조된 몽벨, 블랙야크 등을 택하거나 아예 남들과 다른 초고가 수입 브랜드를 선택하게 된다는 것이다. 중년층 사이의 입소문으로 빠른 성장세를 보이는 하이엔드 브랜드로는 아크테릭스, 몬츄라, 마무트 등이 대표적이다(〈동아일보〉, 2012. 7. 11). 우스갯소리로 노스페이스는 이제 중학생들도 입지 않는다는 이야기도 들려온다. 물론 관련 업계의 부침이 심해 불과 2–3년 사이로 변화하는 매출액이나 시장 점유율을 비롯한 통계 수치는 가변적이다. 최근 노스페이스가 과거의 아성을 다시 회복하는 추세가 이러한 업계의 특수성과 변화를 보여준다.

그런데 한국인과 한국사회를 설명하는 잘 알려진 가설 중 하나인 획일성과 속도, 관계성과 쏠림 현상은 아웃도어 브랜드의 선호와 활용에서도 잘 드러난다. 자동차가 고착화된 계층 이동성을 공간 이동성으로 대체함으로써 도로에서 평등의 감각을 느끼게 해주고 불만의 폭발을 잠재우는 위로 기능을 갖는 것(강준만, 2009, p.27)처럼, 아웃도어 역시 이러한 평등 의식이나 자족적 심리의 추체험을 통한 위로의 기능을 수행한다. 주말에 북한산이나 도봉산, 관악산이나 인왕산, 심지어 청계산 등 서울 안이나 근교의 산에 가보면, 머리부터 발끝까지 유명 브랜드의 아웃도어 의류로 중무장한 등산객들을 쉽게 볼 수 있다. 서울을 비롯한 경기도와 주요 대도시 인근의 주말 산은 암벽 타기(climbing)가 아닌 그냥 걸어서 산에 오르는 일(hiking or trekking)에도, 다채로운 고기능성 의류에 등산화, 대형 배낭에 장갑, 고글에 스틱, 그리고 텐트까지 갖춘 산악 동호인들이나 개인 단위의 등산객들로 인산인해를 이룬다. 대충의 셈이나 눈대중으로도 한 등산객의 장비를 합하면 몇백 만 원을 호가하는 것을 어렵지 않게 알 수 있다. 그래서 주말 산에 자연을 즐기거나 감상하기 위해서가 아니라 자연을 배경으로 펼쳐지는 현란한 아웃도어 패션쇼를 감상하기 위해서 간다는 말도 결코 농담처럼 들리지 않는다.

더욱 흥미로운 현상은 많은 등산객들이 모자와 재킷, 바지와 배낭 등을 하나의 브랜드로 '통일해' 착장하는 경우인데, 바로 이 점이 산행에서 특정 브랜드를 은밀한 방식으로 간접 광고하거나, 진지한 등산보다는 타인을 의식한 패션쇼를 한다는 느낌을 주는 데에 일조한다. 전문가들은 보통 재킷과 바지, 등산화와 배낭 등은 특화되어 있고 각 브랜드의 주력 상품이 분화되어 있어 결코 같은 브랜드로 도배하듯 맞춰 입는 것을 권하지 않는다. 여기에 아웃도어를 순수하게 운동과 여가 혹은 건강관리와 관련된 실천으로만 바라볼 수 없는 이유가 있다. 물론 아웃도어가 사회 내부의 계층적 구분과 위계를 강화하는 미디어로 기능한다는 주장은 과도한 일반화의 혐의로부터 자유롭지 않다. 그럼에도 불구하고 이것이 등산복이 아니라 패션에 충분한 돈을 들일 수도, 그러한 여유와 심미안을 가질 수도 없는 계층이나 많은 대중들의 가장 편안한 일상복이 되어버린 현실은 많은 것을 시사한다.

소비를 가정하지 않는 현대사회의 일상과 주체를 상상할 수 없지만, 주지하듯 학술적 영역에서 과거 소비의 영역은 생산이나 노동의 문제만큼 큰 관심을 받지 못했다. 그러나 소비자 행동을 다루는 심리학이나 마케팅 또는 문화 연구는 물론 정통 경제학에서도 소비가 학술적 담론과 분석의 대상으로 급부상하고 있다. 일례로 경제학에서는 '과시적 소비(conspicuous consumption)'나 '주목경제(attention economy)'란 개념으로 제품의 실제적·기능적 효용보다는 사회적이며 상징적 의미를 중시하는 소비자의 행위 또는 실천을 설명한다. 즉, 이는 타인에게 소유자 자신에 관한 특정한 인상을 제공하려는 동기에 의해 제품을 소비하는 소비 패턴을 의미하거나, 나아가 경제활동에서 타인의 주목을 추구하는 활동이 최우선 순위를 점하게 되는 경향성 또는 사회 환경을 지칭한다(정수복 외, 2014, p. 204). 이 개념들에 관한 정의는 학자들마다 차이가 있지만, 이는 상품의 객관적 기능이나 효용보다 그 이면의 비가시적인 일련의 가치, 가령 관심과 욕망, 정서와 상징 등을 소비한다는 관점을 공유한다.

소비의 과시적 측면을 체계적으로 연구한 선구적인 이론가로는 소스타인 베블런을 들 수 있다. 베블런은 자신의 저서 《유한계급론(The Theory of the Leisure Class)》에서 과시적 유한(conspicuous leisure)과 과시적 소비(conspicuous consumption)를 구분하면서, 축적된 재화를 소비함으로써 사회적 명성과 지위를 드러내려는 소비 행위를 과시적 소비라 설명했다. 이는 타인과 구별되고 싶은 욕망에서 비롯되는 것으로 재화를 구매하는 목적이 그 재화의 효용성보다는 자신이 축적한 재화의 양을 과시하는 데에 있다는 것이다. 베블런은 이러한 과시적 소비가 유한계급뿐 아니라 이를 모방하고자 하는 중·하류 계층에서도 나타난다는 것을 지적했다(Veblen, 1912/2012). 즉, 사회 변화를 추동해야 하는 하류계층이 상류계층의 소비양식을 모방하면서 그 혁명성은 상당 부분 퇴색된다고 볼 수 있다. 물론 베블런은 소비를 신분 추구의 수단에 한해 제한적으로 분석함으로써 상징적 소비의 다면적인 특성을 섬세하게 다루지 못했다는 한계를 지닌다고 볼 수 있지만, 이후 소비사회에 관한 많은 논의들은 그에 빚지고 있다고 해도 과언이 아닐 것이다(박정은·류웅재, 2015, pp. 160-161). 그럼 아웃도어가 어떻게 이러한 소비 양식이나 취향의 문화정치로 기능하는지에 관해 구체적으로 살펴보자.

3. 취향의 문화정치, 소진사회와 과잉 물질문화

흥미로우면서도 역설적인 현상은 이러한 유명 브랜드의 아웃도어 의류와 신발 등이 대부분 일상의 산행이나 둘레길 도보에는 과잉이리만치 고기능성이며, 이는 원래 전문 산악인 등 한정된 계층의 특수한 목적을 위해 필요한 것이라는 점이다. 그중에서도 고어텍스 소재는 대표적이라 할 만하다. 고어텍스란 방수 가공된 섬유의 일종으로 섬유를 만들 때 사용되는 나일론이나 폴리에스터와 같은 고분자에 다공성 고분자의 얇은 막을 화학적으로 결합한 소재이다. 고어텍스를 처음 고안한 사람은 미국의 다국적 화학회사인 듀폰의 연구원이었던 빌 고어(Bill Gore)로, 그는 2006년도에 발명자 명예의 전당에 등록되기도 했다. 고어텍스는 이 물질을 제조하는 회사의 등록상표이며, 이 소재의 방수와 땀 배출 기능의 비밀은 고어텍스에 포함된 매우 작은 구멍의 크기와 개수에 있다. 이 구멍은 물방울 입자보다 작고 수증기 분자보다는 커서 외부의 물은 차단해주고 몸에서 배출되는 수증기는 원활히 배출[6]해낼 수 있다고 한다(〈매일경

6 고어텍스 재킷의 장점으로는 크게 세 가지를 들 수 있는데, 첫 번째가 바로 방수 기능이다. 일반적으로 고어텍스는 물이 통과되지 않아 비와 눈이 올 때 신체가 젖지 않도록 보호해준다고 알려져 있다. 두 번째로 방풍 기능을 들 수 있는데, 고어텍스는 바람으로 인해 체온이 떨어지는 것을 방지할 수 있다고 홍보하고 있다. 마지막으로 투습 기능으로 고어텍스는 몸에서 발생하는 습기, 즉 땀을 통과시킨다고 알려져 있다. 그래서 몸이나 발에서 나는 땀을 외부로 나가도록 해서 보다 쾌적한 상태를 유지시켜주고, 또 땀으로 인해 체온이 급격히 떨어지는 것을 막아준다고 한다. 고어텍스는 투습력이 높은 제품, 가볍고 부피가 적은 제품, 튼튼하고 내구성이 강한 제품, 부드러운 제품 등 기능에 따라 액티브쉘, 퍼포먼스쉘, 팩라이트쉘, 프로쉘, 소프트쉘 등으로 나눌 수 있다. 이처럼 혹독한 자연환경에서 방수와 방풍, 투습이 동시에 가능하며 마찰에도 강한 의류와 신발은 매력적이다(〈매일경제신문〉, 2014. 12. 26).

제신문〉, 2014. 12. 26).

그렇다고 해서 고어텍스가 만능은 아니고 단점도 가지고 있다. 가령 고어 텍스 재킷이 땀 배출을 잘한다고 하더라도 일반 천으로 된 옷과 비교해볼 때 땀 배출 능력이 떨어지는 것을 들 수 있다. 그리고 고어텍스의 방수·방풍 능력 이 우수하다고 하더라도 비닐로 된 비옷보다 그 기능이 떨어지고, 또 땀을 배 출하기 위해서는 고어텍스 재킷을 입지 않고 산행하는 것이 유리하다는 견해 도 있다. 또한 고어텍스는 합성섬유로 만든 합성보온재 재킷이나 플리스와 구 스다운 등에 비해 보온 능력도 현저하게 떨어진다. 결론적으로 고어텍스 재킷 은 배낭에 넣어두고 산행을 하다가 눈이나 비가 오거나 바람이 많이 불 경우, 체온을 유지하기 위해 꺼내서 착용하는 하나의 고기능성 장비라 볼 수 있을 것이다. 또 다른 문제는 하이벤트, 이벤트, 옴니시리즈, 폴라텍의 네오쉘, 국산 브랜드들이 자체 개발한 소재인 야크테크와 아토텍 원단(〈한국경제신문〉, 2014. 11. 20) 등 고어텍스 못지않은 소재로 만들어진 다양한 고기능성 제품들이 훨 씬 저렴한 가격에 이미 시장에 출시되었다는 점이다.[7]

이는 단순화해 말하자면 고어텍스가 소나무가 많은 지형의 한국 산악에는 잘 어울리지 않거나, 최소한 '과잉의' 기능성 소재라는 것이다. 그럼에도 불구 하고 언제부터인가 고어텍스로 만들어진 재킷과 신발은 많은 등산객들에게 산 행을 위해 꼭 필요한 아이템으로 인식되게 되었고, 어디 가서 '산 좀 탄다'거나 '취미가 등산'이라 말하려면 필수적으로 갖추어야 할 아이템이 되었다. 또 다

---

7 사실상 고어텍스 소재 사용에 반기를 든 곳으로 업계에서는 컬럼비아를 꼽는다. 실제로 컬럼비아는 2011년 가을 시즌부터 자체 개발한 소재만으로 제품을 만들어 팔기 시작했다. 컬럼비아 측은 판매 량이 떨어질까 봐 내부적으로 반대 여론도 있었지만 소재 독립 이후 매출액은 오히려 늘어났고, 고 객들의 동요도 거의 없었다고 밝혔다. 또 다른 브랜드인 잭울프스킨 역시 2012년부터 고어텍스 같 은 윈드프루프(방풍) 소재를 사용한 제품을 배제했다고 밝혔다(〈매일경제신문〉, 2013. 6. 28).

른 기능성 소재에 비해 상대적으로 비싼 가격임에도 불구하고 그 인기는 물론 대중의 인지도에서 마치 '스카치테이프'나 '스카치위스키'처럼 이제 아웃도어를 대표하는 대명사가 되었다. 물론 고어텍스는 위에서 언급한 것처럼 여러 가지 장점을 지니고 있지만, 여기저기에 소나무가 산재한 완만한 높이의 산이 많은 한국 지형이나 둘레길 도보 용도에 어울리지 않는 고기능성 장비임이 분명하다.

이는 물론 아웃도어 현상에만 해당되는 것은 아니고 우리의 일상에서 과잉 물질문화의 많은 사례들을 쉽게 찾아볼 수 있다. 그렇다고 해서 이러한 물질문화가 신자유주의 시대의 광고와 미디어를 비롯한 기업의 마케팅 담론과 전체주의적 문화산업 등 다양한 장치에 '무기력하게' 호명된 수동적 소비자 때문이라는 인과론적 도식으로 우리 시대에 깊숙이 뿌리내린 물질문화와 소비주의를 마냥 비판하기만도 어렵다. 소비는 우리의 삶은 물론 우리 자신과 분리할 수 없는 인간의 존재 조건 중 하나이다. 이러한 문맥에서 과시적 소비에서 드러나는 잉여의 물질문화 역시 구조화된 불황과 경쟁, 편재하는 위험과 만연한 불안이라는 현대 자본주의적 삶의 양상에 대한 개인적 차원의 대응과 해법이라는 견지에서 설명될 수 있다. 동시에 이는 소비를 통한 창의적 삶이나 연대 혹은 공동체의 변화 등 새로운 삶의 가능성을 견인하거나 추동하지 못하고, '과잉의' 그 무엇으로 존재하다 증발할 수도 있다는 암울한 전망 또한 상존한다. 이는 지루함과 소비가 상호 의존하는 소비사회의 한 단면을 보여주기도 한다. 즉, 끝나지 않는 소비는 지루함을 무마하기 위한 것이지만, 동시에 지루함을 만들어낸다. 지루함은 소비를 촉진하고, 소비는 지루함을 낳는다. 여기에 한가함이 들어설 여지는 없고, 이러한 소비사회에서 인간은 스스로를 소외시키는 존재(Koichiro, 2011/2014, pp. 148–150)이다.

이와 연관해서 현대사회를 소진사회로 볼 수도 있다. 우리를 소진하게 하는 환경에서 효과적인 제어장치나 사회적 안전망이 부재한 상태에 우리는 던져져 있다. 북유럽의 복지국가를 이상화해 이야기할 때 자주 인용되곤 하던 '요람에서 무덤까지'란 말은 차치하고라도, 우리 사회에서 직업 안정성과 관련해 쓰이던 '평생직장'이나 '만년 과장'이란 말도, 이제는 사전이나 인터넷 검색을 통해서나 찾아볼 수 있는 사어가 되었다(홍기빈, 2014. 7. 17). 더욱 큰 문제는 흔히 50대와 60대를 지칭하는 5060세대는 현재와 같은 불안정한 고용 상태와 비정규직, 청년 실업 등이 일상화되기 이전, 즉 한국경제가 고성장을 구가하던 시절에 구직 경쟁에 뛰어들어 현재까지 직업 현장에 몸담았지만, 일정 기간 자신을 소진할 기회를 누리다 조기퇴직 혹은 명예퇴직을 하거나 상대적으로 불안정한 고용 환경에 놓이게 되었다는 점이다. 이에 반해 20대와 30대를 일컫는 대다수의 2030세대는 '88만 원 세대'라는 신조어에서 드러나듯 극도로 불안정한 비정규직이나 시간제 알바 외에 제대로 된 고용과 직업 현장을 체험해볼 기회조차 갖지 못했다는 점이다. 이러한 경제구조가 가져온 삶의 조건은 많은 주체들로 하여금 일상에서 극심한 피로와 소진을 체험하게 한다.

일례로 한국 중산층의 정규적인 취업 기간은 이제 20년 남짓의 기간으로 줄어들었다. 20대 후반에 대기업에 취직한 이들은 임원 승진에 실패하면 대략 50세가 되기 전에 직장을 떠나야 한다. 그 이후에도 최소한 십 몇 년은 더 이리저리 경제 활동을 이어가야 할 처지이지만, 벌이가 그 전만할 가능성은 그리 높지 않다. 사회보장시스템이 불비하고 국가에 의한 소득 재분배 효과가 거의 없는 한국은 모두 알아서 스스로를 챙겨야 하는 각자도생의 나라이다. 따라서 이들은 자식의 교육비, 그 20년간의 생활비, 자신의 노후 준비 등 3대가 지출할 돈을 모두 이 기간에 벌어 쟁여놓아야 한다는 '미션 임파서블'을 항상 등골 위에 얹어놓고 살 수밖에 없다. 일몰 시간이 다가오고 있다고 느끼는 한국의 40대들은 조금이라도 더 벌기 위해 전장을 떠날 줄 모르고, 몸과 정신과 건강을 아낌없이 던진다. 그 결과는 '번아웃'이다. 자본의 입장에서는 참으로 효율적이라 볼 수 있지만 본인의 삶은 괴롭다. 우선 그렇게 '번아웃'되도록 몸과 마음을 던진 끝에 과연 '미션 임파서블'에 성공할 이들이 몇이나 될지도 의문이지만 보다 근본적이고 심각한 문제가 있다. '번아웃'되어 버린 사람은 생산 능력과 그 발전이라는 생명 자체에 내재한 힘의 원천을 영영 되찾지 못할 수 있다는 점이다(홍기빈, 2014. 7. 17).

이처럼 불안정한 경제구조하, 일상적 삶의 영역에서 대다수의 한국인이 부딪히고 느끼게 되는 삶의 불안정성과 유동성은 구성원들로 하여금 극심한 피로감과 소진 혹은 병리적 징후를 체험하게 한다. 이것은 줄곧 일탈이나 폭력으로 발현되거나, 때론 자살 등 파국으로 치닫기도 한다. 일례로 주창윤(2013)은 어느 사회에서나 다양한 문화의 패턴이 존재하고 이는 정형화된 특징으로 나타난다고 주장하며, 현재 한국사회의 문화적 특징 아래에 깔려 있는 것으로 '정서적 허기(sentimental hunger)'를 들어 이러한 현상을 설명한다. 허기란 말 그대로 하면 배고픔이지만, 정서적 허기란 단순히 배고픔이나 욕구만을 의미하지 않고, 우리 사회구성원 대다수가 겪고 있는 갈증의 배고픔을 의미한다. 그는 탐식 환자의 사례를 들어, 아무리 먹어도 해결되지 않는 식욕, 즉 자신의 무기력증이나 욕구불만으로 대변되는 마음의 문제를 든다. 우리 사회는 이처럼 밥을 먹어도 채워지지 않는 '정서적 허기' 혹은 욕망에 의해 그 허기가 더 큰 허기를 낳는다고 진단한다.

이러한 상황하에서 한편으로 힐링이나 치유 문화가 유행한다. 힐링은 1990년대의 웰빙을 대체하면서 어느새 산업이 되었고 문화가 되었다. SBS의 인기 프로그램 〈힐링캠프〉를 필두로 힐링 스파, 힐링 테라피, 힐링 여행이 급부상하는 산업이자 익숙한 일상의 언어로 자리 잡게 되었다. 나아가 좀 더 넓은 의미의 코칭, 상담, 심리치료 등 마음을 터치하고 힐링하는 배려경제(care economy) 혹은 주목경제, 그리고 관련 산업도 빠르게 늘어났다. 이처럼 힐링의 문화코드가 유행한다는 것은 이제 산업적으로도 몸의 마케팅에서 정서의 마케팅으로 전환 및 확대됨을 보여주는 것이며, 또 자본이 어떻게 정서를 상품화하고 있는가를 보여주는 것이다. 미국에서 치유산업은 자기계발 서적, 고통을 겪은 유명인사의 자서전, 심리치료 프로그램, 일반인들의 문제를 해결하는 리얼리티 토크쇼, 각종 격려 집단, 온라인 데이트 등을 통해 확장되었다. 특히 치유산업은 자기계발 내러티브를 성공적으로 상품화했고 오늘날 엄청나게 수지맞는 장사이자 번창하는 산업이 되었다(김정운, 2012, p.31; 주창윤, 2013, pp.9-10, p.21; Illouz, 2007/2010).

이처럼 힐링이 하나의 문화코드이자 정서적 마케팅의 대상이 되고 있는 이유는 소진이라는 징후와 무관하지 않을 것이다. 소진은 말 그대로 '타서 없어지는', 즉 번아웃이다. 타서 없어지는 것은 사회와 주체 사이의 적절한 긴장관계로서 삶의 불가피한 한 단면이지만, 문제는 역동적인 한국사회에서 열정이 식으면서 침체가 나타나고 좌절이 오면서 소진의 징후가 발생하고 있다는 점이다. 이렇게 소진되어 나타나는 허기는 정서의 상품화란 과정을 거쳐 무언가로 판매되고 있다(주창윤, 2013, p.27). 근래의 아웃도어 열풍은 이러한 우리 사회의 정서적 허기를 매개로 이의 치유라는 담론이 상품화되고 산업적 이해관계와 맞아떨어지는 가운데 생성된 것이라 보아도 좋을 듯하다. 이는 궁극적으로 다양하고 구조적인 사회적 모순을 개인에게 축소하거나 환원해 해결하려 한다는 차원에서 심미적이고 심리학적이며 그러한 면에서 마술적인 해법이다.

4. 문화산업과 스펙터클 사회, 그리고 현대사회의 불안과 소비

조금 다른 관점에서 피로하고 정서적으로 허기진 한국사회에서의 아웃도어 열풍을 프랑크푸르트학파의 문화산업적 관점에서 소비주의에서 파생하는 물신화, 표준화와 사이비 개성화, 교환가치에 의한 사용가치의 대체, 동일성과 긍정의 과잉 등의 개념을 들어 논의할 수도 있다. 문화산업을 비판적으로 논할 때 자주 등장하는 '물신화(fetishism)' 개념 또한 우리 사회에 불었던 아웃도어 열기를 설명해주는 하나의 관점을 제공해준다. 이러한 물신성은 단순히 그릇된 의식으로 끝나지 않고 실제 우리의 현실을 지배하고 규제하는 힘을 가진다. 신자유주의하 일자리와 노동의 조건, 주거와 교육, 의료와 노후대책 등 구체적 삶의 질 하락에 대한 근본적 처방과 진단, 개선도 없이 개인적 차원 혹은 일상적인 것에 대한 관심 증대라는 문맥에서 몸 담론으로 수렴되는 건강관리, 체력단련 등으로 중요한 공적·사회적 안전망은 대체된다. 안정된 정주 공간이어야 할 집의 부재와 2년 단위로 기하급수적으로 치솟는 전세 값, 청년 세대의 구직난과 비정규직의 문제, 그리고 조기 퇴직으로 인한 장기간의 노후 대책 등에 대한 정책적·제도적·사회적 대안이 부재한 상태에서, 이를 건강과 취향 혹은 여가의 담론으로 대체함은 구조의 문제를 개인의 영역으로 끌어내려 해결하려 한다는 차원에서 미봉책이다. 이의 이면에는 무한경쟁, 노동유연화, 소비주의, 물신화, 배금주의 등을 정당화하는 신자유주의의 문화 논리가 은밀하면서도 유연하게 작동하고 있다.

인간의 반성 능력과 비판의식을 강조하는 프랑크푸르트학파는 대중문화가 인간을 미성숙하게 하는 동시에 문화 고유의 가치를 하락시킨다는 점에서 대중문화의 부정적 측면을 부각시켰다. 자본주의 이데올로기가 대중문화를 지배하고 있으며, 이러한 상황에서 대중문화는 특정한 이데올로기를 정당화하고 재생산하여 기존 질서를 공고하게 하는 사회적 시멘트 역할을 한다고 주장했다. 이들은 대중문화(popular culture)라는 말이 대중으로부터 자발적으로 나오는 문화라는 의미로 받아들여질 수 있다는 우려에서 대중문화라는 단어 대신 문화산업(culture industry)이라는 용어를 사용했다. 이는 문화와 산업을 접목해 이윤을 추구하기 위한 하나의 산업으로 기능하는 문화의 측면을 강조한 것이다.

특히 현대 자본주의 사회의 문화산업하에서 문화와 예술의 본래적 가치는 사라지고 교환가치로 대체되는 가운데 물신화된다. 이처럼 문화산업이란 경제적인 이윤 추구를 목적으로 설립된 영리산업이므로 이를 통해 대량생산되는 문화상품은 문화의 자율성 혹은 독창성을 제약한다. 또 인간으로 하여금 불필요한 충동을 극대화해 끊임없이 무언가를 욕구하고 소비하게 만들며 자유롭고 비판적으로 사고하는 힘을 약화시킨다. 이 과정에서 기존의 질서와 체제에 순응하는 인간형을 양산한다는 점에서 인간과 주체, 그리고 이성을 도구화 또는 식민화하는 측면을 지닌다. 프랑크푸르트학파의 이러한 비판적 시각은 오늘날 자본주의 사회의 물신화, 비개인화, 정서의 규격화, 느낌의 허구화 등의 문제를 적절하게 진단하고 있다고 평가된다. 가령 각종 소셜미디어와 사이버스페이스 등 뉴미디어 테크놀로지의 교조들이 새로운 정보와 통신 기술을 관계구축의 수단으로 활용할 수 있다고 그럴듯한 열변을 토할 때, 그들의 머릿속에 있는 것은 실은 사람들이 공유하는 공동의 문화를 상품화하고 상업화하자는 것(류웅재, 2009, p. 44; Rifkin, 2000/2001, pp. 49~51)이다.

또 다른 예로 문화산업의 산물, 대량생산된 상품의 특징으로 테오도어 아도르노(Theodor Adorno)가 제기한 표준화와 사이비 개성화를 들 수 있는데,

이 개념들로 아웃도어 현상을 설명할 수 있을 것이다. 즉, 아웃도어가 산업사회 하 대량생산체제의 산물로 유행에 민감하고, 선택할 수 있는 브랜드의 가짓수 는 많지만 그 기능과 질, 심지어 스타일마저 유사하며, 몸과 여가와 자연에 관 한 전형적인 스테레오 타입을 생산한다는 점이다. 그 속에서 아웃도어 본연의 사용가치는 소멸되고, 새롭게 생성되는 교환가치 또는 전시가치가 이를 대체 한다. 우리는 스마트하고 능동적인 이용자로서 특정 제품을 '선택적으로' 소비 하고 이를 통해 우리의 개성을 드러내지만, 우리가 선택할 수 있는 브랜드의 수 와 양뿐 아니라, 소재와 기능, 스타일마저도 이미 유행을 비롯한 여러 가지 사 회경제적 요인에 의해 이미 결정되어 있는 것이라 보아도 무방하다.

아도르노와 막스 호르크하이머(Max Horkheimer) 그리고 허버트 마르쿠 제(Herbert Marcuse)와 같은 비판 이론가들이 적절하게 지적했듯, 현대사회와 대중의 생활은 점진적으로 관료화·합리화·상품화되어왔다. 이들은 문화산업 이 우리의 비판적 의식을 해체시키고 기분 전환과 마취의 핵심 수단들을 제공 한다고 주장한다. 아웃도어 역시 위의 사례들과 크게 다르지 않은 문화산업의 한 유형임을 알 수 있다. 유사한 소재와 기능을 가진 수많은 브랜드들의 가격 이 천차만별이고, 국민 교복이었던 노스페이스나 겨울용 패딩으로 인기를 끈 몽클레어와 캐나다구스 등 특정 브랜드의 특정 제품에 대한 소비자들의 과잉 의 선호와 관심, 그에 따른 과시 소비는 아웃도어의 사용가치와 본래적 의미를 지워버린다. 즉, 권태로운 일상으로부터의 재기발랄한 일탈을 체험하거나 어디 에도 구속받지 않으려는 자유와 마음의 여유 혹은 이것들이 약속하는 잠재적 창조성을 퇴색시키며, 상품의 물신성과 교환가치로부터 자유롭지 못한 수동적 소비자를 만들어낸다. 동시에 이는 타자의 시선, 아니 '타자의 시선이라 상상 한' 어떤 시선으로 자기를 바라보려 한다는 점에서, 자아에 대한 물신화와 자 기소외(정수복 외, 2014, p.203)로 연결되기도 한다. 이제 문화산업으로서의 아 웃도어 현상이 소비자를 어떤 방식으로 호명하는가에 대해 조금 다른 시각에서 살펴보기로 하자.

　현대사회의 스펙터클(spectacle) 문화는 레저, 소비, 서비스와 오락, 광고와 상업화된 미디어 문화를 통해 자신의 마취제를 확장시킨다. 스펙터클 사회로의 구조적인 변환은 이전에는 비식민화되어 있던 사회생활 부문들의 상품화와 레저, 욕망, 일상생활 영역에 대한 관료적 통제를 확장시킨다. 앞서 프랑크푸르트학파의 비판 이론가들이 '총체적으로 관리되는(행정화된) 사회' 또는 '일차원적 사회'라고 표현했던 것, 그리고 앙리 르 페브르(Henry Lefebvre)가 '통제된 소비의 관료화된 사회'라고 표현했던 것이 기 드보르에 의해 다른 방식으로 반복된다. 이처럼 스펙터클은 자본의 이윤을 확장할 뿐 아니라 자본주의의 정당화 위기를 넘어서게 한다. 특히 노동계급은 문화적 산물들과 사회 서비스, 임금 인상 등에 의해 주의가 산만해지고 불만이 누그러진다. 소비자본주의에서 노동계급들은 쇼핑몰을 찾기 위해 노동조합의 공회당을 포기하고 결코 만족될 수 없는 욕망에 불을 지피는 체계를 찬미한다. 존재가 소유로, 소유가 다시 외양으로 환원되고 물질적인 대상이 기호적 재현에 자리를 내주고 이로부터 자신의 즉각적인 신성함과 궁극적인 기능을 확보한다.

　이렇게 시뮬레이션된 것들과 미디어 판타지의 세계가 일상생활보다 더 현실적인 것이 되며, 초현실적인 비디오와 컴퓨터게임이 학교, 직장, 정치보다 더 매혹적이게 된다. 자본주의 경제에서 돈은 상품의 광고와 포장에, 스펙터클한 쇼핑센터와 포스트모던 건축물에 더 많이 쓰인다. 또 환경이 광고와 스펙터클로 채워지고 모든 거리와 공간이 이들을 위해 정비된다. 장 마리 벵상(Jean-Marie Vincent)은 스펙터클의 사회에서 장황한 커뮤니케이션은 거짓 대화이고 죽은 의미의 교환일 뿐이라고 주장한다. 사회에서 모든 삶의 필요조건인 시간과 공간은 언제나 자본에 의해 독점된다. 여기에서 시간은 상품화되고 거짓 주기의 시간, 즉 개인의 어떤 자유로운 활용이나 일상에 대한 성찰도 용인되지 않은 압류된 시간이다. 공간은 분리된 영역으로 토막 나고 차별화된다. 스펙터클 사회는 끊임없이 구분과 격리를 생산하고 재생산하는 것이다. 그래서 우리는 스펙터클 사회를 술수나 시뮬라시옹, 환상만을 생산하다고 생각해서는 안 된다. 오히려 스펙터클은 단순한 이미지나 미디어의 영역을 넘어, 이미지들로 매개된 사람들 사이의 사회적 관계이며, 인간적인 사회성의 박탈이자 소외 그 자체이다. 이는 자본주의가 목표하는 언어 자체의 소외, 바로 인간의 언어적이고 소통적인 본성의 소외, 공통적인 로고스(logos)의 소외와 맞닿아 있다는 사실이다. 이 공통적인 것의 박탈의 극단적 형태가 바로 스펙터클이며, 이것이 곧 우리가 현재 살고 있는 정치 형태이다(이영주, 2011, pp. 240-242; Best & Kellner, 1997; Agamben, 2001/2014, pp. 109-111).

이처럼 스펙터클의 사회는 현대사회의 일상과 시공간을 재구성함과 동시에 인간의 심성과 관계 또한 재구성한다. 이러한 현대사회의 인간과 일상(성)의 재구축은 기계와 정보, 기술문명의 발전과 궤를 같이 한다. 이렇게 표준화되고 대량생산된 문화는 실용적 요구에 쉽게 굴복당하고, 미디어가 주도하는 문화기술은 거대한 대중문화산업으로 집중되고 몰개성화되며 기계화된다. 일례로 라디오, 영화, 텔레비전의 발달 및 그 영향의 사례로, 1930년대에 미국인은 매주 1억 5,000만 시간을 영화에 소비했으며, 라디오를 듣는 데는 거의 10억 시간을 소비했다. 1946년에는 미국 가구 가운데 0.02퍼센트가 텔레비전을 소유했으나, 2000년에는 이 수치가 98퍼센트로 증가했다. 또한 새로운 미디어는 그 내용만이 아니라, 거기에 덧붙여진 광고를 통해 수용자의 마음에 갈망을 심는다(Alain de Botton, 2004/2005, pp. 78-79). 이러한 환경 속에서 이제 인간은 자신의 주체적 생각과 상상력에 관심을 가지기보다 미디어와 기술 등에 의해 획일화된 스펙터클의 사회 속에서 대량생산된 문화와 정보에 의존하게 된다.

이러한 맥락에서 몇 개월 단위로 출시되는 새로운 기종의 스마트폰과 각종 디바이스처럼 우리 사회의 아웃도어 현상 역시 현대사회의 스펙터클로서 혹은 의미와 관계를 매개하는 미디어로서 바라볼 수 있다. 여기서의 미디어란 반드시 매스미디어, 즉 신문과 방송 등의 대중매체를 지칭하는 것이 아니라, 우리 자신의 정체성을 확인하고 끊임없이 표현하며, 이를 통해 타자와의 물리적·정서적 연결고리가 되거나 사회 속에서 관계를 형성하고 유지하는 모든 매개체라 볼 수 있다. 그렇다면 우리는 왜 이토록 타자와의 직접적 관계와 대화, '진정성 있는' 혹은 매개되지 않은 '순수한' 관계에 몰두하지 못하고 이처럼 다원화되고 세분화되며 확장된 형태의 미디어에 의존하는가? 현대사회의 일상성은 필연적으로 이러한 도구와 장치의 도움 없이는 성립하거나 작동하기 어려운 것인가? 물론 인간은 일상적으로 무한 반복되는 노동과 생산 활동에만 전념할 수는 없다. 때로는 무미건조하고 지루한 일상으로부터의 탈주도 필요하고, 생산 활동을 하는 만큼의 소비, 나아가 일탈과 같은 놀이와 유희를 필요로 하는 호모 루덴스적 존재이다. 어느 시대에나 고양된 삶의 질이나 문화의 융성은 바로 이 놀이와 유희 ─ 음악, 회화, 조각, 건축, 공예, 춤, 연극, 공연, 축제, 민속, 의식, 신화, 이야기를 포함하는 ─ 에서 비롯되거나 이와 불가분의 긴밀한 상관관계를 가지고 있다.

우리가 어떤 대상에 집착하는 데에는 그만한 이유가 있을 것이다. '사소한 일에 목숨을 건다'는 농담에 담겨 있는, 일종의 속물근성(snobism)으로도 볼 수 있는 대상에 대한 집착은 한편으론 우리의 강퍅한 삶을 그럭저럭 견디게 해주는 힘이 된다. 이러한 속물성은 자신과의 고통스러운 싸움에서 승리한 자의 이마에 씌워지는 사회적 승인의 월계관이자 생존을 위한 필수 방법이다. 이는 푸코식으로 거시적 통치성뿐 아니라 자아의 통치와 연관되어 있는 개념이다. 이는 행위자가 스스로의 자아를 관리, 배려, 육성하는 '자기의 테크닉'에 있어 스노비즘에 근거하는 시대가 열렸음을 보여주기도 한다(김홍중, 2009, p. 81).

공격성과 나르시시즘, 사랑이란 외피를 뒤집어쓴 질투와 소유욕, 성취욕과 물욕은 적절한 균형감각을 갖추기만 한다면, 오히려 우리의 삶을 다채롭고 지속하게 해주는 윤활유로 작용할 것이다. 그런데 모든 문제의 근원은 우리가 필요한 통제력이나 중용의 미덕을 상실할 때이고, 이러한 일은 일상적으로 우리의 의지에 반해 상당히 빈번하게 일어나곤 한다. 특히 현대사회에서 우리가 구매하는 물건은 그것의 용도나 기능이 아니라, 그 물건이 우리에게 의미하는 바에 따라 가치가 매겨진다. 즉 취향, 스타일, 사회경제적 수준, 권위에 대한 태도와 같이 그 물건이 우리에 관해 드러내는 내용에 의해 가치가 정해진다는 것이며 이는 물건의 기호학적 의미가 매우 중요함(Berger, 2010/2011, p.56)을 보여주기도 한다. 그렇다면 이처럼 대상에 대한 우리의 과도한 집착과 소유욕, 속물근성의 근본적인 원인 혹은 근인은 무엇인가?

　다양한 해석이 가능할 테지만, 결국은 우리가 가진 두려움, 즉 불안이 그 기저에 있지 않을까? 이러한 불안은 현대사회의 발달과도 무관하지 않다. 이에 관한 알렉시 드 토크빌(Alexis de Tocqueville)의 분석은 주목할 만한데 그는 귀족사회와 민주사회는 구성원들의 빈곤 개념이 다르다고 본다. 가령 귀족사회에서 하인은 선뜻 자신의 운명을 받아들이는 경우가 많다. 그러나 민주사회에서는 언론과 여론이 하인들도 사회의 정상에 올라설 수 있다고, 하인들 역시 산업가나 판사나 과학자나 대통령이 될 수 있다고 무자비하게 부추긴다. 이렇게 무제한의 기회가 있는 것처럼 느껴지면 처음에는 특히 젊은 하인들 사이에 명랑한 분위기가 조성될 수도 있다. 실제로 그들 가운데 재능이 뛰어나거나 운이 좋은 사람들은 목표를 이룰 수도 있을 것이다. 그러나 시간이 지나면서 다수는 신분 상승에 실패한다. 토크빌은 그들의 분위기가 어두워지는 것을 보았다. 그들은 울화 때문에 생기를 잃고, 자신과 주인에 대한 증오심을 키워갔다. 즉, 불평등이 사회의 일반적 법칙일 때는 아무리 불평등한 측면이라도 사람들의 눈길을 끌지 못하지만, 모든 것이 대체로 평등해지면 약간의 차이라도 눈에 띄고 만다. 그래서 풍요롭게 살아가는 민주사회의 구성원이 종종 묘한 우울증에 시달리고, 평온하고 느긋한 환경에서도 삶에 대한 혐오에 사로잡히는 것이다(Alain de Botton, 2004/2005, pp.67-69).

그러므로 데이비드 흄(David Hume)이 적절하게 진단했듯, 타인과의 비교와 질투심에 기인하는 두려움과 불안은 우리와 타자와의 커다란 차이와 불균형이 아니라 오히려 근접 상태이다. 불균형이 심하면 관계가 형성되지 않으며, 그 결과 우리에게서 먼 것과 우리 자신을 비교하지 않게 되거나 그러한 비교의 결과로부터 영향을 받지 않게 된다. 그러므로 우리가 동등하다고 여겨 우리 자신과 비교하는 사람이 늘어날수록 질투할 사람도 늘어난다(Alain de Botton, 2004/2005, p. 59). 그런데 이러한 두려움과 불안을 손쉽게 해결하는 방법 중 하나가 '소비'이다. 이는 큰 노력을 들이지 않고도 상대적으로 단기간에, 또 적은 비용으로 우리가 질투의 대상으로 삼는 타인을 극복하거나 그들과 유사해지는 느낌을 주는 상당히 효과적인 방법이 될 수 있다. 소비를 통해 구성원들 간 커다란 차이와 불균형을 해소하고 평등의 문화를 추체험할 수 있게 해주는 것이 바로 현대 소비사회의 미덕 중 하나이다.

더욱이 지난 30여 년 사이 공고해진 신자유주의적 질서와 사회 운용의 원리, 사유의 결은 자본주의의 구루인 피터 드러커(Peter Drucker)의 "더 이상의 사회적 구제는 없다"라는 말의 함의처럼, 모든 문제의 근원과 그에 대한 책임이 사회가 아닌 바로 너 자신이 할 탓임을 일깨운다. 다시 말해, 그 이유야 어떻든 질병이 개인적인 것이고 그 치료 역시 개인적인 것이며 구원이나 파멸 또한 자유로운 주체인 네가 자신의 삶에서 자유롭게 행동해온 것의 결과이자 너 자신만의 관심사라는 것을 시사한다(Bauman, 2000/2009, p. 104). 또한 힐링과 유사한 자기계발 열풍의 가르침처럼 어떤 충고와 조언을 들었든지 간에 그것을 실천하는 것은 상담 받은 사람 혼자만의 몫이다. 즉, 개인은 그 충고를 알맞게 실천해야 할 전적인 책임을 져야 하며, 안 좋은 결과가 나온다고 해도 오직 자신의 잘못과 태만 때문이므로 남을 탓해서는 안 된다.

이처럼 모든 사회적인 것의 개인화라는 맥락에서 아웃도어는 신자유주의의 통치성이 구현되는 곳이다. 보다 정확하게는 환경과 생태, 여가와 문화 등 새롭게 부상하는 시대적 담론의 자장 내에서 대중이 이를 '자연스럽게' 수용한다는 차원에서 현대사회의 이데올로기이자 주술의 매체이다. 또한 대중이 이를 '자발적'이고 '능동적'으로 소비한다는 점에서 오늘날의 새로운 신화이며, 소비주의를 확장할 뿐 아니라 자연화하는 전령 중 하나이다. 다만 기존의 교환가치와 사용가치의 이분법적 공식으로 만족스럽게 설명하기 어려운 이러한 물질문화를 '지금 이곳'을 살아가는 우리를 매개하는 일종의 언어나 표현의 도구, 즉 미디어로서 바라볼 수 있을 것이다. 이러한 맥락에서 아웃도어는 이 시대의 노동과 여가, 소통과 불통, 차이와 구별 짓기, 관계와 단절, 놀이와 자기계발, 허기와 치유 및 이러한 모든 것들이 조금씩 과잉으로 드러난 공간임을 함축적으로 보여준다. 나아가 이는 바우만이 적절하게 진단한 것처럼 현대사회의 액체성이 상징적으로 드러나는 지점이기도 하다.

아웃도어는 아파트나 자동차는 물론, 고급시계나 보석, 명품가방 등과 비교해 훨씬 손쉽게 자주 구매할 수 있고, 특정한 유행이나 시장상황에 따라 언제든 '쿨하게' 기존의 브랜드 선호와 자신의 취향을 바꿀 수도 있다. 물론 아웃도어 소비에도 나름의 명품군이 형성되어 있어 고가 브랜드의 경우 등산용 재킷 하나에도 이백만 원 이상을 호가하는 제품이 있지만, 다른 명품에 비해 소비자의 선택 폭이 훨씬 넓고 언제든 갈아타기도 쉬운 소비임에 분명하다. 특히 신자유주의의 통치술이 일종의 이데올로기로 확장되는 가운데, 일련의 제도적 구제나 해법 대신 기댈 곳 없이 팍팍한 세상에서 '믿을 건 오로지 내 몸'이란 개인화된 삶의 전망이자, '인생 뭐 있어, 즐겁게 살면 그만이지'란 세속화한 삶의 태도를 이처럼 '능동적이고 정상적으로' 실천하게 해주는, 근사한 소비의 대상이 또 있을까?

아웃도어는 또한 지난 30여 년 동안 글로벌 스탠더드(global standard)에 부합하는 양상으로 급속하게 변화된 한국사회 전반적 삶의 정경과 향상된 국가경제 규모, 그리고 국민의 생활수준과 기대치에 비해 턱없이 부족하거나 불비한 사회안전망과 열악한 복지를 보완하거나 대체하는 기제로서, 오늘날 몸에 대한 관심의 확산 및 건강담론의 득세란 문맥에서 산업적으로뿐만 아니라 문화적으로도 유의미한 현상이다. 이러한 문맥에서 한국사회 내 몸과 건강에 대한 대중의 열망은 웰빙과 힐링 등의 키워드에서 드러나듯 일종의 변형된 자기계발 산업으로 확장되고 있는데, '외모가 곧 경쟁력'이라는 현대사회의 신화와 맞물려 몸과 관련된 사회문화적 담론에서 나아가 피트니스, 성형, 피부 관리, 건강, 힐링, 테라피, 카운셀링 등 연관 산업으로 그 지형을 넓혀가고 있다.

5. 미디어로서의 물질문화와 문화정치

개인은 '소비를 통해' 자신에 관한 무언가를 표현하고 드러내거나, 또 타인과 소통하려 한다는 점에서 현대사회의 소비는 일종의 미디어로서 기능한다. "미디어가 곧 메시지"라는 잠언으로 유명한 매클루언은 미디어와 우리의 몸을 연결시키면서 미디어를 '우리 몸의 확장된 형태'로 본다. 매클루언은 새로운 시대, 새로운 미디어의 등장은 기존의 감각 균형에 영향을 주고, 이는 다시 인간의 의식을 변화시킨다고 주장한다. 특히 텔레비전과 컴퓨터 등 현대 전자 미디어의 등장과 확장으로 인간의 감각은 최대한으로 확장되고 있고, 이러한 전자 미디어는 인간의 감각 가운데 가장 민감한 촉각에 의존해 이를 편향적으로 발달시킨다는 점을 강조한다. 즉 모든 미디어, 나아가 테크놀로지가 점차로 전혀 새로운 인간을 창조한다는 것을 이해한다면 환경은 결코 수동적인 외피가 아니라, 능동적인 일련의 과정임을 알 수 있게 된다. 전통적으로 모든 미디어는 단순히 내용을 담아 수용자에게 유포하는 중립적인 용기로 생각되었다. 하지만 매클루언은 이러한 생각이 순진하다고 보았다. 우리의 의식은 겉으로 드러난 내용에 몰두하지만, 우리의 무의식은 미디어의 잠재의식적 효과에 공격받기 쉬운 상태로 남아 있다는 것이다. 매클루언의 비유를 들자면, 미디어의 내용은 미디어라는 강도가 정신을 지키는 개의 주의를 딴 데로 돌리기 위해 사용한 맛있는 고깃덩어리라는 것이다. 바꿔 말해 우리의 감각 중추는 무의식적으로 미디어에 의해 형성되어 우리가 지각의 대상을 선택하거나 현실을 경험하는 필터가 되고 있다(McLuhan, 1997/2005; Lum, 2006/2008, p. 293).

물론 이러한 관점은 과도하게 단선적이거나 또 다른 형태의 기술 결정론적·구조주의적 시각이라 비판받을 수 있는 여지가 있지만, 비교적 자명한 점은 매클루언의 논의가 인간의 의식과 무의식 혹은 욕망의 구조를 미디어 혹은 미디어적 속성을 지니고 미디어의 역할을 수행하는 물질과 분리해 설명할 수 없다는 중요한 가르침을 우리에게 준다. 그러므로 빛의 속도로 빠르게 변화하는 미디어, 테크놀로지, 기술, 환경, 문화의 변화가 우리로 하여금 새로우면서도 유동하는 욕망의 구조, 나아가 새로운 삶의 양식과 인간성을 갖게 할 것임을 유추하는 일 또한 그리 어렵지 않다.

일례로 롤랑 바르트(Roland Barthes)는 의복의 사회적 의미를 인식하는 방식으로 두 가지를 구별하고 있다. 즉, 능동적인 것과 수동적인 것이다. 다시 말해, 행하는 것과 존재하는 것 또는 활동성과 정체성이 바로 그것이다. 이러한 구분에 따르면, 첫 번째 것은 육체노동이나 스포츠 등 활동 유형에 따른 의복의 기능과 관련이 있고, 두 번째 것은 노동자, 농민, 교사, 의사, 군인 등 직업적인 지위나 상징과 관련된 것이다. 또 다른 예로 여성 바지의 경우, 이의 가치는 색채나 유형 또는 소재에서 치마나 남성의 바지 같은 다른 의복들과 구별됨으로써 결정된다. 즉, 여성용 옷을 남성들의 옷과는 상이하게 재단이나 외형 또는 색으로 구별한 옷들을 제조하고 소비함을 통해 우리는 사회에 이미 주지된 방식에 따르는 여성다움과 남성다움의 차이를 재생산한다. 이는 베블 런이 의례(ceremony)와 일(workmanship)을 구별한 것과도 유사한 분류로 의 복의 체계 속에 내재한 두 가지의 뚜렷하고 상이한 규칙성을 보여준다(Veblen, 1912/2012; Sahlins, 1976/1991 pp. 226-234).

우리 사회의 아웃도어 현상을 이러한 미디어 또는 문화정치의 관점에서 이 해할 수도 있다. 등산에서 불기 시작한 아웃도어 산업은 캠핑과 피트니스, 골 프와 자전거, 그 어느 때보다 자유로워진 해외여행의 증가와 명품 소비 등으로 확산되고 있다. 글램핑(glamping)이란 신조어와 여행사를 매개하지 않는 젊은 세대의 해외여행이 이러한 추세를 보여준다. 물론 이는 여가와 취향의 다원화, 디지털 시대에 아날로그적 감수성의 복원이란 차원에서 새롭고 긍정적 전망을 제시하는 일면도 있다. 동시에 이러한 현상은 신자유주의의 심화와 더불어 점 증하는 개인화 또는 '취향의 문화정치'와도 무관하지 않을 듯하다. 이러한 점 에서 아웃도어 산업의 팽창을 비난하기만은 어렵다. 나아가 아웃도어는 위로 를 필요로 하는 피로사회 혹은 소진사회의 문화산업으로 속도에서 깊이를, 나 아가 건강하고 진정성 있는 삶을 추구하는 대중의 욕망을 적절하게 구현하는 일종의 매력적인 힐링 산업으로 이해할 수 있다.[8] 또한 예측 불가능한 미래에 대한 막연한 희망에 현재를 저당 잡히는 위태롭고 불안한 삶보다, '지금 여기' 의 삶을 알차고 견실하게 가꾸는 가운데 새로운 삶의 전망을 투사해나간다는

---

8 코로나19 이후, 피트니스와 여행업 등 특정 산업의 급격한 위축과 관련 종사자들의 어려운 상황에 대한 언론 보도와 이에 대한 정책적·사회적 논의도 활성화되고 있다. 다만, 비교적 자명한 점은 예 방약의 광범위한 도입과 집단 면역력의 생성 등으로 인한 코로나 상황의 진전에 따라 이전과 다르 거나 더욱 심화된 양상으로 해외여행과 아웃도어를 비롯한 다양한 야외 활동, 소비와 취향문화가 다채로운 모습으로 활성화될 것이라는 전망 또한 어렵지 않게 할 수 있다.

점에서 실존과 공동체에 대한 관심, 긍정적 의미에서의 소비문화가 제시하는 시대적 변화를 보여주기도 한다.

이러한 맥락에서 최근 증가하는 지자체의 둘레길이나 올레길은 산이 좋아도 산을 오르고 내려가는 일을 버거워하는 보통 사람들에게 건강관리와 운동, 취미활동과 사교의 훌륭한 대안이 된다. 이는 다른 구기 운동처럼 격렬하거나 비싼 장비를 필요로 하지도, 또 히말라야 같은 고산준봉을 오르는 등산처럼 어렵거나 위험하지도 않다. 신자유주의가 강제하는 구조적 불황의 시대, 몸과 마음이 지친 중산층을 힐링하는 이만한 여가의 대안이 되는 것이 또 있을까? 동시에 아웃도어를 위시한 일체의 여가활동 및 이와 연관된 물질문화를 차이와 취향의 문화정치이자 사람과 사람을 매개하는 '관계의 미디어'란 관점에서 이해할 수도 있다. 이러한 새로운 형태의 미디어는 전술한 바와 같이 매클루언이 설득력 있게 논구한 우리 몸의 확장된 형태로 다양한 물리적·도구적 기능을 수행한다. 뿐만 아니라 우리 자신이 누구인지를 보여주는 정체성이자 타자와 '관계 맺는' 커뮤니케이션의 매체로서 의류와 명품 가방, 자전거와 시계, 정장과 구두, 자동차와 주택 등은 현대사회의 중요한 미디어로 기능한다.

이와 관련해 대니얼 밀러(Daniel Miller)는 쇼핑을 구매자의 주관성과 관련된 개인의 행동이나 행위로 이해하고 해석하는 것은 최선이 아니라고 주장한다. 가령 쇼핑은 관계들을 다시 지시할 뿐 아니라, 동시에 관계들을 중재하고 구성하는 능동적 실천의 성격을 띤다(Miller, 1998, p. 12, p. 147)는 주장이 그중 하나이다. 또한 장 보드리야르(Jean Baudrillard)는 그의 소비사회론을 통해 이러한 물질문화의 의미가 기호들의 체계적인 변형 안에서 존재하고 우리의 일차적 욕구 외에 자신의 정체성의 형성과 표현을 위해 소비되는, 즉 미디어적 속성을 지닌 기호와 상징들의 소비(Baudrillard, 1970/1992)임을 갈파하고 있다. 즉, 소비는 단순히 사용가치나 물질적 욕구의 충족 혹은 이기적인 물질주의의 발현만이 아니라 타자와의 관계와 커뮤니케이션, 몸과 감각, 그리고 정체성의 문제 등 관계적이며 이타적인 속성을 포함하는 미디어로서 기능한다. 그러므로 소비를 심화된 자본주의 사회에서 말초적이고 사사로운 욕망이 발현되는 지점, 또는 차이의 문화정치와 인정투쟁을 위한 도구로 축소하는 파편적이며 방어적인 시각은 소비의 가능성과 이에 대한 우리의 이해를 제한한다.

한 예로 아웃도어는 의류와 신발을 포함해 캠핑과 숙박, 관광 등 이와 직접적으로 연관된 산업은 물론, 새롭고 친환경적인 자동차와 자전거 소비를 촉진하기도 하고, 도심이나 도시 근교의 텃밭을 가꾸고 이에서 더 나아가 귀농이나 마을 사회 등에 대한 관심을 불러일으키고 실천으로 연결시키기도 한다. 이처럼 아웃도어는 단순히 아웃도어 상품의 소비에 머무는 것이 아니라 현대사회의 라이프스타일을 비롯한 삶의 양식, 더 나은 삶과 공동체, 아직까지 경험해보지 못한 새로운 형태의 세계에 대한 사유의 지평을 확장하고 상상력의 우물을 파는 데에 일조하기도 한다. 그렇다면 아직 도래하지 않은 삶과 공동체, 사회를 꿈꾸는 사유와 상상력은 어떻게 가능할까. 산업사회를 거쳐 후기산업사회 및 정보화 사회가 도래하며 대도시에서의 삶이 현대사회의 삶의 규범과 기준이 되었다. 그런데 도시의 인구밀도가 높아지고 개인의 익명화가 진행될수록 법과 규범의 사각지대가 늘어날 뿐 아니라 타인에 대한 관심과 배려, 유대감이나 소속감, 도덕심 등도 함께 옅어진다. 이러한 '군중 속의 고독'의 사회에서 잘 알지 못하는 사람에 대한 관심과 배려, 타인의 곤경에 대한 감수성 등을 어떻게 확장하고, 또 이러한 사회문화적 기풍을 어떻게 배양할 수 있을까.

이와 관련해 공유경제나 소셜커머스, 사회적 기업 등 새로운 형태의 경제 운용 방식과 아이스버킷 챌린지 같은 창의적 이벤트를 통한 질병 관련 캠페인 등, 유희나 놀이 감각을 활용한 제도적 대안이나 다양한 사회 활동들이 부상했다. 이러한 일련의 실험이 크고 작은 현실의 변화로 이어지고, 이 과정에서 새롭고 발랄한 참여문화와 상상력이 발휘되는 데에서 그 가능성을 볼 수도 있을 것이다. 물론 이러한 움직임들은 한시적 이벤트에 그칠 개연성이 있고, 또 지속가능한 성장을 약속하는 담론의 이면에 일종의 기업(가) 주의 혹은 세련된 레트로나 복고 마케팅이 유연하고 기민하게 작동할 수도 있다(김찬호, 2014; 류웅재, 2014). 다만 앞서 논의한 것처럼 소비의 미디어적이며 문화정치적 속성, 다양한 관계들을 중재하고 재구성하는 능동적 실천과 전유의 가능성을 인정한다면, 창의적이며 유쾌한 놀이 또는 이와 연관된 인간의 충동과 감각, 공감과 연대, 소통과 실천을 극대화해 일상의 삶과 현실, 제도와 관행을 개선하려는 시도는 유의미할 뿐 아니라, 실제적 차원에서 긍정적 전망을 준다고 볼 수 있다.

6. 결론을 대신하여

위의 사례들을 통한 사유와 전망은 현대사회의 주체와 불가분의 관계에 있는 소비문화를 새롭고 창의적으로 이해하는 틀을 제공해주는 지점이기도 하다. 이제 소비를 자본주의의 통치성과 동일시하거나 음모론으로 간주하는 시각은 좀처럼 설득력을 획득하거나 지속하기에 버거워 보인다. 소비문화나 물질문화를 무분별하고 비인간적인 소비주의 문화와 등치하는 것도 자본주의가 야기한 근본적인 문제의 진단이나 해법과는 동떨어져 있다. 이제 '어떤 소비'인가를 물어야 하고, 여기에서 새로운 길과 방향을 모색해야 할 때가 아닐까 한다. 이를 위해 이 책에서 논의한 소비문화로서의 아웃도어의 위험성과 한계가 이윤을 추구하는 문화산업에 의해 기획되고 확대재생산되는 사실과 속성을 인정해야 한다. 나아가 이의 부정성, 즉 취향의 하향평준화와 획일화는 물론 신자유주의의 자기 통치적 속성, '취향의 정치'나 '차이의 정치'의 비정치적 성격을 인지하고 경계해야 한다. 이는 바우만이 지적한 것처럼, 현대사회에서 모더니즘이 몰락하면서 차이 그 자체와 그것의 축적만이 남았다고 한 진단을 떠올리게 한다. 그는 "차이가 전혀 부족하지 않고 오히려 우리 세계의 모든 쇠퇴하는 지역의 모든 거리 모퉁이마다 새로운 경계가 나타나는 것처럼 보인다"(Bauman, 2011/2013, p. 129)고 일갈한다.

즉, 차이와 개성을 중시하는 포스트모더니즘이나 다문화주의적 입장과 사고도 그 선의와 무관하게 참된 다양성을 구현한다기보다, 진정성 있는 대화와 연대를 가로막고 분열의 수단으로 기능할 수 있다. 또한 소비자에게 최대한의 충격을 주고 오래지 않아 진부해지고 마는 매력 있는 상품을 만들어내는 소비주의 문화는 자본(가)의 이윤을 극대화하기 위한 최고의 환경이다. 이는 자본주의하 소비의 본질 혹은 한 단면을 보여주는데, 소비자가 소비하는 것은 단순히 물질이나 재화가 아니라 거기에 부여된 관념과 의미, 즉 기호이기 때문이다. 이는 보드리야르가 적절하게 지적했듯, 소비자의 '개성'마저도 광고나 미디어에 의해 부채질되는 일종의 기호나 관념(Baudrillard, 1970/1992; Koichiro, 2011/2014, p. 135)인 이유에서이다. 동시에 우리는 어떤 소비, 어떤 세계를 축조해나갈 것인가에 대한 지속적인 물음과 실천, 대화와 공동의 노력을 통해 상업적이고 획일적이며 억압적인 글로벌라이제이션이 아닌, 창의적이고 지역적이며 인간적인 로컬 문화를 위한 조건들을 만들어갈 수 있을 것이다. 소비를 둘러싼 경제정책이나 제도의 운용 못지않게 전술한 일상의 재기발랄한 문화적 실천들은 새롭고 다른 세계를 향한 첫 걸음이 될 수 있다.

이제 신자유주의하 다양한 물질문화의 부정성과 자기 통치적 속성, 유연하고 복합적인 주체화 과정에 관하여 정교하고 성찰적인 작업이 그 어느 때보다 요구되는 시점이다. 동시에 공유와 연결, 소통과 관계의 미디어나 문화정치의 차원에서 물질문화를 일상에서 창조적으로 전유하고 접합하는 삶의 방식에 대한 지속적 모색과 논의 또한 필요하다. 이를 통해 개인적 차원의 긍정성과 창의력, 상상력과 유희의 전망을 포함해 경제적·정치적 변화의 전망을 사유할 때이다. 이는 물질문화를 단순히 '창의'의 이름을 빌린 오락산업 혹은 환상과 나르시시즘을 파는 문화산업으로서가 아니라, 참된 관계와 나눔이자 접속과 소통을 매개하는 경제와 문화, 그리고 삶의 양식이자 정치적 과제로 인식함을 의미한다. 이를 통해 무분별한 소유와 낭비가 일상화되고 주체의 욕망과 불안 또한 비례해 증폭되던 자본주의의 '소비의 역설'에 대해 우리의 주의를 환기하고 변화를 모색하는 계기로 삼을 수 있을 것이다. 가령 이타적 소비와 공유, 창의적 물질문화를 새로운 인식과 실천의 마중물로 삼아 재미와 나눔, 공감과 연대의 일상성과 그러한 문화의 확산에 기여할 수 있을 것이다. 이는 과거 정치적 구호나 당위론으로 접하던 타자와 사회적 약자에 대한 배려, 공동체에 대한 관심을 육화하는 가운데 새로운 삶의 방식과 사회를 지속적으로 사유하고 생성해나갈 수 있는 실천적 대안이 될 수 있다.

8장

공유경제를 둘러싼 사회적 담론

1. 들어가며

오늘날 세계는 2019년 말 중국 허베이성 우한에서 원인을 알 수 없는 폐렴이 세계보건기구(WHO)에 보고된 이후 유례없는 대전환기를 맞고 있다. 글로벌 팬데믹의 심각성은 단순한 정치적 의제나 수사를 넘어 뉴노멀(new normal)과 언택트(untact) 사회의 도래를 불가피한 일상으로 만들었다. 특히 일국 층위의 제도적 개입이나 통제의 범주를 넘어서는 이러한 변화는 경제적·기술적·사회적 측면에서 가시적으로 드러났고, 많은 국가들이 컴퓨터를 기반으로 한 4차 산업혁명의 단계로 빠르게 진입하고 있다. 최근 한국사회에서도 시대적 화두로 부상한 4차 산업혁명은 현실과 가상의 세계가 융합하는 O2O(Online to Offline)의 모습으로 다가오고 있다. 또한 제품의 경제에서 데이터와 서비스가 순환하는 융합 경제로 변화를 맞이하고 있다. 그중 물질로 이루어진 소유의 세상과 정보로 이루어진 공유(共有)의 세상이 융합하는 확장된 공유경제(sharing economy)가 4차 산업혁명의 중추 역할을 하고 있다. 이러한 문맥에서 새로운 자본주의 플랫폼이자 경제의 한 형태로 부상하고 있는 공유경제에 대해 심도 있는 학술적 논의가 필요한 때이다(문정우, 2019. 5. 2; 이민화, 2016. 6. 20).

공유경제는 오늘날 갑자기 나타난 현상이라기보다 과거부터 존재해왔다. 한국의 '두레'와 유럽의 '길드' 등에서부터 오늘날의 협동조합에 이르기까지, 다양한 형태로 공유를 추구해왔다. 과거 공유지가 기술적 한계로 유토피아적 이상에 머물렀던 반면, 오늘날 정보의 세계에서는 한계비용의 제로화로 인해 공유가 지배적인 원칙으로 등장하게 되었다. 일례로 위키피디아, 지식in, 오픈소스 등 수많은 정보 공유 활동이 전개되고 있다. 2001년 로런스 레시그

(Lawrence Lessig) 교수는 오픈소스 운동을 주창하면서 지식의 공유는 혁신적 가치를 창출할 것이라 선언했다. 또한 개방 플랫폼의 등장으로 공유비용이 제로화되면서 제러미 리프킨(Jeremy Rifkin)은 '한계비용 제로 사회'를 주창하게 되었다. 그는 공유경제가 기존의 완전 경쟁시장의 구조를 변화시킬 수 있을 것이라 낙관적으로 전망했다. 그러나 현재 공유경제는 오프라인 경제 규모의 5퍼센트 미만인 온라인 세상에 국한되고 있다. 즉, 이 새로운 경제 형태에 관해 '부업을 합리화하기 위한 허울 좋은 논리'라는 의견과 '소유만 주장하는 세상이 뭐가 그리 좋은가'라는 입장이 대립하고 있다(이민화, 2016. 6. 20; 조희정, 2017, p. 73).

한국사회에서도 2010년대 말부터 많은 이들이 공유 플랫폼 기술에 열광하기 시작했다. 플랫폼 기술은 직접적으로 자본주의 시장경제의 구조적 체질 변화와 연결돼 있다. 일명 공유경제가 그것인데 때로 이는 '플랫폼경제'로 명명되기도 한다. 정거장과 같은 플랫폼에서 유무형의 자산과 물건의 공유 행위가 이뤄지고 성사되기 때문이다. 공유경제 아래 플랫폼을 운영하고 임대하는 브로커들은 사람, 자원, 노동 등을 적재적소에 짝을 찾아 배치하고 맺어주면서 신종 지대이윤을 발생시킨다. 일례로 우버(Uber, 자동차)나 에어비앤비(Airbnb, 숙박) 등 공유경제의 성공 실험을 지켜보면서, 리프킨 등 사회학자나 도시 혁신가들은 '반(反)자본주의'의 도래를 외쳤다. 이들이 열광하는 근거는 공유 행위를 통해 시민 자원을 효율적으로 배분함으로써 사회 혁신을 이루고 사회민주주의까지 획득할 수 있다고 믿기 때문이다. 하지만 이들은 무늬만 혁신의 생태계가 지배적 시장자본의 논리로 포획되고 지대이윤이 브로커에 독점되고 있다는 점을 알면서도 줄곧 무시하고 있다(이광석, 2017. 4. 7).

이러한 문맥에서 공유경제의 실현 가능성에 의문을 제기하는 대표적인 학자로 로버트 라이시(Robert Reich)를 들 수 있다. 그는 미국 빌 클린턴(Bill Clinton) 행정부에서 노동부 장관을 지낸 경제학자로, 공유경제를 '이윤의 부스러기를 나눠 먹는 가혹한 노동 형태'라고 평가하며 쉬어야 하는 시간에 많지도 않은 돈을 벌기 위해 일하도록 내몰리는 추세일 뿐이라고 비판하기도 한다(조희정, 2017, p. 72). 그러므로 최근 한국사회에서 확대재생산되고 있는 4차 산업혁명에 대한 긍정적 전망들, 특히 이와 밀접하게 연동하는 공유경제를 둘러싼 다양한 담론 정치에 관해 심층적이고 비판적으로 독해함으로써, 이 개념의 가능성과 한계, 문제적 요소들을 적절하게 진단하고 이를 둘러싼 사회적 담론과 학술적 논의에 공헌할 필요가 대두되고 있다. 그간 유사한 문제의식에서 신자유주의의 구조적 모순과 통치성에 관해 비판적으로 탐색한 학술적 논의는 상당히 축적되어 있는 편이다. 특히 사회학과 문화연구 등의 분야에서 신자유주의의 새로운 통치성이라는 문맥에서 자기계발이나 힐링, 소비문화 등 개인들의 주체화 과정에 대한 연구들이 활발히 수행되어왔다.

주로 푸코의 통치성 이론을 기반으로 해 논의되어온 자기계발을 다룬 일련의 작업들은 외환위기 이후, 한국사회에서 본격적으로 부상하기 시작한 '합리성', '지식기반경제', '경쟁', '혁신', '자기실현', '자기지배(self-governing)', 경제적인 삶의 심화된 '리엔지니어링(re-engineering)' 등의 핵심어군을 내장한 담론 구성체들이 발휘하는 이데올로기 효과 및 훈육 등의 복합적인 권력 작용이 빚어낸 상황을 새로운 분석의 영역으로 삼아왔다(송동욱·이기형, 2017, p. 34). 이 복합적인 문제 틀은 한국사회의 거시적인 사회경제적 성격 변화를 자기관리 능력의 배양, 그리고 자기계발의 의지와 같은 과거와는 차별화된 사회적 에토스(ethos)의 확산과, 이러한 지배적인 규범과 습속의 실현을 두고 분투하는 청년 주체들의 활동상을 주로 담론적 진단으로 탐구하는 데에 초점을 맞추었다(서동진, 2010; 송동욱·이기형, 2017, p. 34).

기존의 연구들은 다소 국지적이거나 단선적인 미디어 효과에 분석의 강조점을 두거나, 미디어가 생성하는 일상적이며 미시적 현상들 및 대중문화를 둘러싼 개별 학제의 제한적 관점에서 미디어나 커뮤니케이션 중심의 정치경제적·

사회문화적 현상들의 수용과 통치성에 주목한 측면이 강하다. 때문에 이를 확장해 국가를 포함하는 글로벌 경제와 문화 등 보다 거시적이며 구조적인 층위에서 이러한 담론의 확산에 관해 비판적 정치경제학이나 역사적으로 탐문한 연구는 충분히 축적되어 있지 못한 형편이다. 또한 신자유주의적 경제 제도가 생성하는 구조적 층위의 일상화나 미학화, 주체 형성 등을 촉진하거나 매개하는 국가와 지자체 같은 정책 행위자의 담론 구성자적 역할은 간과되거나 축소된 경향이 있어 이를 보다 깊이 있게 고려할 필요성이 제기된다.

이 책은 그간 축적된 국내외 연구 동향의 현황과 성과를 토대로 최근 한국 사회에서 확대재생산되고 있는 4차 산업혁명의 문맥에서 특히 공유경제를 둘러싼 담론 정치에 관해 심층적이며 비판적으로 독해하고자 한다. 이를 통해 신자유주의적 담론과 이데올로기가 사회나 개인의 일상에 착근하거나 자연화(naturalization)하는 과정을 추적하고, 동시에 이에 관한 성찰과 대항적 합리성이 구축되는 과정에 관해 유연하면서도 중층적으로 분석하고자 한다. 이를 통해 후기자본주의의 경제 형태를 둘러싼 다기한 담론이 매개하는 정상성, 사회적 상상, 나아가 복잡한 문화정치의 양상과 연관된 담론 지형을 연계적·포괄적으로 분석하고 독해함으로써 관련 학술 논의의 지평과 외연을 확장하는 데에 일조할 것으로 기대한다.

2. 공유경제의 비판적 담론 분석

이러한 시도는 후기자본주의를 유지하거나 추동하는 정상성을 매개하는 언어 혹은 이데올로기가 언술을 통해 확산, 변형, 그리고 자연화하는 과정을 비판적으로 탐문하고, 나아가 바람직한 사회적 상상과 대항적 합리성이 구축되는 양상과 가능성을 성찰적으로 조망하는 데에 도움을 줄 수 있을 것이다. 또한 후기자본주의의 경제 형태를 둘러싼 문화정치의 양상과 복잡한 담론 지형을 심층적으로 독해함으로써 관련 학술 논의에 공헌할 수 있을 것이다. 이를 위해 담론과 관련된 사회과학 이론, 텍스트 및 담론 분석을 유연하게 활용해 특정한 구조나 제도, 경제적 변화가 사회 내에서 어떤 방식으로 수용 및 접합 또는 절충 및 전유되는지에 관해 살펴볼 것이다.

이 장에서는 우리 사회에서 최근 공유경제를 둘러싸고 벌어지고 있는 일련의 사건이 미디어와 정책 담론을 통해 어떤 방식으로 재현되거나 매개되는지를 추적하고자 한다. 이는 특정한 경제 현상이 그 자체로 고정불변의 실체성을 갖거나 사회적 논의를 넘어서는 초월성을 갖지 않는 것임을 증명하고자 하는 의도를 내장하기도 한다. 나아가 경험적 시간과 공간에서 최적의 사회적 설명력을 획득하거나 빈틈없이 정교해 보이는 기술적·제도적 층위의 논의일지라도 특정 집단의 이해관계나 사회적 무의식을 반영한다는 견지에서 공유경제 관련 미디어와 정책 담론을 소개하고 분석하는 일은 상당한 시의성을 지닌다. 특히 4차 산업혁명이란 시대적 화두에 직면해 이를 견인하는 하위 기술적 언술의 하나로 공유경제의 담론 구성체로서의 성격을 분석하는 일은 유의미한 작업이다.

미디어 담론은 한 사회와 구성원들의 '사회적 상상(social imaginary)'[1]을 특정한 방식으로 매개하거나 재생산한다(이선민·이상길, 2015, p. 8). 미디어 담론은 고도로 전문화되고 기술적인 언어들이 사회적 힘을 획득하고 정책이나 제도로 반영되는 과정에서 반드시 거쳐야 할 매개자 혹은 완충 지대로서 그 역할을 담당한다. 물론 여기에 그 내용적 측면을 제공하는 것은 학술논문, 연구보고서, 단행본 등 전문성을 지닌 작업들이다. 언론 생산자들의 제도적·구조적 혹은 인식론적 한계로 인해 관련 사안의 내용들을 선별과 배제, 접합과 전유, 취사선택을 통해 대중과 매개할 때 질료가 되는 것은 바로 이러한 전문성을 담보한 학술적 작업들이다. 이러한 학술적 작업들을 선택·강조 혹은 배제함으로써 범주화하고 지속가능한 유형을 생산하면 미디어는 이를 활용하거나 경유해 적극적으로 사회 현실을 구성하는 주조자 역할을 담당한다(Schudson, 2011). 그러므로 공유경제와 관련해 대중적 미디어 담론을 가능하게 하고, 이의 범주나 정도를 획정하며, 발화되어질 것과 발화의 공간에서 배제되는, 즉 가능태로서만 남는 언술들을 선택하는 것은 주로 미디어 생산자와 이를 선택적으로 수용하는 수용자의 몫이지만, 동시에 이에 유용한 재료를 제공하는 것은 이러한 학술 담론들이다. 이러한 맥락에서 이 책은 대중적 미디어 담론을 구성하거나 사회적 상상을 매개하는 재료로, 정부와 지자체 산하 관련

---

1 찰스 테일러(Charles Taylor)는 이를 사람들이 자신의 사회적 실존에 대해 상상하는 방식, 사람들이 다른 이들과 조화를 이루어가는 방식, 사람들 사이에서 일이 돌아가는 방식, 통상 충족되곤 하는 기대들, 그리고 그 기대들의 아래에 놓인 심층의 규범적 개념과 이미지로 설명한다. 사람들이 사회적 환경을 상상하는 방식은 주로 이미지와 이야기, 전설 등 일정한 담론 구조와 과정을 수반하며 허위의식으로서의 이데올로기나 유물론적 환원론과는 일정한 거리(Taylor, 2010, p. 43, p. 309)를 두는 적극적 수행의 소산이다. 이는 사람들이 다른 이들과 서로 어울리고 생활하면서 그 방식과 결과에 대해 품게 되는 규범적인 기대, 믿음, 이미지 등의 총화이지만, 불분명하고 구조화되어 있지 않고 경계가 불확정적이라는 점에서 이론과는 다른 것이며, 사회적 실천의 중요한 요소를 구성한다(이선민·이상길, 2015, pp. 9-10).

연구기관의 연구보고서를 분석 대상으로 삼고자 한다.

분석 방법으로는 기존의 텍스트 분석이나 담론 분석의 정형화한 절차와 분석 단위인 대상 선정과 유목화를 통한 구조화 분석을 시도하기보다는 상기한 미디어 담론, 즉 언론보도와 이를 가능하게 하는 국가와 지자체의 연구보고서, 정책 자료 등 포괄적인 증거를 중층적이고 연계적이면서 유연하게 분석할 것이다.[2] 특정 정치 주체나 제도로 생성되는 유력한 담론을 통해 사물이나 사건 혹은 사안을 보는 입장과 시각이 만들어지며, 특정한 담론의 영향으로 그 사안에 대한 '담론화된 진실'과 현실이 형성(이기형, 2006)되기 때문이다. 이를 위해 부분적으로 페어클러프의 비판적 담론 분석을 차용해 텍스트와 담론, 사회적 영역의 언술과 실천, 즉 각각의 층위에서 지향하는 주된 의미화 작용에 관해 다룰 것이다. 비판적 담론 분석은 텍스트에 대한 형태학적·언어학적 분석뿐만 아니라 이것이 구체적인 맥락을 통해 사회적으로 확대재생산되면서 획득하는 이데올로기적 권력 효과가 무엇인지를 분석하는 데에 초점을 맞춘다. 그러한 의미에서 비판적 담론 분석은 사회 문제에 주목하는 해석적이고 설명적인 분석이다(Fairclough & Wodak, 1997; 홍성현·류웅재, 2013).

페어클러프는 담론과 사회문화적 차원과의 관계를 반영하기 위해 '텍스트적 실천(textual practice)', '담론적 실천(discourse practice)', '사회적 실천(social

---

2 이 책의 분석 대상으로 언론보도와 국가와 지자체 산하 연구소의 정책 보고서를 선정한 이유는 이것이 공유경제를 둘러싼 유력하고 유의미한 사회적 상상 및 언어적으로 발화되고 유통되는 담론 구성체를 분석하는 데에 유용하다고 판단했기 때문이다. 학술논문이나 단행본 등도 이와 유사한 효과를 창출하지만, 이 책은 지면의 제약, 분석과 논의의 한계를 고려해 분석 대상을 언론보도와 연구보고서로 한정했다. 특히 정책보고서는 언론보도나 학술논문, 관련 분야의 단행본 등의 논의에 현장의 목소리를 담아낼 수 있는 중요한 실증적 자료이고, 분석 과정에서 원천 소스의 성격이 강한 이유에서 공유경제와 관련한 우리 사회의 담론 생성의 내용과 추이, 생성과 변화를 살펴보는 데에 유용한 자료이다.

practice)'의 세 단계 접근 방법을 제안했다. '텍스트적 실천'은 종래의 언어학 혹은 사회언어학에서 주로 행해온 미시적 분석으로 '어휘', '문법', '결합', '텍스트 구조'라는 네 가지 범주로 조직된다. '담론적 실천'은 담론을 생산하고 해석하는 실천인 동시에 담론의 질서 내에서 담론들 간의 연관의 문제이기도 하다. 따라서 이 단계에서는 언어학적 분석보다는 상호 텍스트성 및 상호 담론성이 분석의 핵심이 된다. 그리고 '사회적 실천'에서는 미시적 차원에서 이루어진 텍스트적 실천이 담론적 실천으로의 확장을 통하여 정치적·경제적·문화적 이데올로기와 헤게모니를 어떻게 구성하고 재구조화하는지 분석한다. 그러므로 비판적 담론 분석은 텍스트적 실천과 담론적 실천, 그리고 사회적 실천의 통합을 통해 텍스트에 대한 미시적 접근과 구조에 대한 거시적 접근을 연계하고 있다고 할 수 있다(Fairclough, 1992; 1995a; 1995b; Fairclough & Wodak, 1997; Wodak & Meyer, 2001; van Dijk, 2008; 신진욱, 2011; 박해광, 2007; 홍성현·류웅재, 2013, p. 22 재인용).

비판적 담론 분석은 일련의 공통된 방법적 규칙·기술·원리를 뜻하지는 않으며, '담론 분석을 통한 사회비판'이라는 실천적 목표를 달성하기 위해 공통의 관심과 지향을 공유하는 학파라고 할 수 있다. 따라서 비판적 담론 분석에서는 방법론적 정당성을 획득하기 위해 통일된 절차와 구체적인 분석 방법을 따르기보다는, 연구 대상에 대한 간학제적이며 비판적인 기여를 위해 필요한 분석 방법을 연구자가 독창적으로 설계하는 것이 중요한 방법론적 이슈가 된다. 이러한 맥락에서 이 장은 전술한 페어클러프가 제시한 담론 분석의 틀과 개념들을 기반으로 하지만 이를 도식적으로 적용하기보다는 적절하게 활용하고 기존에 행해진 연구들의 다양한 분석 틀과 개념들을 참고하여 이 연구의 목적에 부합(김선기, 2016; 신진욱, 2011; 이오현, 2017, p. 42 재인용)하고 유연하게 변용했다.

구체적으로 이 책의 목적과 분석의 효율성을 충족하기 인해 공유경제 관런 개별 텍스트들에 대한 세밀한 분석보다 이것들이 지향하는 거시적 목표와 이를 추동하기 위한 주요 논의들, 의미와 특성, 그리고 강조점의 요약과 기술의 분석에 주안점을 두었다. 일례로 담론적 실천으로서의 상호텍스트적 분석 목표는 텍스트 내에 혼재하거나 연결되어 있는 다양한 장르와 담론들을 실타래를 풀어내듯이 밝혀내는 데에 있는데, 이를 위해 수사학적 어휘, 문법, 문장구조 등의 언어적 실천 외에 이들의 상호 유기적인 결합을 통해 전체 텍스트 안에서 어떤 의미 단위의 담론 구조를 생성하는지 분석(홍성현·류웅재, 2013)한다. 또한 상징들의 특정한 배열과 그것이 산출하는 의미를 사람들이 자연스럽게 여기게끔 만드는 다양한 언어적 테크놀로지에 주목하고 이의 한 예로 특정 단어나 단어군을 빈번하게 사용하는 '자주 쓰기(overwording)'에 관한 분석에 주안점을 둔다(Fairclough, 2001, pp.97-98; 신진욱, 2011, pp.29-30). 이러한 분석 틀과 전략에 기반해 이 장은 공유경제 관련 정부 및 지자체 산하 연구소에서 출간된 보고서[3]와 이와 상호작용하는 미디어 담론들을 상기한 비판적 담론 분석의 개념과 틀을 형식적으로 적용하기보다는 유의미한 분석의 틀로 유연하게 활용하려 했다.[4]

우선 공유경제와 관련된 사전적 정의는 이미 생산된 제품을 여럿이 공유

---

3 분석 대상을 정부와 지자체 산하 연구소에서 출간된 보고서로 한정한 이유는 우선 학술논문이라는 제한된 지면에서 최근 활발하게 논의되고 있는 공유경제와 관련된 모든 제도적·정책적·사회적 담론들을 효과적으로 다루기 어려운 분석적 측면의 한계에 기인한다. 동시에 이 보고서들이 지니는 시의성·대표성·사회적 영향력 등의 차원에서 언론과 학술 및 정책 담론을 연계적으로 포괄·횡단하며 한국사회에서 생성 및 변화하는 관련 담론의 분석을 수행하는 데에 상당한 수준의 유효성을 지닌다고 판단했다.

4 이는 페어클러프나 판데이크의 비판적 담론 분석의 유용성에 대한 인식과 이해에도 불구하고, 이를 다기한 맥락과 변화무쌍한 사회현상에 공식처럼 대입하거나 적용할 때의 문제에 대한 연구자의 경험과 불만족에 기인한다.

해서 사용하는 일종의 협력 소비경제로, 대량생산체제의 소유 개념과는 대비된다. 2008년 세계 경제위기로 저성장, 취업난, 가계소득 저하 등 사회문제가 부상하면서 과소비를 줄이고 합리적인 소비생활을 하자는 인식이 등장했다. 이러한 문맥에서 제품이나 서비스를 소유하는 것이 아니라 필요에 의해 공유하자는 사회적 인식도 증가했다. 또한 소셜네트워크서비스와 인터넷을 중심으로 하는 IT기술의 발전은 개인 대 개인의 거래를 편리하게 만들어 공유경제의 활성화를 촉진했다(두산백과, 2019. 3. 7).[5] 물론 공유경제의 개념과 형태는 최근에 갑작스럽게 부상한 것은 아니고, 과거 원시 부족사회 이래로 각 지역의 전통과 문화에 따라 조금씩 다른 모습으로 계승 및 지속되어온 것이지만, 상기한 바와 같이 오늘날 IT기술의 발전과 더불어 제도나 정책의 내부로 편입되며 구체화·가시화되고 있다.

최근 한국사회에서 미디어를 통해 확대재생산되는 공유경제 관련 담론들은 커먼즈(commons)와 더불어 쉐어링(sharing)의 개념으로 그 어의가 포괄적으로 확장하는 가운데 양자가 공유경제라는 언술로 통합되면서 보편화하는 추세를 보인다. 한 예로 미디어가 매개하는 공유경제를 둘러싼 언술들은 국가의 거시적 산업정책이나 관련 제도의 정비와 더불어, 일상의 재기발랄한 문화적 실천으로도 일종의 정상성을 획득한다. 가령 과거 소유의 개념이 강했던 집과 차가 셰어하우스(공동 주거)나 카셰어링(자동차 공유) 등의 형태로 공동 소유가 늘어나고 있는 추세가 이러한 변화를 반영한다. 이른바 '공유경제'의 확산은 단순한 마케팅이나 트렌드를 넘어 거부할 수 없는 전 지구적 추세로 자리 잡아

---

5 네이버 지식백과 중 두산백과, '공유경제(Sharing Economy)'
https://terms.naver.com/entry.nhn?docId=3379580&cid=40942&categoryId=31812 (최종검색일: 2020. 1. 5)

가고 있다. 공유하는 품목 또한 다양화되어 값비싼 악기부터 정장, 아이 옷, 집밥, 책, 공공시설 유휴공간, 옥상, 주차장, 룸셰어링, 도시민박, 도시텃밭 등으로 확장하고 있다. 특히 공간의 공유는 국내와 전 세계에서 주목할 만한 공유경제의 분야로 빠른 확산 추세를 보이며 매년 80퍼센트 이상 성장하는 '메가트렌드' 시장이기도 하다(최용성·이경진, 2014. 8. 12; 〈한겨레〉, 2014. 12. 30).

이는 한국사회에 국한되거나 그 특수성에만 기인하는 것은 아니고 현대사회의 정치경제 시스템과 실천에서 드러나는 현대성의 변화와 그 궤를 같이 한다. 한 예로, 기존의 자유로운 민주주의 사회의 구성원이던 '시민'이라는 개념으로부터 '소비자' 개념으로의 전환에서 상징적으로 드러난다. 백화점 같은 소비 공간에서 쇼핑과 소비를 하는 구성원들은 바깥세상에서 그들이 그토록 간절하게 구했지만 얻지 못했던 것들을 찾을 수 있다. 즉, 단순한 재화뿐 아니라, 공동체의 일부가 되었다는 위안의 감정, 안락한 소속감 등으로 확장할 수 있다. 세넷이 지적하듯 차이의 부재, '우리는 모두 같다'는 느낌이나 가정은 삶의 무대가 불확정적이고 복수화되며 다성화되는 것과 비례해 증가하는 '공동체' 개념의 궁극적 의미이며 공동체가 지닌 매력의 원인이다(Sennett, 2012). '공동체'란 함께함, 그것도 '실제 현실'에서 일어나기 힘든 아주 유사한 것들이 그야말로 똑같은 유형의 사람들 간의 함께함으로 가는 지름길이다. 이는 숙제가 아니라 주어진 것으로, 인위적으로 그렇게 만들려고 노력하기도 전에 완전하게 주어지는 함께함이다. 이러한 면에서 공동체적 연대의 신화는 일종의 정화의식이 된다(Bauman, 2000/2009, pp. 162-163).

유사한 문맥에서 공유경제와 관련한 사회적 논의 중 기존의 신자유주의 관련 담론 구성체들에서 친숙하게 발견되는 탈규제와 관련된 논의를 들 수 있다. 일례로 2017년 카풀(carpool) 앱을 운영하는 '풀러스'가 서비스 시간을 24시간 체제로 확대하자, 출퇴근 시간에만 일반 승용차 유료 영업을 허용하는 현행법을 위반했다며 서울시가 이 업체를 경찰에 고발했다. 또한 심야버스 공유서비스를 하는 '콜버스'도 한동안 택시업계의 반발에 부딪히기도 했다. 이후, 국토교통부에서는 개정안을 제출하면서 콜버스 운행을 허용하는 것으로 하였다. 그래서 한정면허를 받아서 심야시간에 운행하는 것으로 결정되었다. 자동차 업계의 경쟁력과 소비자 선택의 자유를 제한하는 측면에서 정부와 지자체의 결정을 비판하는 목소리도 나오고 있다(진상훈, 2017. 11. 20). 그렇지만 이처럼 탈규제를 옹호하는 논의에 대해 카카오와 같은 공유 플랫폼 경제는 노동의 파편화와 위험의 외주화에 일조하는 측면이 있으며 발생한 이익의 대부분을 플랫폼 업자가 가져가는 구조라고 하는 비판, 특히 플랫폼 내의 소유와 통제가 개인에게 집중되는 모습은 모순적이라는 지적(유경종, 2018. 12. 31)도 증가하고 있다.

이와 관련해 국내 승차 공유 서비스들은 정부의 과도한 규제와 기존 사업자들과의 갈등에 발목이 잡혔다는 시각을 제기한다. 승차 공유 서비스(카풀)를 제공하는 '풀러스'는 2018년 6월 기존 대표이사가 사임하고 직원 70퍼센트를 해고하면서 사실상 서비스를 접었다. 풀러스 외에 국내 대표적인 승차 공유 서비스들도 하나둘 서비스를 접거나 어려움을 겪고 있다. 버스 공유 스타트업 '콜버스'는 전세버스 예약 서비스 업체로 바뀌었고, 카풀 3위 업체였던 '티티카카'는 서비스 출시 5개월 만에 문을 닫았다. 2016년 5월 창업한 풀러스는 약 1년 만에 회원 수 75만 명을 확보하고, 누적 이용 건수도 약 370만 건에 이르는 등 폭발적인 성장세를 보였다. 이후 네이버와 에스케이 등에서 총 220억 원을 투자받기도 했다. 그러나 출퇴근 시간을 제외하곤 이들의 영업을 금지하는 여객자동차운수사업법(운수법)의 벽에 부딪혔다. 대통령 직속 4차산업혁명위원회가 나서서 규제 개선안을 찾고자 했지만 '차량 공유사업은 불법'이라는 택시 기사들의 반대가 높아지면서 논의는 좀처럼 진행되지 못했다. 이러한 환경에서 '우버', '에어비앤비' 등 세계적인 공유경제 기업들도 유독 국내 시장에서는 맥을 못 추고 있다. 차량 공유 서비스 업체인 '우버'는 한국 시장에 진출

한 지 2년도 안 된, 2015년 3월 사실상 사업을 포기했다. '에어비앤비'가 불붙인 공유 숙박업은 전 세계적으로 유행하고 있지만, 국내에는 공유 숙박업을 따로 관할하는 법이 없다. 이 때문에 국내 도심 지역의 에어비앤비는 도시민박업 규정을 적용받아 외국인 손님만 받을 수 있다(신지민, 2018. 7. 15).

공유경제와 관련한 또 하나의 주요 쟁점 중 하나는 2000년대 말, 전 지구적 금융위기를 기점으로 유럽을 위시한 여러 지역에서 투기적 금융자본 위주의 신자유주의를 수정·보완할 수 있는 대안적 경제 형태이자 실천으로 부상한 커먼즈(commons) 운동에 관한 것이다. 최근 한국에서도 투기적 도시개발에 맞서 '도시에 대한 모든 이들의 권리'를 회복하기 위한 움직임 중 하나로 공유지 운동과 같은 도시 커먼즈 실험이 조금씩 나타나고 있다. 다시 말해 커먼즈가 지향하는 바는 무엇이고, 우리에게 어떤 함의를 안겨줄 수 있으며, 나아가 도시의 새로운 미래를 위한 이정표가 될 수 있을지에 대한 사회적 논의가 서서히 발아하고 있다. 우리가 흔히 사용하는 공공장소(public space)가 '모두에게 열려 있다(open to)'는 뜻이라면 커먼즈는 '모두에게 속해 있다(belong to)'는 개념이다. 그러나 한국사회에서 공유경제는 일반적으로 공유재, 공유지, 공통자원 등으로 이해할 수 있는 커먼즈 대신 유휴자원을 같이 나누어 쓰는 '공용'의 의미로 더 많이 사용되고 있다. 다만 쉐어링은 사적 소유하에 남는 자원을 합리적 소비의 차원에서 나눠 쓰는 것을 말하며 이는 커먼즈와 분명히 구분되어야 한다(유경종, 2018. 12. 31)는 입장도 존재한다.

이러한 공유경제의 트렌드는 오늘날 일상 속 다양한 분야로 확산되고 있다. 숙박, 자동차, 고가 물품 등을 공유하는 것을 넘어 최근에는 경험이나 재능, 가치 등을 타인과 공유하는 업체들이 다양하게 등장하고 있다. 글로벌 컨설팅업체인 프라이스워터하우스쿠퍼스(PwC)는 세계 공유경제 시장 규모가 2010년 8억 5,000만 달러에서 2015년 150억 달러로, 5년 사이 17.6배나 성장했다고 분석하고 있다. 국내에서 공유경제는 최근 사무실을 공유하는 공유오

피스 시장을 중심으로 확산되고 있다. 공유경제는 크게 두 가지로 분류할 수 있는데, 첫째로는 비싼 물건을 소유하는 대신 합리적으로 사용하자는 '이익 중심'의 공유경제이다. 비싼 가전, 자동차, 설비 등을 비용을 받고 사용권을 빌려주는 렌탈(rental)산업, 고가의 자동차나 주택을 공유하는 우버나 에어비앤비 등이 여기에 해당하며, 제조업체 중심의 기업과 소비자 간 거래방식(B2C)이 주를 이룬다. 두 번째는 경제적 합리성 너머의 '가치'를 중시하는 공유이다. 만남이라는 가치를 위해 남는 부엌과 식탁을 활용하거나, 인생샷 찍는 법, 항공권 싸게 끊는 법, 문과생을 위한 정보통신기술, 셀프로 머리 드라이 하는 법 등 배우고 싶지만 현실에선 배울 곳을 찾기 힘든 다양한 분야의 재능, 비싼 자산이 아닌 시간이나 경험, 삶의 지혜 등을 공유한다. 이는 개인 간의 거래 방식(P2P)이 주를 이룬다(신지민, 2018. 7. 15).

이처럼 공유경제는 장기 불황의 시대를 극복하기 위한 방안이며 일상에서의 구체적 실천이라는 의미에서 집, 자동차, 오피스뿐 아니라 옷, 부엌, 재능 등을 더 이상 소유할 필요가 없고 함께 '나눠 쓰면' 된다는 대안적 가치를 앞세워 미래의 경제가 나아갈 대안적 경제 실천이자 제도로 광범위하게 인식되고 있다. 그러나 한쪽에서는 공유경제를 내세웠던 업체들이 속속 문을 닫고 있고, 더 큰 문제는 이것이 애초의 실험적·창의적 사업의 형태를 넘어 다시 대규모로 자본화하고 있다는 점이다. 즉, 돈 대신 가치를 추구함으로써 오히려 돈을 버는 방식의 공유경제의 취지가 자본주의 생산양식이나 메커니즘(mechanism)에 흡수, 합병 혹은 전유되면서 기존의 독과점이나 경쟁 논리 등의 문제와 전철을 답습하는 모습을 보인다.

이는 이미 여러 학자들이 유사한 어조로 우려한 바이다. 일례로 리프킨은 새로운 경제체제와 시장 도구의 힘이 오늘날 개인 생활을 조직하고 사회적 담론을 재구축하는 전방위적 환경을 조성한다고 주장한다. 이는 역설적이나 사람들 사이의 소통을 전제로 하며 이것이 사회적 존재의 가장 근본적 범주까지도 뜯어고칠 수 있다고 진단한다. 이는 기업 마케팅의 세계에서 특정 분야에 대해 비슷한 관심을 가진 사람들을 모아 새로운 유형의 취향 공동체를 만들어야 한다는 이야기가 나오고 있는 배경이다. 이 새로운 세계에서 물건을 소유하는 것은 여전히 중요하지만, 관심을 공유하는 네트워크, 관계망, 취향 공동체에 상업적으로 접속할 수 있는 권리를 확보하는 것보다는 덜 중요하다. 어딘가에 소속된다는 것은 새로운 글로벌 경제를 구성하는 무수한 네트워크에 연결된다는 의미이며, 그런 문맥에서 구독자 회원, 클라이언트가 된다는 것은 재산을 소유하는 것 못지않게 중요해진다. 앞으로 사람의 지위를 결정하는 것은 단순한 소유가 아니라 접속이 되는 시대가 올 것이다. 동시에 대부분의 인간관계는 상업적 관계로 변모하고 혈연, 이웃, 문화적 취향의 공유, 종교적 결사, 민족의식, 형제애, 시민의식에 바탕을 둔 관계를 침식하고 그러한 사회의 정경을 변모시킬 것이다(Rifkin, 2000/2001, pp. 161-162, p.165, p.167).

　　모든 것이 불확실한 경제 위기의 시대에 사람들 간의 협력을 통해 물품을 교환, 공유하고, 커뮤니티를 만들어가는 새로운 시대의 등장은 새로운 라이프스타일을 필요로 한다. 즉, 기존의 양극화한 이념, 예컨대 자본주의와 사회주의를 넘어선 새로운 시각과 사유, 그리고 경제 패러다임을 요청하고, 이는 협력적 공유사회(collaborative commons) 등으로 개념화되기도 한다. 즉, '소유하지 말고 공유하자(Not Have, So Share)'는 논리는 공유경제 시민기술의 핵심 주장인데, 이는 전술한 세계 경제 위기의 상황에서 기존의 소유 모델에 대한 회의가 발생했고, 사람의 가치에 대한 성찰이 이루어지면서 적은 비용으로 더 큰 가치를 전달하려는 의도에서 성장했다. 또한 기후 변화와 자원 고갈로 인해 늘어나는 인구에 비해 기존 자원이 부족해지는 상황에서, 분별없는 소비주의를 성찰하고 자원을 효율적으로 이용하는 것이 좋다는 의미도 내포되어 있다. 더불어 인구 밀도가 높은 대도시에서는 가까운 곳에 모여 사는 사람들끼리 서비스를 공유하자는 생각도 공유경제와 관련한 사회적 담론과 시민 기술의 발전에 기여했다(조희정, 2017, p. 68).

반면, 이러한 네트워크로 연결된 세상이 반드시 좋은 것만은 아니라는 전망도 있다. 바꿔 말해, 상호연결성이 급속히 높아지는 데에서 빚어지는 의도치 않은 결과가 결코 긍정적이지만은 않다는 인식이 부상하기도 한다. 즉, 우리는 사회의 다양한 영역에서 나타난 연결 과잉 현상의 결과로 세상의 기존 질서가 상당 부분 급진적으로 해체되고 있음을 목격하기도 한다. 가령 인터넷을 빼놓고 2008년에 발생한 글로벌 경제 위기의 진상을 제대로 파악하기는 어렵다. 물론 인터넷이 아니더라도 신용 위기는 틀림없이 어느 정도의 불경기를 초래했을 것이기에 인터넷의 영향을 정확하게 측정할 수는 없지만, 우리는 인터넷이 현재의 위기를 더욱 치명적으로 키우고 확산시켰다는 사실을 이해하거나 유추할 수 있다. 왜냐하면 인터넷은 정보만 전달한 것이 아니라 근거 없는 뉴스와 소문을 실시간으로 생산하고 전파해 주체할 수 없는 탐욕과 과도한 공포를 유례없는 속도로 생성함으로써 이른바 사고의 전염도 퍼뜨렸기 때문이다 (Davidow, 2011, pp. 15-17).

이러한 현대성의 변화를 바우만은 포스트모더니즘 이론에 근거해 '액체성'과 '유동성'이라는 흥미로운 언어로 포착한다. 가령 유동하는 현대사회와 삶 속에서 인간이 체험하는 다양한 부정적 경험들, 일례로 공포, 불안, 냉소, 불신, 상실감 등 현대성이 지닌 특성들이 액체성 혹은 유동성을 견지할 뿐 아니라, 그렇게 변모한 사회와 삶의 양상들과 상호작용하며 강화된다고 주장한다. 바우만은 이러한 현대성이 과거의 물리적이며 구체적 장소성과 물성을 지닌 '견고'하거나 '딱딱한(solid)' 국면에서 '무정형'이거나 '유동하는(liquid)' 국면으로 바뀌었다고 진단한다. 바꿔 말해 과거 개인의 선택을 제한하는 구조나, 일상에서 용인되는 행동 양식을 지켜주는 제도들과 같은 사회적 형태들이 더 이상 안정적·지속적으로 유지할 수 없는 조건으로 변해버린 것이 현대(성)의 특징 중 하나이다. 공유경제 또한 이러한 변화한 시대상에서 잉태되고 자라난

경제 형태이자 사회구조이며, 나아가 빠르게 일상화되고 있는 삶의 한 양식으로 볼 수 있다.

이러한 문맥에서 공유경제가 기존의 경제와 비교할 때 '착한 경제'라는 환상을 갖고 있는 사람들이 많지만 이것은 일종의 성급한 일반화의 오류이다. 기실 공유경제는 저성장 시대에 경제적 효율을 극대화하는 방식으로 등장한 것이며, 산업의 특징상 남는 자원 활용 등을 통해 친환경적인 결과물이 나오고, 한 자원을 여러 명이 나눠 쓰다 보니 상호 간에 예의를 지키는 등 순기능이 결과론적으로 나타나고 있는 것뿐이라는 진단도 가능하다. 특히 이러한 공유경제를 '착한 경제'로만 이해할 경우, 전체 산업 중 일부만 인정하게 되어 산업 자체가 확장되거나 이윤이 고르게 분배될 수 있을지도 예측하기 어렵다. 특히 국내에 공유경제에 대한 다양한 시도와 실험이 계속되고 있는데, 기존의 전통적 사업 영역과는 다른 규제와 제도를 만들어야만 계속 성장할 수 있을 것이라는 전망도 나오고 있다(신지민, 2018. 7. 15).

최근 한국에서도 이러한 공유경제가 제도화되고 국가경제의 일부로 편입되는 일련의 움직임들도 가속화하고 있다. 일례로 카카오T, T맵택시, 타다 등 플랫폼을 모빌리티 업체들이 운송사업 제도권 내에서 정식으로 영업할 수 있게 된 사례를 들 수 있다. 물론 '타다'와 같은 직접적인 플랫폼 운송 업체는 기존 택시 면허권을 매입해야 하고 택시산업 종사자의 복지를 위한 기여금을 내야 하지만, 플랫폼 사업자들에게 운송사업 면허를 부여하기로 한 택시 제도 개편안이 발표됨으로써 관련 산업의 큰 변화가 예상된다(박상영, 2019. 7. 18). 이는 택시업계의 반발을 불러일으킴에도 기존 운송 산업 관련 규제를 철폐하거나 획기적으로 완화하는 것으로 귀결된다. 실제로 '타다'는 자신들의 서비스를 '승차 공유'라 주장하는 반면, 택시업계는 앱(애플리케이션) 하나 만들어서 불법 행위를 공유 혁신이라 포장한다고 비판해왔다.[6] 학계에서는 공유경제를 개인의 유휴 자산을 활용한 경제활동이나 추가 소득으로 엄밀하게 해석하는데, 이러한 좁은 범주를 적용하면 '타다'는 공유경제에 해당하지 않는다. 왜냐하면 '타다'는 개인이 쓰지 않고 있는 자산을 타인과 함께 쓰는 것이 아니라 사업자가 대규모 자본으로 차량을 구입해 영업하는 것이기 때문이다(박태희, 2019. 6. 19).

공유경제는 공유와 공유지, 협업, 네트워크화된 사회적 협동을 기반으로 하고 이러한 인프라와 시민 기술 및 수행의 과정에서 생성되는 공동체적 가치에 관해서는 충분히 주목할 만하다(조희정, 2017, p. 73). 공유경제의 상당 부분은 자본화한 독점적 네트워크 플랫폼이 포획하고 전유한 금전화할 수 있는 무보수 활동들로 구성된다. 가령 에어비앤비와 같은 플랫폼은 이전에는 상품화되지 않았던 유휴 자원을 상품화한다. 이러한 플랫폼의 생산 구조의 이면을 잘 살펴보면, 거기에는 협력적 생산도, 합리적 거버넌스도 없고 플랫폼은 온전히 소유자가 통제하는 구조이다. 본질적으로 사용자 커뮤니티의 신뢰에 결정적으로 의존하는 플랫폼 소유자는 사용자 집단의 주목을 비롯해 다양한 방식으로 네트워크에 투입되는 것들을 착취한다. 이러한 참여형 플랫폼을 소유하고 제어하는 위계적으로 네트워크화된 생산은 노조나 보험 등 안전장치가 부재한 불안정 노동의 확대재생산을 통해 영구적인 프레카리아트(precarious＋proletariat)를 만들어내고 신자유주의적 경향을 강화한다. 일례로 공유경제를 표방하는 크라우드 소싱 형태의 시장에서 자본은 노동 형태를

---

6 2020년 3월 초, 국회를 통과한 '여객자동차운수사업법 개정안'(일명 타다 금지법)에 청와대는 거부권을 행사할 가능성이 없다는 입장을 표명했다. '타다'의 운영사 VCNC의 박재욱 대표가 문재인 대통령에게 거부권을 행사해달라고 요청한 것에 청와대가 선을 그은 셈이고 향후 타다는 영업 종료 수순을 밟을 것으로 예상된다(오원석, 2020. 3. 9).

버리고 리스크(risk)를 프리랜서들에게 외주화한다. 이러한 공유지 부문은 불안정에 대처하는 연대 메커니즘이 없기 때문에 시민사회는 여전히 시장과 국가에 끌려다닌다. 국가는 공공 서비스와 연대 기능을 약화시키고, 억압적인 기능을 할 뿐 아니라, 금융자본을 지원하는 일에 찬성한다(Bauwens & Kostakis, 2014/2018, pp. 48-49, pp. 56-57, p. 147).

3. 공유경제 담론의 제도적 전유

공유경제와 관련한 국책 연구소나 지자체 산하 연구소의 연구보고서를 포함한 정책 제언과 유사한 형식의 글들은 관련 주제를 둘러싼 사회적 상상과 여론을 탐문하고 이해하는 데에 유용한 텍스트로 기능한다. 국책 및 지자체 연구소는 전문 분야의 현안에 관한 이론 수립과 사회적 여론을 선도한다는 측면에서 대학과 유사한 기능을 수행하지만, 보다 직접적으로 국가와 지자체의 정책 입안 및 집행과 관련해 그 근거와 정당성을 부여한다는 측면에서 구별된다고 볼 수 있다. 이는 언론과 미디어를 통해 대중에게 유포되는 사회적 담론의 전위이자, 정부 각 부처나 지방자치단체의 크고 작은 행정 조직에 직접적 영향력을 행사한다는 차원에서 대학에서 생산되는 이론이나 개념, 담론들과 비교할 때 보다 실제적이고 정무적인 성격을 갖고 있다. 이러한 연구보고서나 정책 보도자료는 언론 기사의 훌륭한 원천 소스나 재료로 활용되며, 기사화되어 특정 현안에 관한 사회적 담론 구성체로서 그 역할을 수행한다. 그러므로 정부와 지자체 산하 연구원에서 생산된 연구보고서의 공유경제 관련 담론의 유형과 논조, 내용과 기술방식을 분석하는 것은 공유경제에 대한 사회적 담론이 생성 및 유포되는 지점과 확산되는 양상을 이해하는 데에 도움을 줄 것이다.[7]

일례로 한국개발연구원에서 출간된 "공유경제에 대한 경제학적 분석"(2016)이라는 제목의 연구보고서에서는 공유경제의 활성화를 위한 정부정책 방향과 규제에 관해 기술하고 있다. 보고서는 보유 자산을 활용한 개인 간(peer-to-peer) 거래 자체는 새로운 것이 아니지만, 인터넷과 스마트 기기 등 기술 발전을 기반으로 거래량이 획기적으로 늘어나면서 공유경제의 산업화가 이루어진 것이며, 이제 공유경제의 확산을 부인할 수 없는 시대적 흐름으로 기술하고 있다. 이를 뒷받침하듯 구체적으로 전 세계 공유경제 시장 규모는 2013년 150억 달러에서 2025년 3,350억 달러로 약 20배가 증가해 전통적 대여 시장 규모에 육박할 전망으로, 주요 5개 공유경제 분야들은 P2P 펀딩 및 크라우드펀딩, 온라인 채용, 차량 및 교통수단 공유, 음악과 동영상 스트리밍, 숙박 공유 등으로 인해 높은 성장세가 예상된다는 낙관적 언술들이 기업이나 금융 관련 연구소에서도 보고서 형태로 양산되고 있다(김주환, 2017, p.3).

반면, 공유경제는 기존 산업과의 차이로 인해 많은 기대와 우려를 수반하는 동시에, 정부 제도의 적용과 관련해서도 여러 이슈를 야기하고 있다는 우

---

7 이를 위해 이 책은 실증주의적 전통에서의 내용분석(content analysis)과 같이 대상의 양적 특성에 초점을 맞추기보다, 미디어 등에 의해 재구성된 정책 담론을 들여다보고 그 이면에서 작동하거나 숨겨진 다층적 의미를 비판적으로 도출하고 표면화시키기에 적합한 텍스트를 선별하여 제시하는 방법을 활용했다. 비판적 담론 분석은 언어와 텍스트를 통해 어떤 방식으로 상식이나 믿음, 이데올로기가 재생산되고, 담론이 역사적 과정 또는 시간적 흐름 및 사건들과 연관되어 이해될 수 있는지에 관심을 두기 때문에 이 책은 정치적·경제적·사회적 맥락 속에서 심층적인 이해를 가능하게 하고 풍성한 정보를 제공하는 텍스트를 (재)배치시키는 방법을 사용했다(Fairclough, 1995b; Wodak, 2001; Tonkiss, 2012).

려[8]도 제기된다. 그러므로 최근 많은 논의가 이루어지고 있지만 정리되지 않은 공유경제 관련 쟁점 사항들을 자세히 분석하고, 이를 바탕으로 공유경제가 안정적으로 성장할 수 있도록 하기 위한 정부정책 방향에 대해 시사점을 제공하고자 한다는 것이 연구보고서의 목적이라고 서두에 기술하고 있다. 특히 공유경제의 기대 효과와 우려 요인에 대한 이론적이며 실증적인 분석을 통해 공유경제의 기대 효과가 실현될 수 있도록 하되, 우려 요인에 대해서도 적절히 대응할 수 있는 정책적·제도적 방안을 도출(김민정·이화령·황순주, 2016, pp. 1-2)하는 것이 보고서의 목적이라고 밝히고 있다.

연구보고서의 주요 결과 및 정책적 시사점으로, 공유경제는 신규 거래 창출 및 경쟁 효과, 홍보·시장성 시험과 지역경제 활성화 같은 경제적 파급 효과, 환경 비용의 저감 효과 같은 다양한 기대 효과와 기존 거래 구축, 거래 및 사회적 위험이라는 우려 요인을 함께 수반한다고 분석한다. 또한 공유경제는 우려 요인을 적절하게 통제한다면 사회후생에 기여할 것으로 예상되므로 정부는 공유경제가 안정적으로 성장할 수 있도록 제도적 기반을 마련해야 한다고 제언한다. 이를 위해 새로운 제도적 접근 방식이 요구되며, 분야마다 발전 현황 및 전망, 두드러지는 이슈 등에 차이가 있으므로 구체적인 정책 방안의 마련에 있어서는 분야별 특성을 감안하여 다르게 접근할 필요가 있다고 기술한다(김민정·이화령·황순주, 2016, p. 2).

---

8 분석 대상인 일련의 정책 보고서들에서 제기되는 우려와 비판적 논의들은 공유경제와 관련된 제도적 적용과 응용을 포함한 운용과 미래의 정책 방향성, 수행과 관련된 기술적 차원 등 절차나 과정적 차원에 머무는 경향을 보인다. 동시에 공유경제와 연관된 다양한 사회문제들, 이를테면 환경과 생태에 대한 문제들을 부분적으로 교정하거나 전유하는 담론 전략을 취하는 반면, 플랫폼 노동, 비정규직, 복지, 소비의 문제 등 중요한 사회적 현안들에 대한 거시적·연계적·총체적 맥락에서의 성찰적 논의에는 미치지 못하거나 외면하고 있다고 볼 수 있다.

구체적 사례로, 상기한 보고서의 3장에서는 숙박 공유(accommodation sharing)의 사례를 들어 공유경제의 우려 요인 중 기존 사업자와의 갈등을 분석한다. 숙박 공유를 통해 새로운 숙박 공급자가 등장하면서 전통적인 숙박업자들은 이들이 기존 숙박업자들에 비해 느슨한 규제를 적용받으며 낮은 가격으로 시장을 가져갈 것이라는 우려를 보이고 있다고 분석한다. 일례로 숙박 공유의 대명사로 인식되는 플랫폼 에어비앤비의 경쟁 압력이 적절한 규제 환경에서 정당한 경쟁을 통해 가해진 결과라면 기존 사업자들의 반발을 지나치게 우려하는 것은 사회적으로 바람직한 방향이 아닐 것이나, 만약 숙박 공유가 규제 차익(regulatory arbitrage)을 누린 결과라면 기존 숙박업자도 가격을 낮추는 동시에 질도 낮추는 방향으로 반응할 가능성이 있다고 하면서 이는 사회후생 감소로 이어질 것이라고 주장한다(김민정·이화령·황순주, 2016, pp. 7-8).

아울러 이러한 문제를 예방하기 위해 상업적 오남용을 막고 거래량을 차별화하여 일시적인 숙박 공유 사업자에게는 그만큼 경감된 규제를 적용하여야 한다고 주장한다. 영업 일수 제한을 집행하지 못하면 숙박 공유가 기존 숙박업과의 차별성을 확보하지 못하는 가운데 규제권 밖에서 운영되면서 기존 사업자들의 불공정한 경쟁, 숙박 서비스의 질적 하락에 대한 우려가 현실화될 가능성이 높아지게 된다. 거래량 차별을 효과적으로 집행하기 위해서는 플랫폼의 정보 협조가 필수적이라 보고, 정부는 숙박 공유를 중개하는 플랫폼이 거래 정보에 대해 접근성이 크고 호스트에 대한 영향력도 강하다는 것을 이용할 필요가 있다고 제언한다. 일례로 숙박 공유 플랫폼을 등록하게 하고, 이들에 대해 플랫폼에서 일어난 거래내역을 정부에 보고하도록 하는 방식(김민정·이화령·황순주, 2016, pp. 7-8)을 제언한다.

해당 보고서는 공유경제에 대한 위험이나 사회적 우려에 관해서도 지적하고 있다. 한 예로 공유경제는 대개의 경우 불특정 다수의 개인이 정형화되지 않은 서비스를 비대면으로 거래함에 따라 다양한 거래 위험을 수반할 수 있다.

우선 높은 정보비대칭성(information asymmetry)으로 인해 수요자는 서비스의 질을 가늠하기 어렵고 공급자 또한 수요자를 파악하거나 관찰하는 것이 어려워 거래 상대방이 적절하게 행동하지 않는 도덕적 해이(moral hazard)로 이어질 수 있다. 공유경제 분야에 따라 자산 손괴, 범죄행위(절도, 성폭력 등), 교통사고, 채무불이행 등으로 나타나게 된다. 아울러 거래 위험이 실제로 발생할 경우 어떻게 처리해야 하는지도 문제가 될 수 있다. 제도적 기반이 미비한 현 상황에서는 문제 발생 시 보험 처리나 법적 보호를 기대하기 힘들어서 해결 방안이 마땅치 않기 때문이다. 또한 거래 과정에서 공유경제 플랫폼이 자금 및 정보 이동을 매개하는 중요한 역할을 담당하기 때문에 플랫폼에 대한 신뢰 문제 역시 두드러지게 된다. 공유경제의 확산은 세계적·시대적 추세로 신규 거래 창출 및 경쟁 효과, 홍보·시장성 시험과 지역경제 활성화 등 경제적 파급 효과, 환경 비용 저감 효과 등의 다양한 기대 효과를 수반한다. 하지만 기존 거래 구축, 거래 및 사회적 위험이라는 우려 요인 역시 존재한다. 그럼에도 불구하고, 공유경제는 우려 요인을 적절하게 통제한다면 사회후생에 기여할 것으로 예상된다(김민정, 2017, pp. 5-6)는 분석을 제시한다.

해당 보고서는 정부의 규제가 실효성을 가지기 위해서는 플랫폼에 대한 의무 부과가 불가피한 것으로 보고 있다. 플랫폼은 모든 공유 거래에 대한 구체적인 정보가 집중되고 상대적으로 허위 보고의 유인이 낮으므로 플랫폼이 공급자를 대신하여 거래 정보를 상시적으로 정부에 보고하도록 하는 것이다. 공유 거래 참여자에 대한 등록, 과세 기준 등이 마련되면, 플랫폼이 공급자가 거래 참여 이전에 온라인으로 등록할 수 있는 서비스를 제공하거나 개별 공유 거래로부터 발생하는 소득세와 소비세를 원천징수하도록 함으로써 행정 비용을 크게 절감하고 제도의 실효성을 확보할 수도 있다고 주장한다. 공유 플랫폼은 수익이 플랫폼을 통해 체결되는 거래량에 의해 결정되므로 거래 참여자들이 피해를 보는 일이 없도록 자체적으로 거래 위험을 감소시키고 신뢰할 수 있는 거래 환경을 조성할 유인을 가지게 된다고 역설한다. 실제로 리뷰 및 평판, 자체 또는 제3의 검증 기관을 활용한 사전심사 등을 통해 공유 플랫폼과 거래 참여자들이 자율적으로 공급자와 수요자를 규율하고 거래 위험 문제를 크게 완화시키고 있다고 진단한다. 그러므로 관련 문제에 있어서 정부정책은 보완적인 역할을 하되 거래 참여자보다는 플랫폼에 대한 규제 위주로 이루어져야 한다(김민정, 2017, p.8)고 제언한다.

이처럼 공유경제의 정책적·제도적·산업적 가능성에 대한 우려와 경계를 성찰적으로 드러내지만, 이와 동시에 상기 보고서들의 관련 사안에 대한 전반적 논조, 틀 짓기 방식, 개별 언술들은 공유경제가 단순한 경제 제도를 넘어 어느새 의심의 여지없이 우리 사회가 총체적으로 직면하게 된 불가피한 시대적 조류로 적극적으로 수용, 기획, 추동해야 할 시대정신이라는 점을 강조하고 있다. 이 보고서들은 표면적으로는 알튀세르 등 고전적 관점에서의 국가기구나 사회장치로 이데올로기 개념이 지칭하는 의식 조작을 통한 허위의식(false consciousness)의 생성이나 유사한 차원의 담론 구성체와 이것이 함의하는 과학주의적·객관주의적 신화와는 일정한 거리를 두는 것처럼 보인다. 그럼에도 불구하고, 일련의 정치적·경제적·사회적 환경 변화에 따른 특정한 인식과 정상성을 자연화하거나 탈쟁론화(decontestation)하는 속성(신진욱, 2011, p.22)과 기능을 수행한다는 측면에서 보다 최근의 담론과 정상성, 이데올로기의 상관관계를 유효적절하게 드러내 보여준다.

또한 해당 보고서들은 공유경제와 관련한 유력한 어휘 및 상징들의 특정한 배열과 이것이 산출하는 의미를 정상화하는 언어적 테크놀로지 중 특정 단어(군)를 반복적으로 사용하는 '자주 쓰기(overwording)'를 맥락에 맞게 변형해 활용하고 있는데, 특히 규제나 환경, 생태 등의 어휘군에서 드러난다. 이는 이전 '사회적 기업'에 관한 논의와 유사한 방식으로 '착한 경제·기업', '따뜻한 경제·기업', '인간의 얼굴을 한 경제·기업' 등과 같은 수사들을 통해 미화되곤 한다. 한국에서 공유경제는 차가운 시장의 논리에서 벗어나 공동체적 연대의 관점에서, 대중과 시민사회가 어려운 상황에 처한 이웃의 상황을 공감하고 도우면서 함께 공존하고자 하는 시도로 이해(김주환, 2016, p. 165)된다. 동시에, 국가주의와 공모한 기업의 변형된 전략적 의도와 연관된 홍보 및 커뮤니케이션, 이윤 추구의 논리 등을 은폐하거나 순치시키며 제도 경제 내로 편입·확장되고 있다.

구체적인 사례로 숙박 공유의 규제에 관한 논의에서 볼 수 있듯, 숙박 공유경제에 관한 규제가 보다 포괄적이고 장기적인 관점에서 공공성을 지닌 사회적 논의로 확장되기보다, 숙박 공유업자의 영업 일수를 제한하는 논의와 집행 등 제도적 장치와 절차적 측면에 머무르는 현상을 볼 수 있다. 이를 통해 숙박 공유가 기존 숙박업(자)과 충돌하거나 과도하게 경쟁하는 것을 방지하고 새로운 산업의 형태로 자리 잡을 수 있게 하기 위한 좁은 범위의 실제적이며 실용적 제언에 머무르는 한계를 보인다. 새로운 경제 형태이자 구성원들의 라이프스타일, 문화의 변화에 대한 사회적 공론의 장을 마련하거나, 불공정한 경쟁에 대하여 성찰적으로 논의하고, '타다'와 관련된 논쟁에서 드러나듯 첨예한 이해관계자 간의 이견과 갈등에 대한 제도적 조율이나 사회적 합의를 이끌기보다는 신(新)산업의 활성화나 경제적 파이(pie)의 확장을 위한 미시적·과정적 비판에 국한됨으로써 관변 연구보고서의 인식론적·실천적 한계를 드러낸다.

경기도 산하 경기연구원에서 발간된 보고서에서도 유사한 정책 제언과 언술들이 발견된다. 정부와 지자체의 관련 정책 제언이 국정과 도정에 반영되는 정책연구 보고서의 특성상, 관련 개념을 둘러싼 이론과 선행연구, 국내외 사례 분석, 활성화 방안 등을 포함한 정책 제언의 유형을 따른다는 측면에서 관련 보고서들에서 공통점이 발견된다. 반면, 각 지자체나 시의 장소성, 인프라, 지역의 특수성 등을 고려해 강조하는 분야와 유형은 차이를 드러내기도 한다. 가령 경기도의 경우 추진 가능한 공유경제 관련 사업으로 교통 공유, 공간 공유, 물품 공유, 정보 서비스 공유를 제시하고 있다. 구체적으로 설문조사를 통해 경기도에서 필요한 사업 분야로 차량 공유와 자전거 공유, 주차 공간, 운송 연계 서비스 등 교통 관련 공유경제 모델의 도입을 제시하고 있다. 또한 숙박 공간, 회의 및 비즈니스 공간, 주거 공간 등을 위해 시군과의 협업을 통해 진행하여야 그 효과를 높일 수 있는 사업이라 분석하고, 이를 위해 공공시설의 개방 및 활용을 제안하기도 한다. 공유경제의 특성에 따라 관심 그룹, 핵심 기관, 쟁점 등이 차별화될 수 있을 것이라 진단하며 지자체의 특수성을 강조하는 언술도 발견된다. 또한 주요 대상자에 따라 차별적인 서비스를 제공한다면 보다 효과적인 사업이 될 것이라 진단하는 데에서도 지역의 특성을 고려하는 담론들이 활용된다(성영조 외, 2016, p. 116).

동시에 경기도형 공유경제 사업을 추진하기 위해 지역사회 특성과 연령, 직업에 따라 적절한 사업을 기획 및 추진하고 지속가능한 공유모델을 중심으로 사업을 구상하는 것이 중요하다고 제안하면서도, 이를 위해 중앙정부, 공유기업, 시군과의 긴밀한 협업 및 네트워크를 구축하고 공유재 공급자와 플랫폼 운영자에 대한 합리적인 지원책을 마련해야 한다고 제언한다. 더불어 자원을 적게 투자하면서 효과가 높은 사업을 발굴해 효율성과 공공성을 동시에 고려할 수 있는 방법을 찾아야 한다고 주장한다. 이러한 주장은 위에 언급한 정부나 다른 지자체의 공유경제 관련 정책 제언과 조우하는 지점으로, 공유경제 사업을 지연하거나 외면할 수 없는 시대정신이자 미래의 부를 창출할 발전주의적 경제 모델로 자연화하고 있다. 이는 다양한 추진 주체들 간 네트워크를 통해 합리적 거버넌스를 구성하고 공유경제 서비스 이용자들을 위한 적극적 홍보를 통해 지자체의 공유경제 사업이 효과적이고 지속가능한 경제모델로 자리매김(성영조 외, 2016, p. 117)할 수 있으리라 낙관적으로 진단하는 데에서 잘 드러난다.

경기연구원에서 2017년에 발간된 공유경제와 관련한 다른 보고서에서도 이러한 지자체의 발전주의적 시각을 확인할 수 있다. 이를테면 경기도가 친환경 공유경제를 활성화해나가기 위해서는 국내외 우수 친환경 공유경제정책 사례를 벤치마킹하여 경기도에 맞는 다양한 정책이나 사업을 발굴해야 한다고 제언한다. 나아가 친환경 공유경제의 중장기 비전 제시 차원에서 공유경제 기본계획에 친환경 공유경제 방안을 포함하거나 별도의 친환경 공유경제 종합계획의 수립, 친환경 공유경제정책 추진의 전문성 제고를 위해 공유경제과에 '친환경공유경제팀' 신설 및 운영, 친환경 공유경제 성과지표 개발을 통한 기존 공유경제 활동의 친환경성 진단, 숙박 공유 등 기존 공유경제 활동의 환경 부담 가중 실태 조사와 개선을 통한 친환경성 실현 증진, 공유경제 업체 간 상호 협력과 영세한 업체의 스폰서 협찬 모델 지원을 통한 친환경 공유경제를 활성화할 것을 주장한다. 이를 위해 경기도와 시군 간 친환경 공유경제 활성화 거버넌스 강화, 유휴자원 P2P 친환경 공유경제 플랫폼 활성화, 전기차·자전거·친환경 에너지 분야를 대상으로 새로운 친환경 공유경제 모델 발굴, 시범사업의 하나로 판교테크노밸리에 전기차 공유 플랫폼인 가칭 'PDrive 사업' 등을 추진할 필요가 있다고 제언하고 있다(강철구·전소영, 2017, p. 2).

이를 구현하기 위한 구체적인 실천 방안과 정책 제안으로 공유경제와 친환경 공유경제에 대한 국민 및 기업, 공무원들의 인식 제고와 홍보 강화를 제안하고 있다. 그 이유로 아직까지 친환경 공유경제에 대한 인식이 부족해 새로운 수요가 발생하지 않고 있으며, 이에 따른 시장형성과 공급 시스템도 활성화되지 못하는 상황에 놓여 있다고 진단한다. 그러므로 친환경 공유경제의 개념과 장점, 효과를 언론과 관련 세미나 등을 통해 홍보하고 친환경 공유경제의 성장 잠재력과 활성화를 위한 생태계 기반을 적극적으로 조성해나가야 한다(강철구·전소영, 2017, pp. 118-119)고 주장한다. 이처럼 공유경제는 오늘날 새로운 경제정책과 원리 또는 제도적 차원을 넘어 사회문화의 영역으로 전면화되고 있을 뿐 아니라 담론, 이데올로기, 통치, 주체성 형성, 나아가 사회적 상상의 차원으로 확장되고 있다. 이는 신자유주의와 유사한 방식으로 사람들이 세계와 공동체, 사회와 타자와의 관계를 바라보는 방식을 구성한다(조영한, 2012; Kawai, 2009). 그러므로 공유경제 역시 거시적으로는 사회 변동의 한 추동 요소이자 장이며, 미시적으로는 사회와 개인을 특정한 방식으로 구획하면서 통치하는 새로운 원리로서 다양한 영역과의 관련성 속에서 총체적으로 이해되어야 할 필요가 있고, 이를 위해 공유경제의 담론적 성격에 주목할 필요가 있다.

경기연구원에서 "4차 산업혁명 시대 공유 플랫폼 경제의 로드맵과 경기도 발전방향"(2018)이라는 제목으로 출간된 또 다른 연구보고서의 전반적 내용과 언술 구조, 진단과 대안 역시 위에서 다룬 보고서들과 대동소이하다. 다만 전술한 보고서들이 해당 지자체의 공유경제 활성화 방안이란 용어를 제목과 내용에 부각하는 반면, 이 보고서는 4차 산업혁명과 플랫폼 경제라는 시대적 화두를 전면에 내세우고 있다. 그럼에도 그 귀결점은 역시 공유경제라는 새로운 경제 형태의 장기적 로드맵과 발전 방향이라는 점에서 이전 두 보고서와 유사성을 지닌다. 또한 공유경제의 세계적 추세와 관련 사례를 들어 이 경제 모델을 분석하고 이를 한국과 경기도에 적용하거나 응용할 수 있는 방법론을 로드맵이나 활용 방안 등의 형식으로 제언하고 있다. 구체적으로 도시적 관점에서 공유경제를 적용해야 할 필요성을 제기하며, 4차 산업형 미래도시의 형태로 연결과 공유를 전제하는 스마트 공유도시를 제안하고 있다. 이를 위해 4차 산업혁명의 4단계 모델인 데이터화, 정보화, 지능화, 스마트화의 도입을 예로 들고 있다. 한 사례로 공공 데이터 및 민간 클라우드 활용 촉진을 활성화해야 한다고 제언하며, 도시의 가치 확대를 위한 세부 실천 계획으로 스마트 워크 활성화, 산학연 융합연구를 위한 버추얼 유니버시티(가상대학), 경기도 주식회사의 가상 플랫폼화를 추진해야 한다(이민화 외, 2018, p. 3)고 제안한다. 물론 이는 정부나 지자체 보고서의 구조적 특징, 성격, 지향점 등에 비추어 유달리 생경하거나 비난받을 일은 아니다.

제2차 세계대전이 끝난 후 프랑스 정부는 유럽공동체의 설계자인 장 모네(Jean Monnet)의 현대화정책 전통을 강화해왔다. 이는 오늘날 유럽을 비롯한 거의 모든 국가들의 움직임이 되었고, 경제를 포함한 다양한 분야의 정책들 또한 이러한 국가적 모네티즘의 전통에서 자유롭기 어렵다. 특히 오늘날 경제뿐 아니라 사회, 문화, 예술 관련 정책의 성패마저 수출입 실적과 GDP 등 가시적이며 계량적 지표로 환원하고 이를 토대로 국가와 정부의 역량과 효율성을 평가하거나, 국가 및 도시 재개발과 재구조화란 사회경제적 성장의 핵심 동력으로 간주하고 있다는 데에서 오늘날 이러한 모네티즘의 패러다임을 비판하는 것이 쉬운 일은 아니다(이영주, 2011, p.267). 다만 상기한 보고서가 강조하는 스마트 공유도시를 4차 산업혁명과 플랫폼 경제라는 구조하에서 견인하기 위한 데이터화와 정보화·지능화와 스마트화라는 기능적·시장주의적 목표를 위한 수단으로서 공유경제 모델과 관련 담론은, 한쪽을 강조함으로 인해 다른 쪽, 일례로 고용과 노동, 복지와 소비 등의 선순환 또는 긴장과 균열, 나아가 이들의 질이나 지속가능성에 대한 중요한 공적 숙의와 사회적 담론의 계기를 결핍하거나 의도적으로 배제한다는 차원에서 문제적이다.

이상에서 살펴본 바와 같이 정부와 지자체 산하 연구원에서 발간된 공유경제 관련 보고서의 논조와 전반적 담론 구성 전략은 환경이나 생태에 대한 관심을 적극적으로 표명하고 이를 정책에 반영할 것을 주문하거나, 새롭게 부상하는 경제 형태가 야기하는 위험성이나 경제적·사회적 문제들에 관해 일정 정도의 성찰성에 기반해 우려를 나타내거나 그 파급 효과를 지적하고 있다. 그럼에도 불구하고 이러한 언술은 기존 사업자들의 불공정한 경쟁이나 공유경제 관련 서비스의 질적 하락에 대한 절차적이거나 기능적인 측면의 우려라는 점에서 근본적 한계를 지닐 수밖에 없다. 바꿔 말해, 이 텍스트들은 기존 자본주의의 축적된 구조적 모순에 대한 급진적 성찰과 이에 근거해 제도적·문화적 개혁에 대한 시대적 요청이 배제된 경제 결정론적이거나 토건국가의 개발주의적 언술을 활용하고 있다. 나아가 이의 결과로 제시되는 거시적 담론 구성체는 공유경제를 산업화 시대를 추동한 발전주의 경제 모델로 축소하거나 환원하는 역할을 담당한다.

유사한 문맥에서 이러한 텍스트에 의해 생성, 확대재생산되는 사회적 담론들은 과거 관 주도적 경제개발이나 국가주의적 발전주의 모형에서 벗어나는 새로운 전망을 제시하지 못하는 '새마을 운동식' 근대화 혹은 개발주의 패러다임에 갇혀 있다고 해도 틀린 말은 아닐 것이다. 왜냐하면 새로운 트렌드나 유행, 특히 그것이 오늘날 유행하는 혁신이나 생태계를 포함해 일련의 사회적 진보를 약속하거나 암시하는 언술, 즉 대개 급진적 언설과 연대나 정동의 문화정치의 형태로 촉발되어 일정한 형식을 띤 사회운동의 장기적이며 집합적 실천, 그리고 정치적·경제적 제도화 과정을 거치며 한 사회에 안착하기 때문이다. 이는 일정 정도의 사회 변화를 전제로 하고 이를 성공적으로 추동하기도 한다. 동시에 이는 예외 없이 전 지구적 신자유주의체제하에서 초국적이거나 지역적 자본이 국가와의 공모나 결탁을 통해 노동에 대한 물적·인적·담론적 통제를 강화하고 세계자본주의 시장에 성공적으로 편입하기 위한 동기를 공유하며, 실제로도 그 역할을 수행한다고 볼 수 있다.

4. 나가며

공유경제는 그것이 약속한 장밋빛 미래와 전망과는 또 다른 논리와 동력으로, 불안정하고 불확실한 사회의 노동현장과 일상에서 필연적으로 잘못된 관행과 다수의 플랫폼 노동자를 양산한다. 이는 의심의 여지없이 신자유주의적 세계화와 기술 발전에 의해 추동되고 있다. 비용을 수반하는 전통적 고용관계를 벗어나려는 기업의 욕망은 당장 소득이 되는 일거리를 얻으려 길게 줄을 선 노동자와 편리함을 좇는 소비자라는 양면 시장을 실시간 중개하는 플랫폼 기술로 실현되고 있다. 이른바 혁신 사업가들은 '이제 일자리보다 더 중요한 것은 일거리'라며 향후 '일감 노동'이 표준이 될 것이라고 주장한다. 노동의 미래를 말할 때 우리는 AI(artificial intelligence)로 상징되는 기술이 일자리를 빼앗아갈 것이란 염려와, 기계가 인간을 고된 노동에서 해방시킬 것이라는 기대의 양극단 사이에서 길을 잃곤 한다. 하지만 그러한 논쟁은 지금 노동자의 실제 삶에는 큰 의미를 갖지 못한다. 이미 오래전 노동의 종말을 예고한 리프킨의 예언이 그대로 실현되지 않은 것처럼, 현실은 두 극단 사이의 어디쯤엔가 있다. 중요한 문제는 변화하는 기술이 노동에 가져오는 눈에 잘 띄지 않는 변화이고, 이로 인해 생겨나는 기존 노동과 복지 제도의 공백이다(손제민, 2020. 1. 1).

일련의 플랫폼을 통해 일을 찾는 노동자를 '플랫폼 노동자'라 부르는데, 이들은 대부분 근로계약 없이 용역 위탁계약을 맺고 건당 수수료를 받는 개인사업자로 분류되고 있다. 이 때문에 사회보장을 제대로 적용받지 못하고 휴일, 산재보상 등과 같은 근로기준법상 보호 밖에 놓여 있으며, 자신들의 이해와 요구를 대변할 수 있는 집합적 통로도 결여되어 있다. 최근 서비스연맹에서 발표한 이동서비스 플랫폼 노동자들(퀵, 대리운전, 배달 서비스)의 실태를 보면 '플랫폼 노동'이라는 이름을 붙이기 전보다 나아진 것이 없는 것으로 나타났다. 일례로 과거에 비해 노동 조건이 나아지지 않고, 노동 강도는 높아져 대부분 사고 위험성과 질병에 시달리고 있다. 특히 대리운전과 퀵서비스 노동자들은 평균 50세 이상으로 더욱 문제가 되고 있다. 더욱이 일하는 방식도 알고리즘의 은폐된 지휘 감독하에 놓여 있어 업무의 자율성에도 분명한 한계가 있다. 그럼에도 불구하고 플랫폼이 내놓는 사업 모델은 무에서 유를 창조하듯 고객에게 제공할 재화나 서비스를 소유하지 않은 채 사업을 개척한다는 점에서 '혁신적'이다. 택시 없는 택시회사(우버), 숙박시설이 없는 숙박업체(에어비엔비), 매장 없는 유통기업(알리바바) 등은 4차 산업혁명의 기술적 특징인 '연결'을 통해 단숨에 세계 굴지의 회사로 올라섰다(이문호, 2019. 12. 31).

공유경제는 이처럼 이전 신자유주의의 힐링과 여가 혹은 멘토링이나 자기계발 담론과 유사한 방식으로 노동의 신성함 혹은 신산함을 무화하거나 액체화하는 효과를 생성한다. 일례로 물건이나 서비스를 '소유하던' 과거의 형태는 사라지고 이제 이것의 물질성을 불특정 다수가 직접적으로 공유하거나 유무형의 정보나 데이터, 서비스의 형태로 '소셜' 미디어 등을 통해 '공유하는' 형태로 전환되었다고 하는 언술은 이전 자본주의체제의 무수한 혁신과 진보의 언어가 약속했던 공허함과 유사한 기시감을 준다는 데에서 이러한 기표가 지닌 허구성을 발견하는 것이 그다지 어려운 일은 아니다. 여기에서 물건과 서비스를 공유한다는 것이 이전에 이를 소유하는 것 정도의 만족감을 주는 것인지, 또한 여기에서 더 나아가 이러한 실천은 말 그대로 제한된 자원을 공평하게 분배하고 사용하는 공유인지, 아니면 이러한 개념에 기댄 또 다른 불평등한 소유·소비·물신주의·구별 짓기 논리를 양산하는 마케팅과 유사한 자본의 전략적 언어인지 진지하게 탐문해야 할 시점이다. 이러한 지점이 새로운 경제와 산업 모델이 개발되고 전파되어 확산하는 것 자체에 문제 제기를 할 필요는 없다. 하지만 이것이 노동과 삶, 사회에 어떤 영향을 미치는지 신중하고 주의 깊게 살펴보아야 하는 이유이다.

오늘날 공유경제를 표방하는 많은 노동의 형태는 디지털 플랫폼 노동이라는 이름으로 명명된다. 이러한 노동 형태는 일을 취사선택할 수 있고 정규직 근로자에 비해 시간 활용의 상대적 자율성이 보장된다는 것이 장점이라고 알려져 있지만, 법적 보호나 사회적 안전망 외부로 내던져진 존재를 노동자로 보기는 난망하다. 노동은 더 작은 단위로 쪼개지고 더 불규칙해지며 일거리 없이 대기하는 시간도 전체 일하는 시간의 3분의 1이나 된다. 보수는 임금 노동자의 70퍼센트 수준이다. 이는 사용자가 필요한 시간에 대해서만 지불하고 노동권과 사회적 보호를 위한 비용은 지불하지 않기 때문이다. 업무의 사회성이 떨어지고 삶의 균형이 무너지는 것은 기본이다(전병유, 2019. 6. 13). 실제로 공유경제의 많은 영역과 업무 형태가 노동자를 노동자로 호명하기 어려울 만큼 그 불안정성과 불확실성은 빠르게 증대되고 있다.

그러므로 공유라는 언술 이면에 은폐된 공유 자원과 인력의 사용자들이 직면한 보다 시급한 문제는 조직화와 연대의 문제이다. 즉, 어떻게 하면 구성원들이 독자적으로 행동하는 상황을 막고 상호 조율된 전략을 채택하는 상황으로 변화시켜 보다 높은 수준의 공동 이익을 도모하거나 공동의 피해를 줄일 것인가 하는 문제(Ostrom, 2010, p.86)가 단순한 '공유'를 운위하기 전에 선행되어야 하는 조건이다. 이제 예전처럼 한 번 고용되면 평생 복지와 노후까지 보장되는 '평생직장' 혹은 좋은 일자리는 점점 사라지고 있고, 기존의 일자리를 디지털 플랫폼 경제를 통해 외주화하려는 자본의 욕망과 교묘하게 선순환하며 효과적으로 저항하기 어려운 측면을 지닌다. 이제 공유경제를 표방하는 다양한 실천들, 나아가 4차 산업혁명 등 유사한 담론 전략을 활용하는 '새롭고 혁신적인' 경제형태와 제도·행위들이 노동과 일자리, 그리고 삶과 사회에 어떤 의미를 투사하는지 진지하게 묻고 답을 모색해야 할 때이다.

참고문헌

1장

강명구·김낙호·김학재·이성민 (2007). "애국적 열망과 숭고한 과학: 진실추구를 억압한 저널리즘". 〈한국언론학보〉 51권 1호, pp. 59–90.

김승수 (2009). "미디어 교차소유의 정치경제학적 비판". 〈한국언론정보학보〉 봄 통권 45호, pp. 113–150.

류웅재 (2008a). "문화와 문화 아닌 것들의 관계". 류웅재·김덕모 공저. 《소통하는 문화기획론: 삶을 기획하는 열린 문화장을 위하여》 (pp. 75–127). 파주: 한국학술정보.

―― (2008b). "한국 문화연구의 정치경제학적 패러다임에 대한 모색: 한류의 혼종성 논의를 중심으로". 〈언론과 사회〉 16권 4호, pp. 2–27.

―― (2009a). "문화에 관한 현대적 해석들". 조용철·강승묵·류웅재 공저. 《문화저널리즘》 (pp. 37–64). 파주: 다지리.

―― (2009b). "절충적 세계화와 국가의 담론정치: 한국 문화정경의 사례를 중심으로". 〈한국언론학보〉 53권 5호, pp. 340–359.

문상현 (2009). "미디어 정치경제학의 학문적 지형과 이론적 과제". 〈한국언론정보학보〉 봄 통권 45호, pp. 77–110.

박성철 (2004). "외교텍스트의 수사학적 분석: 연설유형론과 착상영역을 중심으로". 전성기 편 (2004). 《텍스트분석방법으로서의 수사학》. 서울: 유로서적.

박지훈·류경화 (2010). "국제시사 프로그램의 생산과정에 미치는 영향력에 관한 연구: MBC 〈W〉의 서구와 제3세계 재현을 중심으로". 〈언론과 사회〉 18권 2호, pp. 2–39.

박해광 (2007). "문화 연구와 담론 분석". 〈문화와 사회〉 2권, pp. 83–116.

신진욱·이영민 (2009). "시장포퓰리즘 담론의 구조와 기술: 이명박 정권의 정책담론에 대한 비판적 담론분석". 〈경제와 사회〉 봄 통권 81호, pp. 273–296.

윤평중 (2003). "푸코: 주체의 계보학과 윤리학". 윤효녕·윤평중·윤혜준·정문영 공저 (2003).《주체개념의 비판》(pp. 155-191). 서울: 서울대학교 출판부.

이기형 (2006). "담론분석과 담론의 정치학: 푸코의 작업과 비판적 담론분석을 중심으로".〈언론과 사회〉14권 3호, pp. 106-145.

───── (2009). "갈등의 시대, '민속지학적 상상력'과 (미디어)문화연구의 함의를 되문기: 현장과 타자들의 삶 속으로 관심을 기울이기".〈커뮤니케이션 이론〉5권 2호, pp. 6-53.

이종영 (2003). "알튀세르의 Overdetermination".〈대학원신문〉147호. http://gspress.cauon.net/news/articleView.html?idxno=9791

이오현 (2005). "텔레비전 다큐멘터리 프로그램의 생산과정에 대한 민속지학적 연구. KBS〈인물현대사〉의 인물선정과정을 중심으로".〈언론과 사회〉13권 2호, pp. 117-156.

이범준 (2010). "내면의 목소리 듣기와 진정성의 이상: 대중의 자기계발 담론의 또 다른 논리와 테크닉". 2010년 한국방송학회 봄철 정기학술대회 발제집. 경주: 한국방송학회.

조항제 (2008). "한국의 비판언론학에 대한 비판적 성찰: 문화연구와 정치경제학을 중심으로".〈한국언론정보학보〉가을 통권 43호, pp. 7-46.

최종렬 (2003). "포스트모던 미국사회학의 문화연구: 정치경제학과 담론이론의 학제적 연구를 향하여".〈한국사회학〉37집 1호, pp. 201-229.

"'자기계발하는 주체'를 읽으면 신자유주의적 자본주의가 보인다". 교수신문 (2009. 12. 15).

Althusser, L. (2001). Ideology and ideological state apparatus. in *Lenin and philosophy and other essays*. New York, NY: Monthly Review Press.

Baker, C. & Galasinski, D. (2001). *Cultural Studies and Discourse Analysis*. 백선기 역 (2009).《문화연구와 담론분석: 언어와 정체성에 대한 담화》. 커뮤니케이션북스.

Barker, P. (1998). *Michel Foucault: An introduction*. Edinburgh. Edinburgh University Press.

Fairclough, N. (1992). *Discourse and social change*. London: Polity Press.

Fairclough, N. & Wodak, R. (1997). Critical discourse analysis. in van Dijk, T. A. (Ed.). *Discourse as Social interaction*, (pp. 258–284). London: Sage.

Foucault, M. (1972). *An archaeology of knowledge*, trans. A.M. Sheridan Smith. London: Travistok Publication.

—— (1978). Governmentality. in Burchell, G., Glodon, C. & Miller, P. (Eds.). *The Foucault effect: Studies in governmentality*, (pp. 87–104). Chicago, IL: The University of Chicago Press.

—— (1980). *Power/Knowledge: Selected interview and other writings* 1972–1977. New York, NY: Pantheon Books.

—— (1987). *The use of pleasure*. New York, NY: Vintage Books.

—— (1988). Technologies of the self. in Martin, L., Gutman, H., Hutton, P. (Eds.). *Technologies of the self*, (pp. 16–49). Amherst, MA: The University of Massachusetts Press.

Garnham, N. (1995a). Political economy and cultural studies: Reconciliation or divorce?. *Critical Studies in Mass Communication*, 12(3), pp. 62–71.

—— (1995b). Reply to Grossberg and Carey. *Critical Studies in Mass Communication*, 12(3), pp. 95–100.

Gay, P. D., Hall, S., Janes, L., Mackey, H. & Negus, K. (1999). *Doing cultural studies: The story of the Sony walkman*. London: Sage.

Grossberg, L. (1983–1984). The politics of youth culture: Some observations on rock–and–roll in American culture. *Social Text* 8, pp. 104–126.

—— (1984). I'd rather feel bad than not feel anything at all: Rock–and–roll, Pleasure and Power. *Ethnic* 8(1/2), pp. 94–111.

—— (1989). MTV: Swinging on the(postmodern) star. in Angus, I. & Jhally, S. (Eds.). *Cultural politics in contemporary America*, (pp. 254–268). New York: Routledge.

Harvey, D. (1989). *The condition of postmodernity.* 구동회 역 (1994). 《포스트모더니티의 조건》. 한울.

—— (1999). *Limits to capital.* 최병두 역 (1999). 《자본의 한계》. 한울.

—— (2005). *A brief history of neoliberalism.* 최병두 역 (2007). 《신자유주의》. 한울.

Hesmondahalgh, D. (2007). *The cultural industries.* London: Sage.

Jessop, B. (2007). From micro-powers to governmentality: Foucault's work on statehood, state formation, statecraft and state power. *Political Geography* 26, pp. 34-40.

Jessop, B, Bonnet, K. Bromley, S. & Ling, T. (1988). *Thatcherism.* London: Polity Press.

Meehan, E. (1999). Commodity, culture, and common sense. *Journal of Media Economics* 12(2), pp. 149-163.

Meehan, E., Mosco, V. & Wasko, J. (1994). Rethinking political economy: Change and continuity. in Levy, M. & Gurevitch, M. (Eds.), *Defining media studies: Reflections on the future of the field*, (pp. 347-358). London: Oxford University Press.

Meehan, E. & Riordan, E. (2002). *Sex & money: Feminism and political economy in the media.* Minneapolis, MN: The University of Minnesota Press.

Mosco, V. (1998). *The political economy of communication: Rethinking and renewal.* London: Sage.

Smythe, D. (1977). The political economy of communication. *Canadian Journal of Political and Social Theory* 1, pp. 1-27.

Storey, J. (1993). *Cultural theory and popular culture: An introduction.* 박모 역 (1999). 《문화연구와 문화이론》. 현실문화연구.

Tonkiss, F. (1998). Analyzing discourse. in Seal, C. (Ed.). *Researching society and culture*, (pp. 245-260). London: Sage.

van Dijk, T. A. (1997). Discourse studies: A multidisciplinary introduction. Vol. 1. *Discourse as Structure and Process.* London: Sage.

Wasko, J. (1994). *Hollywood in the information age.* Austin, TX: The University of Texas Press.

───── (2005). Studying the political economy of media and information. *Commucacaoe Sociedade* 7, pp. 25–48.

2장

강내희 (2006). "신자유주의 세계화를 넘어 대안적 세계화로". 〈문화/과학〉, 47호, pp. 33–63.

강명구 (2001). "지구화와 민족정체성: 문화제국주의론의 재검토". 〈방송과 커뮤니케이션〉, 2001 Nov, pp. 113–138.

강명구·박상훈 (1997). "정치적 상징과 담론의 정치: 신한국에서 세계화까지". 〈한국사회학〉, 제31집, 봄호, pp. 123–161.

고은강 (2011). "위험사회에서 자기계발의 윤리학에 관한 소고". 〈정신문화연구〉, 34권 4호. pp. 99–119.

김석수 (2001). "세계화와 신자유주의, 그리고 새로운 시민 주체". 〈사회와 철학〉, 제1호, pp. 78–108.

김성구·김세균 외 (1998). 《자본의 세계화와 신자유주의》. 문화과학사.

김수정 (2008). "영어교육 열풍에 대한 텔레비전 담론: 시사다큐멘터리의 서사분석". 〈한국 방송학보〉, 22권 5호, pp. 7–52.

───── (2010). "글로벌 리얼리티 게임쇼에 나타난 자기통치의 문화정치: 프로젝트 런웨이와 도전! 슈퍼모델 프로그램을 중심으로". 〈한국방송학보〉, 24권 6호, pp. 7–44.

김준현 (2012). "한국 노동시장에서의 신자유주의적 공세와 노동계급의 지위변화". 〈담론 201〉, 15권 1호, pp. 121–144.

류웅재 (2009). "절충적 세계화와 국가의 담론 정치: 한국 문화정경의 사례를 중심으로". 〈한국언론학보〉, 53권 5호, pp. 340–359.

───── (2010). "담론 분석과 정치경제학의 조우가능성에 대한 탐색적 연구: 커뮤니케이션 질적연구방법론의 몇 가지 논점을 중심으로". 〈언론과 사회〉, 18권 4호, pp. 37-73.

류지윤 (2012). "신자유주의 한국사회에서 심리·치료 담론의 문화정치적 함의: 텔레비전의 심리·치료 담론을 중심으로". 연세대학교 대학원 석사학위논문.

문강형준 (2010). "슈퍼스타 K2 혹은 신자유주의 시대의 스펙타클". 〈시민과 세계〉, 제18호, pp. 186-201.

박소연·송영수 (2008). "기업의 글로벌 인재육성(HRD)을 위한 글로벌 비즈니스 역량 분석: 기업과 대학생의 인식을 중심으로". 〈인력개발연구〉, 10권 3호, pp. 65-85.

박소진 (2009). "자기관리와 가족 경영 시대의 불안한 삶: 신자유주의와 신자유주의적 주체". 〈경제와 사회〉, 통권 제84호, pp. 12-39.

박해광 (2007). "문화연구와 담론 분석". 〈문화와 사회〉, 통권 2권, pp. 83-116.

박혜경 (2010). "신자유주의적 주부 주체화 담론의 계보학: 신문기사를 중심으로". 〈한국여성학〉, 26권 2호, pp. 127-158.

박휴용 (2006). "세계화 시대의 영어 학습 열기에 대한 비판적 담론 분석: 사회적 기호화 과정(social symbolization)의 탐색". 〈사회언어학〉, 14권 2호, pp. 169-196.

서덕희 (2003). "교실 붕괴 기사에 대한 비판적 담론 분석: 조선일보를 중심으로". 〈교육인류학연구〉, 6권 2호, pp. 55-89.

서동진 (2009). 《자유의 의지 자기계발의 의지-신자유주의 한국사회에서 자기계발하는 주체의 탄생》. 돌베개.

───── (2010). "자기계발하는 주체의 해부학 혹은 그로부터 무엇을 배울 것인가". 〈문화/과학〉, 통권 61호, pp. 37-54.

손흥숙 (2013). "교육정책 분석을 위한 방법론 탐색: Fairclough의 비판적 담론 분석". 〈교육학연구〉, 51권 1호, pp. 163-189.

송백석 (2009). "신자유주의 지구화담론 비판". 〈한국사회학〉, 제43집 1호, pp. 188-219.

신진욱·이영민 (2009). "시장포퓰리즘 담론의 구조와 기술: 이명박 정권의 정책 담론에 대한 비판적 담론 분석". 〈경제와 사회〉, 통권 제81호, pp. 273-299.

신진욱 (2011). "비판적 담론 분석과 비판적·해방적 학문". 〈경제와 사회〉, 통권 제89호, pp. 10-45.

오찬호 (2011). "대학생들의 자기계발과 사회적 이슈에 대한 반응: 시간강사, 타임오프제, 교내 환경미화원 문제를 중심으로". 〈기억과 전망〉, 통권 24호, pp. 234-266.

오현석·송영숙·최예슬 (2009). "인적자원개발기본법 개정방안 연구". 〈교육행정학 연구〉, 27권 3호, pp. 145-161.

이범준 (2010). 〈한국의 자기계발담론과 젊은 직장인들의 수용과 실천에 대한 연구〉. 서울대학교대학원 박사학위 논문.

유태용·김영주·김현욱·박혜진·심윤희·김정수·김사라·김솔이·안여명 (2008). "국내기업 인재상의 내용분석". 2008년 한국심리학회 연차학술발표대회 논문집, pp. 264-265.

윤선구 (2003). "신자유주의적 세계화의 원인과 대안". 〈사회와 철학〉, 제5호, pp. 155-188.

이민경 (2012). "다문화 담론과 용어에 대한 여성주의적 고찰: 정책 담론과 용어를 중심으로". 한국여성학회 2012년 1차 학술포럼 논문집, pp. 3-20.

임운택 (2010). "한국사회에서 신자유주의의 발전단계와 헤게모니 전략에 대한 이념형적 분석: 네오그람시 이론을 중심으로". 〈경제와 사회〉, 통권 제88호, pp. 300-337.

조덕연 (2013). "한국경제성장 자본인가 노동인가? 한국자본주의 성격 논쟁". 〈레프트대구〉, 7호, pp. 81-102.

조영한 (2012). "한국사회에서 신자유주의 읽기: 국면적인 경제읽기를 제안하며". 〈커뮤니케이션 이론〉, 8권 2호, pp. 22-64.

조지영 (2013), "누가 다문화 사회를 노래하는가?-신자유주의적 통치술로서의 한국 다문화 담론과 그 효과". 연세대학교대학원 석사학위 논문.

지주형 (2009). "지구화와 국민국가: 전략-관계론적 접근". 〈사회와 이론〉, 통권 제14집, pp. 121-171.

차동옥 (2007). "글로벌 리더십 컴피턴시". 한국리더십학회 2007년도 춘계 학술대회 자료집.

최원진 (2012). "초등교사의 자기계발을 통한 신자유주의적 주체화 과정에 관한 연구". 전북대학교 대학원 박사학위 논문.

최현 (2011). "시장인간의 형성: 생활세계의 식민화와 저항". 〈동향과 전망〉, 제81권, pp. 156–194.

Ampuja, M. (2012). Globalization Theory, Media–Centrism and Neoliberalism: A Critique of Recent Intellectual Trends. *Critical Sociology*, 38(2), pp. 281–301.

Appadurai, A. (1996). *Modernity at Large: Cultural Dimensions of Globalization*. Minneapolis: University of Minnesota Press.

Bauman, Z. (2000). *Liquid Modernity*. 이일수 역 (2009). 《액체근대》. 도서출판 강.

Bilton, et al. (1996). *Introductory Sociology*. London: Macmillan.

Castells, M. (2000). *The Rise of the Network Society* (2nd ed.). Oxford: Blackwell.

Fairclough, N. (1992). *Discourse and Social Change*. Cambridge: Polity Press.

——— (1995a). *Critical discourse analysis: the critical study of language*. New York; Longman.

——— (1995b). *Media Discourse*, 이원표 역 (2004). 《대중매체 담화분석》. 한국문화사.

Fairclough. N. L. & Wodak. R. (1997). Critical discourse analysis. In van Dijk T. A. (ed.), *Discourse Studies. A Multidisciplinary Introduction*, London: Sage, pp. 258–284.

Flowerdew, J. (2002). Globalization discourse: a view from the East, *DISCOURSE & SOCIETY*, vol. 13(2), pp. 209–225.

Foucault, M. (1988). Technologies of the self in Martin L. H., Gutman, H., & Hutton, P. (eds). *Technologies of the self: a Seminar with Michel Foucault*. 이희원 역 (2002). 《자기의 테크놀로지》. 동문선.

——— (1998). *Ethics: Subjectivities and Truth*. New Press.

——— (2007). *Security, Territory, Population*, 오트르망 역 (2011). 《안전, 영토, 인구》. 난장.

Giddens. A. (1990). *The Consequences of Modernity*. Stanford, CA: Stanford

Halliday, M. A. K. (1994). *An introduction to functional grammar* (2nd ed.). London: Edward Arnold.

Harvey. D. (2005). *A brief history of neoliberalism*, Oxford: Oxford University Press. 최병두 역 (2009). 《신자유주의: 간략한 역사》. 한울.

Held, D. & A. McGrew, et al. (2000). *Global Transformations: Politics, Economics and Culture*. Cambridge: Polity Press.

Kotz. D. M. (2000). Globalization and Neoliberalism. *Rethinking Marxism*, Vol.12, No.2, summer, pp. 64–79.

Lemke(2002). Foucault, Governmentality, and Critique. *Rethinking Marxism*, 14(3), pp. 49–64.

McGrew. A. (1992). *Modernity and its futures*. 전효관 외 역 (2000). 《모더니티의 미래》. 현실문화연구.

Robertson. R. (1992). *Globalization: Social Theory and Global Culture*. London: Sage.

Robins. K. & Webster. F. (1999). *Times of the Technoculture: From the information society to the virtual*. ROUTLEDGE.

Springer, S. (2012). Neoliberalism as discourse: between Foucauldian political economy and Marxian poststructuralism. *Critical Discourse Studies*, 9(2), pp. 133–147.

van Dijk, T. A. (2008). *Discourse and Context: A sociocognitive approach*. New York: Cambridge University Press.

Wodak. R. & Meyer. M. (2001). *Methods of critical discourse analysis*. Sage.

Yeung, Henry Wai-chung. (2000). State intervention and neoliberalism in the globalizing world economy: lessons from Singapore's regionalization programme. *The Pacific Review*, Vol. 13, No. 1, pp. 133–162.

Yuko Kawai. (2009). Neoliberalism, Nationalism, and Intercultural Communication: A Critical Analysis of a Japan's Neoliberal Nationalism Discourse under Globalization. *Journal of International and Intercultural Communication*, Vol. 2, No. 1, pp. 16–43.

3장

강형구 · 전상경 (2011). "한국기업 기부에 대한 실증 분석". 〈경영사학〉, 26(4), pp. 209–228.

고은강 (2011). "위험사회에서 자기계발의 윤리학에 관한 소고". 〈정신문화연구〉, 34(4), pp. 99–119.

김기범 (2018. 11. 7). "〈두 개의 빛: 릴루미노〉부터 〈별리섬〉까지…… 삼성전자가 만든 기업 홍보의 새 장". 〈시사오늘〉. http://www.sisaon.co.kr/news/articleView.html?idxno=79031

김영식 (2018. 11. 27). "단편영화 리뷰: 꿈과 순수함을 되살려주는 영화 〈별리섬(My Dream Class)〉". 〈위드인뉴스〉. http://www.withinnews.co.kr/news/view.html?section=169&category=170&item=&no=17126

김은준 (2015). "초기 힐링담론의 자기통치프레임과 담론 효과". 〈한국언론정보학보〉, 통권 74호.

김주환 (2012). "신자유주의 사회적 책임화의 계보학: 기업의 사회책임경영과 윤리적 소비를 중심으로". 〈경제와사회〉, 제96호, pp. 210–251.

류웅재 (2017). "위험한 불확실성의 시대, 쓰레기가 되는 삶들". 〈한국언론학보〉, 61(3), pp. 257–282.

박소진 (2009). "자기관리와 가족경영 시대의 불안한 삶". 〈경제와사회〉, 제84호, pp. 12–39.

박해영 (2019. 1. 9). "신년기획: 공동체에 대한 철학과 책임 지속가능성의 핵심 조건이 되다". 〈어패럴뉴스〉. http://www.apparelnews.co.kr/news/news_view/?idx=174450

서동진 (2010). "자기계발하는 주체의 해부학 혹은 그로부터 무엇을 배울 것인가". 〈문화/과학〉, 61, pp. 37-54.

석혜영 (2015. 1. 27). "연예인과 '착한 패션'이 만났을 때". KBS. http://news.kbs.co.kr/news/view.do?ref=A&ncd=3009623

신진욱·이영민 (2009). "시장포퓰리즘 담론의 구조와 기술". 〈경제와사회〉, 제81호, pp. 273-299.

신충식 (2010). "푸코의 계보학적 접근을 통한 통치성 연구". 〈정치사상연구〉, 16(2), pp. 131-166.

이재은 (2018. 12. 17). "베트남 신부가 한국을 찾은 이유". 〈머니투데이〉. https://news.mt.co.kr/mtview.php?no=2018121310473115973

이한준·문형구 (2007). "기업의 사회공헌에 관한 시민인식". 〈한국비영리연구〉, 6(2), pp. 261-283.

정관용·고재열 (2017. 8. 16). "가치소비 능동적 소비자가 사회적 가치를 창출하다". 〈노컷뉴스〉. https://www.nocutnews.co.kr/news/4831637

조유빈 (2018. 10. 15). "미닝 아웃(Meaning Out), 소비를 결정하는 새로운 기준". 〈명대신문〉, 1045호. https://news.mju.ac.kr/news/articleView.html?idxno=4363

최병태 (2019. 3. 29). "삼성전자, 청소년과 함께 만드는 미래… 주니어 소프트웨어 교육 4만 명 거쳐 가". 〈경향신문〉, P1.

최석진 (2017). "국내 기업의 CSR에서 CSV로 전략 변화 연구: 삼성전자 사회공헌 활동을 중심으로". 석사학위논문.

뉴스투데이. http://www.news2day.co.kr/116322

"단편영화 리뷰-꿈과 순수함을 되살려주는 영화 〈별리섬(My Dream Class)〉" (2018. 11. 27). 〈위드인뉴스〉. http://www.withinnews.co.kr/news/view.html?section=169&category=170&item=&no=17126

"삼성드림클래스 소재 단편영화 〈별리섬〉, 1억 뷰 돌파" (2018. 12. 9). 〈연합뉴스〉.

삼성전자 뉴스룸(삼성전자 공식 소통 채널). https://news.samsung.com/kr/

삼성전자 사회공헌 홈페이지. csr.samsung.com

"1억 뷰 돌파한 〈별리섬(My Dream Class)〉 감독 배종을 만나다" (2018. 12. 9). 삼성뉴스룸.

"웰컴투 별리섬 청춘과 희망 찍은 동막골 그 감독" (2018. 12. 10). 〈머니투데이〉.

"제일기획 영화 〈별리섬〉 대박나 삼성전자 칭찬받은 광고 천재 유정근 사장" (2018. 12. 9). 〈인사이트〉. https://www.insight.co.kr/news/196896

Burlingame, D. & Dunlavy, S. (2016). *Achieving Excellence in Fundraising* (pp. 85–93). New Jersey: Wiley.

Burlingame, D. & Sargeant, A. (2010). *Fundraising Principles and practice* (pp. 431–442). CA: Jossey Bass.

Chapple, W. & Moon, J. (2005). Corporate Social Responsibility (CSR) in Asia: A Seven-Country Study of CSR Web Site Reporting. *Business and Society*, 44 (4), pp. 415–441.

Foucault, M. (1990). *L'Ordre du Discours.* 이정우 역 (2014). 《담론의 질서》. 중원문화.

——— (1984). *Histoire de la sexualité: Le souci de soi.* 이혜숙·이영목 역 (2020). 《성의 역사3: 자기 배려》. 나남.

——— (1978). *Securite, territoire, population.* 오트르망 외 역 (2011). 《안전, 영토, 인구: 콜레주드프랑스 강의 1977-78년》. 난장.

Mills, S. (2003). *Michel Foucault.* 임경규 역 (2008). 《현재의 역사가 미셸 푸코》. 앨피.

5장

강상중 (2012). 《살아야 하는 이유》. 송태욱 역. 사계절.

강준만 (2014). "왜 자기계발과 힐링을 사기라고 하는가?: 거시적 분석과 미시적 실천". 〈인물과 사상〉, 통권 200호, pp. 81–85.

김수아 (2015). "여론은 흐른다?: 세월호 특별법을 둘러싼 여론이라는 담론 구성". 〈문화 / 과학〉, 통권 84호, pp. 342–369.

김종철 (2017. 1. 27). "트럼프의 등장과 민주주의". 〈한겨레〉, 22면.

김호기 (2016. 9. 7). "위험이 현대사회 중심 현상… 과학기술에 대한 성찰적 반성 촉구". 〈경향신문〉, A16면.

김홍중 (2011).《마음의 사회학》. 문학동네.

노명우 (2010). "1968년 이후, 개인이 자신을 관리하는 방법". 〈문화/과학〉, 통권 61호, pp. 78–95.

류웅재 (2017. 4. 30). "촛불의 시대정신과 촛불 이후의 사회". 〈호모 쿨투랄리스〉, 한양대학교 평화연구소. http://peaceinstitute.hanyang.ac.kr/bbs/board.php?bo_table=column&wr_id=9

박현선 (2016). "정동의 이론적 갈래들과 미적 기능에 대하여". 〈문화/과학〉, 통권 86호, pp. 59–81.

양운덕 (2011).《미셸 푸코》. 살림출판사.

이왕구 (2017. 1. 27). "36.5°–책 읽는 대통령을 보고 싶다". 〈한국일보〉, 22면.

이주연 (2013. 11. 3) "데스크칼럼-내 편이 있다". 〈가톨릭신문〉, 제2868호, 23면.

이택광 (2016. 5. 16). "이택광의 왜?-트럼프 현상과 정치적 올바름". 〈경향신문〉, A29면.

장소연·류웅재 (2017). "온라인 커뮤니티와 혐오의 문화정치: 일간베스트저장소와 메갈리아의 사례를 중심으로". 〈스피치와 커뮤니케이션〉, 16권 1호, pp. 45–85.

전우용 (2017. 1. 31). "지름신의 시대". 〈경향신문〉, A29면.

정지웅 (2016. 10. 4). "성찰적 근대화와 장애인의 미래". 〈함께걸음〉, Accessed from: http://www.cowalknews.co.kr/news/articleView.html?idxno=15146.

천정환 (2017. 2. 8). "정동칼럼-라라랜드를 거부하며". 〈경향신문〉, A31면.

최원 (2016). "'정동 이론' 비판: 알튀세르의 이데올로기론과의 쟁점을 중심으로". 〈문화/과학〉, 통권 86호, pp. 82–112.

최익현 (2016. 7. 6). "문화비평-포스트잇 추모가 불러낸 정동(情動)". 〈한국일보〉, 21면.

"5살 아이까지 억류… 미국 공항 아수라장" (2017. 1. 31). 〈경향신문〉, A2면.

"미 연방항소법원도 반이민 행정명령에 제동" (2017. 2. 6). 〈경향신문〉, A1면.

"미국, 불확실성의 트럼프 시대로" (2017. 1. 27). 〈한국일보〉, 1면.

"미국산 사라, 미국인 고용하라, 강경 보호무역 포문" (2017. 1. 23). 〈한겨레〉.

"美선 장관 해고, TV쇼냐? 英선 트럼프 오지 마라, 160만 서명" (2017. 2. 1). 〈조선일보〉, A3면.

"트럼프 논란: 트위터 트러블" (2017. 2. 6). 〈아시아경제〉, 1면.

Agamben, G. (1995). *Homor sacer: Il portere sovrano e la nuda vita*. 박진우 역 (2008).《호모 사케르: 주권 권력과 벌거벗은 생명》. 새물결.

Appadurai, A. (1996). *Modernity at large: Cultural dimensions of globalization*. Minneapolis, MN: University of Minnesota Press.

Arendt, H. (1963). *Eichmann in Jerusalem: A Report on the Banality of Evil*. 김선욱 역 (2006).《예루살렘의 아이히만: 악의 평범성에 대한 보고서》. 한길사.

Bauman, Z. (2000). *Liquid modernity*. 이일수 역 (2010).《액체근대》. 강.

—— (2004). *Wasted lives: Modernity and its outcasts*. 정일준 역 (2008).《쓰레기가 되는 삶들: 모더니티와 그 추방자들》. 새물결.

—— (2011). *Culture in a liquid modern world*. 윤태준 역 (2013).《유행의 시대: 유동하는 현대사회의 문화》. 오월의 봄.

———— (2013). *Does the richness of the few benefit us all?*. 안규남 역 (2013). 《왜 우리는 불평등을 감수하는가?: 가진 것마저 빼앗기는 나에게 던지는 질문》. 동녘.

Beck, U. (1986). *Risk society: Towards a new modernity*. 홍성태 역 (2006). 《위험사회: 새로운 근대성을 향하여》. 새물결.

———— (2007). *Weltrisikogesellschaft*. 박미애 · 이진우 역 (2010). 《글로벌 위험사회》. 길.

Berger, A. A. (2000). *Media and communication research methods: An introduction to qualitative and quantitative approaches*. 류춘렬 · 김대호 · 김은미 역 (2003). 《커뮤니케이션 연구, 어떻게 할 것인가》. 커뮤니케이션북스.

Couldry, N. (2010). *Why voice matters*. 이정엽 역 (2015). 《왜 목소리가 중요한가: 신자유주의 이후의 문화와 정치》. 글항아리.

Foucault, M. (1995). *Discipline and punish: The birth of the prison*. New York, NY: Random House.

Giddens, A. (1994). Living in a post-traditional society. in Giddens, A., Beck, U. & Lash, S. (eds.) *Reflexive modernization: Politics, tradition and aesthetics in modern social order*. 임현진 · 정일준 역 (2010). 《성찰적 근대화》. 한울.

Lash, S. (1994). Reflexivity and its doubles: Structure, aesthetics, community. in Giddens, A., Beck, U. & Lash, S. (eds.) *Reflexive modernization: Politics, tradition and aesthetics in modern social order*. 임현진 · 정일준 역 (2010). 《성찰적 근대화》. 한울.

Sennett, R. (2012). *Together: The rituals, pleasures, and politics of cooperation*. 김병화 역 (2013). 《투게더: 다른 사람들과 함께 살아가기》. 현암사.

6장

강명관 (2013). 《침묵의 공장: 복종하는 공부에 지친 이들을 위하여》. 천년의 상상.

강명구 (2014. 1. 26). "어떤 교수와 학자를 키울 것인가". 〈한겨레〉.

김영민 (1996). 《탈식민성과 우리 인문학의 글쓰기》. 민음사.

류웅재 (2012. 5. 22). "논문 표절, 그리고 대학의 위기". 〈경향신문〉.

마동훈 (2011. 7. 29). "네트워크, 지식 체계, 지식인". 학술웹진 social 2.0.

박동숙 (2008). "커뮤니케이션학에서의 학술논문 쓰기". 〈언론과 사회〉, 16권 4호, pp. 115-141.

손석춘 (2014). "도구적 지식과 지식인의 도구화: 대학 · 자본 · 권력의 삼각동맹론을 중심으로". 〈커뮤니케이션 이론〉, 10권 1호, pp. 25-58.

손제민 (2008. 6. 21). "한국의 서울이 내 정치학의 출발점". 〈경향신문〉.

신광현 (1997). "대학의 담론으로서의 논문: 형식의 합리성에 대한 비판". 〈열린 지성〉, 3호, pp. 10-37.

정재철 (1997). "민속지학적 수용자연구(ethnographic audience research)의 방법론적 과제와 전망: 문화연구에서의 연구전통을 중심으로". 〈한국방송학보〉, 통권 9호, pp. 103-144.

주형일 (2011). "문화연구와 글쓰기: 하나의 모색". 〈언론과 사회〉, 19권 4호, pp. 134-161.

천정환 (2013. 2. 12). "인문학적 상상력이 꼭 필요한 곳". 〈한국일보〉.

"서울대 · 연세대 · 고려대 등 포함 대입 정원 10년간 16만 명 단계 감축한다" (2014. 1. 9). 〈경향신문〉.

Agamben, G. (2006). *Che cos'e un dispositivo? L'amico Che cos'e il contemporaneo?*. 양창렬 역 (2010). 《장치란 무엇인가?: 장치학을 위한 서론》. 난장.

Foucault, M. (1975). *Surveiller et Punir: naissance de la prison*. 오생근 역 (2003). 《감시와 처벌: 감옥의 역사》. 나남.

강준만·오두진 (2007).《고종 스타벅스에 가다: 커피와 다방의 사회사》. 인물과 사상사.

강준만 (2009). "자동차의 미디어 기능에 관한 연구: 자동차는 한국인의 국가·사회 정체성 형성에 어떤 영향을 끼쳤는가?".〈언론과학연구〉, 9권 2호, pp. 5-46.

김규항 (2014. 9. 23). "생활양식의 전투".〈경향신문〉.

김정운 (2012).《남자의 물건》. 21세기북스.

김찬호 (2014. 9. 6). "공공선과 놀이감각".〈경향신문〉.

김홍중 (2009).《마음의 사회학》. 문학동네.

류웅재 (2009). "문화란 무엇인가" 조용철·강승묵·류웅재 편.《문화저널리즘》. 다지리, pp. 12-64.

—— (2014. 8. 6). "아웃도어 열풍과 삶의 질".〈경향신문〉.

박정은 (2014). "여가문화에 대한 미디어 담론 분석: 캠핑을 중심으로". 한양대학교 석사학위논문.

박정은·류웅재 (2015). "미디어로서의 명품 가방 소비에 관한 연구: 2030세대의 소비 경험을 중심으로".〈한국언론정보학보〉, 통권 71호, pp. 157-193.

이동진 (2013). "아웃도어 브랜드의 CI 연구".〈조형미디어학〉, 16권 3호, pp. 141-148.

이영주 (2011). "거대 문화산업시대의 작은 문화콘텐츠 만들기를 위한 문화정책". 류웅재·강승묵·이영주 편.《작은 문화콘텐츠 만들기》. 한울아카데미, pp. 230-281.

임종섭 (2011. 6. 8). "옴부즈맨 칼럼: 행복한 뉴스?".〈서울신문〉.

정수복 외 (2014).《사회를 말하는 사회: 한국사회를 읽는 30개 키워드》. 북바이북.

주창윤 (2013).《허기사회: 한국인은 지금 어떤 마음이 고픈가》. 글항아리.

홍기빈 (2014. 7. 17). "경제와 세상: 번아웃을 피하라".〈경향신문〉.

"아웃도어 소재 춘추전국시대 고어텍스 유아독존 이제 끝?" (2013. 6. 28).〈매일경제신문〉.

"아웃도어 재킷 선택 기준은… 2030 디자인 4060 착용감" (2014. 11. 20). 〈한국경제신문〉.

"유통업체 올해 경쟁 심화되면서 매출 감소" (2015. 3. 6). 〈조선비즈〉.

"중고딩 일진 옷 못 입겠다 노스페이스 흔들" (2012. 7. 11). 〈동아일보〉.

"지구 극한부터 우주까지… 생명을 살리는 고어텍스" (2014. 12. 26). 〈매일경제신문〉.

"하산하던 아웃도어 자전거 타고 달린다" (2015. 2. 3). 〈머니투데이〉.

"한국경제 복합불황 덫에 걸리나: 인구·자원부족 한계? 한국 GDP 순위 5년째 제자리" (2014. 7. 13). 〈서울경제신문〉.

Adorno, T., & Horkheimer, M. (1994). *Dialektik der Aufklärung: Philosophische Fragmente.* 김유동 역 (2006). 《계몽의 변증법: 철학적 단상》. 문학과 지성사.

Agamben, G. (2001). *La Comunita Che Viene.* 이경진 역 (2014). 《도래하는 공동체》. 꾸리에.

Alain de Botton (2004). *Status anxiety.* 정영목 역 (2005). 《불안》. 이레.

Baudrillard, J. (1970). *The consumer society: Myths and structures.* 이상률 역 (1992). 《소비의 사회》. 문예출판사.

Bauman, Z. (2000). *Liquid modernity.* 이일수 역 (2009). 《액체근대》. 도서출판 강.

——— (2011). *Culture in a liquid modern world.* 윤태준 역 (2013). 《유행의 시대》. 오월의 봄.

Berger, A. (2010). *The objects of affection: Semiotics and consumer culture.* 엄창호 역 (2011). 《애착의 대상: 기호학과 소비문화》. 커뮤니케이션북스.

Best, S., & Kellner, D. (1997). *The postmodern turn.* London: Routledge Press.

Featherstone, M. (1991). *Consumer culture & postmodernism.* London: Sage.

Illouz, E. (2007). *Cold intimacies: Making of emotional capitalism.* 김정아 역 (2010). 《감정자본주의》. 돌베개.

Koichiro, K. (2011). *An ethic of boredom and leisure.* 최재혁 역 (2014). 《인간은 언제 부터 지루해했을까?》. 한권의 책.

Lum, C. M. K. (ed.). (2006). *Perspectives on culture, technology and communication: The media ecology tradition.* 이동후 역 (2008). 《미디어 생태학 사상》. 한나래.

Miller, D. (1998). *A theory of shopping.* Ithaca: Cornell University.

Miller, L. (2006). *Reluctant capitalists: Bookselling and the culture of consumption.* 박윤규·이상훈 역 (2014). 《서점 vs. 서점: 미국의 도서판매와 소비문화의 역사》. 한울아카데미.

McLuhan, M. (1997). *Understanding media: The extensions of man.* 박정규 역 (2005). 《미디어의 이해》. 커뮤니케이션북스.

Rifkin, J. (2000). *The age of access.* 이희재 역 (2001). 《소유의 종말》. 민음사.

Sahlins, M. (1976). *Culture and practical reason.* 김성례 역 (1991). 《문화와 실용논리》. 나남.

Veblen, T. (1912). *The theory of the leisure class.* 김성균 역 (2012). 《유한계급론》. 우물이 있는 집 .

8장

강철구·전소영 (2017). "경기도 친환경 공유경제 활성화 방안 연구". 〈정책연구〉, 2017-23, 경기연구원.

김민정·이화령·황순주 (2016). "공유경제에 대한 경제학적 분석: 기대 효과와 우려 요인 및 정책적 함의". 〈연구보고서〉, 2016-11, 한국개발연구원.

김민정 (2017. 7. 11). "공유경제의 안정적 성장을 위한 정책방향". 〈KDI Focus〉, 통권 제83호, 한국개발연구원.

김선기 (2016). "청년세대 구성의 문화정치학: 2010년 이후 청년세대담론에 관한 비판적 분석". 〈언론과 사회〉, 24권 1호, pp. 5-67.

김주환 (2016). "한국에서 사회적기업과 신자유주의 통치: 사회적인 것의 통치 메커니즘을 중심으로". 〈경제와사회〉, 통권 제110호, pp. 164–200.

——— (2017. 8. 28). "공유경제(Sharing Economy)의 확산에 따른 기업의 대응과 최근 주요 논란". 〈KB지식비타민〉, 17–66호, KB금융지주경영연구소.

문정우 (2019. 5. 2). "외국어 배우기, 어렵고도 쉬운 길". 〈시사IN〉, 제606호. https://www.sisain.co.kr/?mod=news&act=articleView&idxno=34462 (최종검색일: 2020/01/05)

박상영 (2019. 7. 18). "플랫폼 택시 제도권 안으로". 〈경향신문〉, 1면.

박태희 (2019. 6. 19). "팩트체크–타다는 공유경제 모델일까, 아닐까?". 〈중앙일보〉. https://news.joins.com/article/23500474 (최종검색일: 2020. 1. 10)

박해광 (2007). "문화연구와 담론 분석". 〈문화와 사회〉, 통권 2권, pp. 83–116.

서동진 (2010). "자기계발하는 주체의 해부학 혹은 그로부터 무엇을 배울 것인가". 〈문화/과학〉, 통권 제61호, pp. 37–54.

성영조·김군수·김을식·민병길·송승현·한영숙 (2016). "경기도 공유경제 활성화 방안". 〈정책연구〉, 2016-70, 경기연구원.

손제민 (2020. 1. 1). "무너지는 일과 삶의 경계… 노동이 녹아내린다". 〈경향신문〉, 1면.

송동욱·이기형 (2017). "불안정한 현실과 대면하는 이 시대 청년들의 삶에 관한 질적인 분석: 삼포세대, 그리고 헬조선이라는 호명에 대한 청년주체들의 체화된 대응과 관점을 중심으로". 〈한국언론정보학보〉, 통권 제84호, pp. 28–98.

신지민 (2018. 7. 15). "부업도 공유하지만 폐업도 속출… 이 착한 경제라는 환상". 〈한겨레〉. http://www.hani.co.kr/arti/economy/economy_general/853294.html (최종검색일: 2020. 1. 5)

신진욱 (2011). "비판적 담론 분석과 비판적·해방적 학문". 〈경제와 사회〉, 통권 제89호, pp. 10–45.

오원석 (2020. 3. 9). "이재웅 요청 선 그은 靑 타다금지법 거부권 행사 가능성 없다". 〈중앙일보〉. https://news.joins.com/article/23725998 (최종검색일: 2020. 5. 15)

유경종 (2018. 12. 31). "도시에 대한 시민의 권리, 커먼즈 모델 고양에서도 실험해보자". 〈고양신문〉. http://www.mygoyang.com/news/articleView.html?idxno=49464 (최종검색일: 2020. 1. 5)

이광석 (2017. 4. 7). "기술주의의 역사적 반복과 최면 효과". 〈월간 워커스〉. http://www.newscham.net/news/view.php?board=news&nid=102158 (최종검색일: 2019. 12. 30)

이기형 (2006). "담론 분석과 담론의 정치학: 푸코의 작업과 비판적 담론 분석을 중심으로". 〈언론과 사회〉, 14권 3호, pp. 106-145.

이문호 (2019. 12. 31). "디지털 자본주의와 노동의 미래". 금속노조노동연구원 칼럼. http://www.metalunion.re.kr/bbs/board.php?bo_table=B05&wr_id=140 (최종검색일: 2020. 1. 10)

이민화 (2016. 6. 20). "4차 산업혁명과 공유경제". 이투데이 칼럼. http://www.etoday.co.kr/news/section/newsview.php?idxno=1345476 (최종검색일: 2019. 12. 30)

이민화·김애선·주강진·김예지·손문영·오지영·윤예지 (2018). "4차 산업혁명 시대 공유 플랫폼 경제의 로드맵과 경기도 발전 방향". 〈정책연구〉, 2018-17, 경기연구원.

이선민·이상길 (2015). "세월호, 국가, 미디어: 〈조선일보〉와 〈한겨레〉의 세월호 의견 기사에 나타난 국가 담론 분석". 〈언론과 사회〉, 23권 4호, pp. 5-66.

이영주 (2011). "거대 문화산업시대의 작은 문화콘텐츠 만들기를 위한 문화정책". 류웅재·강승묵·이영주 편.《작은 문화콘텐츠 만들기》. 한울아카데미, pp. 230-281.

이오현 (2017). "언론의 대학 개혁 담론에 대한 비판적 연구: 이명박 정권 이후 대학 정책에 대한 주요 신문의 보도를 중심으로". 〈한국언론정보학보〉, 통권 제82호. pp. 29-72.

조영한 (2012). "한국사회에서 신자유주의 읽기: 국면적인 경제 읽기를 제안하며". 〈커뮤니케이션이론〉, 8권 2호, pp. 22-64.

조희정 (2017).《시민기술, 네트워크 사회의 공유경제와 정치》. 커뮤니케이션북스.

전병유 (2019. 6. 13). "디지털 플랫폼 노동 종사자에 대하여". 〈한겨레〉, 23면 1단.

진상훈 (2017. 11. 20). "브래드 템플턴 교수 차 공유서비스 규제는 큰 실수 될 것". 조선비즈. http://biz.chosun.com/site/data/html_dir/2017/11/20/2017112000609.html (최종검색일: 2019. 8. 16)

최용성·이경진 (2014. 8. 11). "세계가 열광하는 신개념 셰어링 한국만 과거 잣대로 규제". 〈매일경제신문〉. https://www.mk.co.kr/news/special-edition/view/2014/08/1086063/ (최종검색일: 2019. 8. 16)

홍성현·류웅재 (2013). "무한 경쟁 시대의 글로벌 인재 되기: 글로벌 인재 담론에 대한 비판적 담론 분석". 〈커뮤니케이션이론〉, 9권 4호, pp. 4-57.

"지역별 특성 살린 공유 생태계 구축 활발" (2014. 12. 30). 〈한겨레〉 http://www.hani.co.kr/arti/economy/heri_review/671387.html (최종검색일: 2019. 8. 16)

Bauman, Z. (2000). *Liquid Modernity*. 이일수 역 (2009). 《액체근대》. 도서출판 강.

Bauwens, M & Kostakis, V (2014). *Network Society and Future Scenarios for a Collaborative Economy*. 윤자형·황규환 역 (2018). 《네트워크 사회와 협력 경제를 위한 미래 시나리오》. 갈무리.

Davidow, W (2011). *Overconnected*. 김동규 역 (2011). 《과잉 연결 시대: 일상이 된 인터넷, 그 이면에선 어떤 일이 벌어지는가》. 수이북스.

Fairclough, N. (1992). *Discourse and Social Change*. Cambridge: Polity Press.

—— (1995a). *Critical discourse analysis: the critical study of language*. New York: Longman.

—— (1995b). *Media Discourse*. 이원표 역 (2004). 《대중매체 담화분석》. 한국문화사.

—— (2001). *Language and Power* (2nd ed.). London: Longman.

Fairclough. N. L. & Wodak. R. (1997). "Critical discourse analysis." In van Dijk T. A. (ed.), *Discourse Studies. A Multidisciplinary Introduction* (pp. 258-284). London: Sage.

Kawai, Y. (2009). "Neoliberalism, Nationalism, and Intercultural Communication: A Critical Analysis of a Japan's Neoliberal Nationalism Discourse under Globalization." *Journal of International and Intercultural Communication*, Vol. 2, No. 1, pp. 16–43.

Ostrom, E. (1990). *Governing the Commons*. 윤홍근·안도경 역 (2010).《공유의 비극을 넘어》. 알에이치코리아.

Rifkin, J. (2000). *The age of access*. 이희재 역 (2001).《소유의 종말》. 민음사.

Sennett, R. (2012). *Together: The rituals, pleasures, and politics of cooperation*. 김병화 역 (2013).《투게더: 다른 사람들과 함께 살아가기》. 현암사.

Schudson, M. (2011). *The sociology of news* (2nd ed.). NY: W. W. Norton & Company.

Taylor, C. (2004). *Modern social imaginaries*. 이상길 역 (2010).《근대의 사회적 상상》. 이음.

Tonkiss, F. (2012). "Discourse analysis." In C. Seale (Ed.). *Researching society and culture* (pp. 405–423) (3rd ed.). London: Sage.

van Dijk, T. A. (2008). *Discourse and Context: A sociocognitive approach*. New York: Cambridge University Press.

Wodak, R. (2001). "The discourse–historical approach." In R. Wodak & M. Meyer (Eds.). *Methods of critical discourse analysis* (pp. 63–94). London: Sage.

Wodak. R. & Meyer. M. (2001). *Methods of critical discourse analysis*. Sage.

찾아보기

ㅈ